【职业教育教材·新形态教材 财经商贸类】

企业管理基础与实务

主　编　秦　勇　赵　辉
副主编　刘建华　梁丽军

清华大学出版社
北京交通大学出版社
·北京·

内 容 简 介

本书紧跟企业管理理论与实践的发展潮流，采用项目任务式编写体例，全面阐述企业管理理论及实务。全书共 4 篇 11 个项目，内容包括企业导论、企业管理概述、企业战略管理、企业人力资源管理、供应链与物流管理、生产管理与质量管理、物质与设备管理、市场营销管理、企业财务管理、新创企业管理和企业创新。本书各项目都设置了学习目标、项目情境导入、项目分析、任务引入、相关知识、任务实训、微课堂、课堂讨论、思考题、案例讨论等栏目。本书突出实训训练与案例学习，注重培养学生解决企业管理实际问题的能力。

本书可作为应用型本科及各类职业院校企业管理课程的教材，也可作为从事企业管理相关工作人员的参考书。

本书封面贴有清华大学出版社防伪标签，无标签者不得销售。
版权所有，侵权必究。侵权举报电话：010-62782989　13501256678　13801310933

图书在版编目（CIP）数据

企业管理基础与实务/秦勇等主编. —北京：北京交通大学出版社：清华大学出版社，2023.10
　ISBN 978-7-5121-5069-0

Ⅰ. ①企… Ⅱ. ①秦… Ⅲ. ①企业管理 Ⅳ. ①F272

中国国家版本馆 CIP 数据核字（2023）第 158876 号

企业管理基础与实务
QIYE GUANLI JICHU YU SHIWU

责任编辑：郭东青

出版发行：清 华 大 学 出 版 社　　邮编：100084　电话：010-62776969　http://www.tup.com.cn
　　　　　北京交通大学出版社　　邮编：100044　电话：010-51686414　http://www.bjtup.com.cn
印　刷　者：北京时代华都印刷有限公司
经　　　销：全国新华书店
开　　　本：185 mm×260 mm　印张：15　字数：383 千字
版 印 次：2023 年 10 月第 1 版　2023 年 10 月第 1 次印刷
印　　　数：1～2000 册　定价：49.90 元

本书如有质量问题，请向北京交通大学出版社质监组反映。对您的意见和批评，我们表示欢迎和感谢。
投诉电话：010-51686043，51686008；传真：010-62225406；E-mail：press@bjtu.edu.cn。

前　言

企业是国民经济的基本细胞,是创造社会财富的源泉,办好企业于国于民都具有极为重要的意义。而要想办好企业,自然离不开优秀的企业管理者。大学生作为企业管理人员的后备军,需要掌握扎实的企业管理理论,不断提升管理技能,并自觉培养创新意识、系统思维和全局观念,同时还需积极投身于企业管理实践活动之中。

党的二十大报告指出,我们要"办好人民满意的教育,全面贯彻党的教育方针,落实立德树人根本任务,培养德智体美劳全面发展的社会主义建设者和接班人"。为全面贯彻党的二十大精神,编者在深入学习二十大报告的基础上,结合职业院校企业管理课程的教学特点,编写了本书。

本书紧跟现代企业管理理论与实践的发展潮流,采用项目任务式编写体例,全面阐述企业管理实务。全书共分4篇,含11个学习项目及项目下31个学习任务。其中第1篇为基础篇,包含企业导论、企业管理概述和企业战略管理3个学习项目,具体内容包括企业的概念与特征、企业的分类、企业的产生与发展历程、企业的社会责任、企业管理的内涵、企业管理者、企业管理的职能、企业战略的特征、企业战略管理程序、企业战略的选择与评价。第2篇为实务篇,共包含6个学习项目,分别为企业人力资源管理、供应链与物流管理、生产管理与质量管理、物资与设备管理、市场营销管理与企业财务管理。在每个学习项目下,又细分了若干具体的学习任务。通过对本篇的学习,能够为我们今后从事企业管理实践奠定坚实的基础。第3篇为专题篇,包含1个项目,2个学习任务。本篇主要讲述新创企业管理的含义与特点、新创企业的成长管理等内容。通过对本篇的学习,可以使我们加深对新创企业管理的认识,掌握新创企业管理的方法。第4篇为创新篇,由2个学习任务组成,主要介绍企业创新的特征、原则、过程、内容等知识。通过对篇的学习,能够帮助我们深入理解企业创新的内涵,树立坚定的创新意识,并掌握企业创新的方法。

本书内容全面,图文并茂,编写体例丰富。本书各项目均设置了学习目标、项目情境导入、项目分析、任务引入、相关知识、任务实训、微课堂、课堂讨论、思考题、案例讨论等栏目。本书突出实训训练与案例学习,注重培养学生解决企业管理实际问题的能力。此外,本书还通过二维码技术将数字化教学资源与纸质教材整体同步建设,实现一体化的教材建设与课程开发。

本书提供丰富的配套教学资源,包含授课课件、思政教学指导、教学大纲、电子教案、题库、课后习题参考答案、补充教学案例、辅助教学视频、补充阅读资料等,并不断更新。欢迎用书教师与本书责任编辑联系(QQ:764070006),免费获取教学资源包。

本书由秦勇、赵辉任主编，刘建华、梁丽军任副主编。在编写过程中，我们参考了众多学者的研究成果，在此表示最诚挚的谢意！鉴于编者学识有限，书中定会有疏漏和不足之处，敬请广大读者批评指正。

编　者
2023 年 7 月

目　录

第1篇　基础篇

项目1　企业导论 ··· 005
　任务1.1　理解企业的概念与特征 ··· 006
　任务1.2　熟悉企业的分类 ·· 008
　任务1.3　了解企业的产生与发展历程 ··· 012
　任务1.4　熟悉企业的社会责任 ·· 014
　思考题 ·· 017
　案例讨论 ··· 018

项目2　企业管理概述 ··· 020
　任务2.1　初识企业管理 ··· 021
　任务2.2　认识企业管理者 ·· 023
　任务2.3　熟悉企业管理的职能 ·· 027
　思考题 ·· 041
　案例讨论 ··· 042

项目3　企业战略管理 ··· 044
　任务3.1　熟悉企业战略的特征与企业战略管理程序 ·························· 045
　任务3.2　企业战略的选择与评价 ··· 048
　思考题 ·· 053
　案例讨论 ··· 054

第2篇　实务篇

项目4　企业人力资源管理 ··· 059
　任务4.1　初识企业人力资源管理 ··· 060

· I ·

任务 4.2　熟悉企业人力资源计划与工作分析的内容 …………………………… 063
　　任务 4.3　掌握企业人员招聘与培训实务 …………………………………………… 067
　　任务 4.4　熟悉企业绩效考核与薪酬管理 …………………………………………… 071
　　思考题 ……………………………………………………………………………………… 075
　　案例讨论 ………………………………………………………………………………… 076

项目 5　供应链与物流管理 …………………………………………………………………… 077
　　任务 5.1　掌握供应链管理 ……………………………………………………………… 078
　　任务 5.2　掌握企业物流与物流管理 …………………………………………………… 085
　　思考题 ……………………………………………………………………………………… 094
　　案例讨论 ………………………………………………………………………………… 095

项目 6　生产管理与质量管理 ………………………………………………………………… 097
　　任务 6.1　熟悉生产管理 ………………………………………………………………… 098
　　任务 6.2　掌握质量管理 ………………………………………………………………… 107
　　思考题 ……………………………………………………………………………………… 114
　　案例讨论 ………………………………………………………………………………… 115

项目 7　物资与设备管理 ……………………………………………………………………… 117
　　任务 7.1　掌握物资管理 ………………………………………………………………… 118
　　任务 7.2　掌握设备管理 ………………………………………………………………… 126
　　思考题 ……………………………………………………………………………………… 133
　　案例讨论 ………………………………………………………………………………… 134

项目 8　市场营销管理 ………………………………………………………………………… 136
　　任务 8.1　初识市场营销 ………………………………………………………………… 137
　　任务 8.2　掌握目标市场营销策略 ……………………………………………………… 142
　　任务 8.3　掌握市场营销组合策略 ……………………………………………………… 146
　　任务 8.4　掌握品牌策略 ………………………………………………………………… 159
　　思考题 ……………………………………………………………………………………… 167
　　案例讨论 ………………………………………………………………………………… 168

项目 9　企业财务管理 ………………………………………………………………………… 170
　　任务 9.1　初识企业财务管理 …………………………………………………………… 171
　　任务 9.2　熟悉企业筹资与投资管理 …………………………………………………… 176

任务 9.3　熟悉成本费用管理与利润分配管理 ··· 181
任务 9.4　学会企业财务分析 ·· 186
思考题 ··· 192
案例讨论 ··· 193

第 3 篇　专题篇

项目 10　新创企业管理 ·· 199
任务 10.1　认识新创企业管理 ··· 200
任务 10.2　新创企业的成长管理 ·· 203
思考题 ··· 208
案例讨论 ··· 209

第 4 篇　创新篇

项目 11　企业创新 ·· 215
任务 11.1　认识企业创新 ··· 216
任务 11.2　熟悉企业创新的内容 ·· 221
思考题 ··· 228
案例讨论 ··· 229

参考文献 ·· 230

第1篇

基础篇

导语：企业是现代社会的经济细胞，是促进经济发展与繁荣的动力之源。掌握必要的企业及企业管理基础知识是学好本课程的关键。本篇为全书的基础篇，包括3个学习项目，下含9个学习任务，具体内容包括企业的概念与特征、企业的分类、企业的产生与发展历程、企业的社会责任、企业管理的内涵、企业管理者、企业管理的职能、企业战略的特征与企业战略管理程序、企业战略的选择与评价。通过对本篇的学习，能够帮助我们掌握企业及企业管理概况，从而为后续学习奠定基础。

学生工作页
第1篇　基础篇

项目 1	企业导论				
项目 2	企业管理概述				
任务 3	企业战略管理				
班级		学号		姓名	

能力训练

1. 分别画出本篇项目 1、项目 2、项目 3 的思维导图。

2. 结合项目 1 所学知识，请谈谈你对企业的理解与认识。

3. 结合项目 2 所学内容，请谈谈你对企业管理的总体认识。

4. 结合项目 3 所学知识，请对小米科技公司的竞争战略进行分析。

学生评述

完成任务的心得与体会：

教师评价

项目1 企业导论

学习目标

【知识目标】

(1) 理解企业的概念与特点。
(2) 熟悉企业的分类方法。
(3) 了解早期的企业形态和近代企业兴起的原因。
(4) 了解现代企业的发展情况。
(5) 熟悉企业需承担的社会责任。

【技能目标】

(1) 能够正确理解企业与一般组织的不同。
(2) 能够掌握个人独资企业、合伙制企业和公司制企业的特点。
(3) 能够全面掌握企业产生与发展的脉络。
(4) 能够帮助企业更好地履行社会责任。

【素质目标】

(1) 培养学习企业管理课程的兴趣。
(2) 培养今后从事企业管理工作的信念。
(3) 树立坚定的企业社会责任意识。

❖ 项目情境导入

企业是生产力发展到一定水平的历史产物,是作为取代家庭经济单位和作坊而出现的一种更高生产效率的经济单位。从原始社会到封建社会,自给自足的自然经济占统治地位,社会生产和消费主要是以家庭或是以手工劳动为基础的作坊为经济单位,它们均不是企业。后来,随着生产力水平的提高和商品经济的发展,交通运输、信息和金融市场的迅速崛起,企业逐渐成为社会经济的基本单位。企业的所有者雇佣员工,使用一定的生产手段,共同协作,从事生产劳动,从而极大地提高了生产效率。

问题:为什么说企业是生产力发展到一定水平的历史产物?你是如何理解企业的概念的?

❖ 项目分析

企业是市场经济活动的主要参与者，离开了企业的生产和销售活动，市场就成了无源之水、无本之木。只有培育大量充满生机与活力的企业，社会才能稳定、和谐而健康地发展。同时，企业还是社会生产和服务的主要承担者，社会经济活动的主要过程即生产和服务过程，大多是由企业来承担和完成的。离开了企业的生产和服务活动，社会经济活动就无以为继。此外，企业的发展对整个社会的经济技术进步有着不可替代的作用。大多数技术进步和管理创新都是由企业来完成。在当今社会，企业正日益发挥着越来越重要的功能。

那么，什么是企业？它有哪些构成要素？具备哪些不同于一般组织的特征？企业的类型有哪些？现代企业是如何产生的？它的发展经历了哪些历程？企业需要承担哪些社会责任？本项目将对以上问题分别进行解答。

任务1.1　理解企业的概念与特征

❖ 任务引入

新学期马上就要开始了，企管专业的王同学对此非常期待，因为本专业最核心的企业管理课程终于出现在了课表中。王同学自认为大一时学过《管理学原理》，再学企业管理一定非常轻松，因为企业也是组织的一种，管理学的基本原理在本课程中同样适用，两者之间不过是大同小异。

王同学一向学习认真，为更好地学习这门课程，他提前买好了教材，打算在开课前先自学一下。可当王同学翻开教材目录后顿时感到困惑，《企业管理学》教材内容体系与《管理学原理》有着很大的不同。教材中有大量的篇幅在介绍市场营销管理、生产运作管理、物资与设备管理、财务管理等，而这些内容在《管理学原理》课程中并未出现。王同学看完教材后陷入了沉思，他盼望着早日开学，他要当面向老师请教该如何学好《企业管理学》这门课程。

问题：你是否也有与王同学一样的困惑，你觉得该如何学好企业管理这门课程？

❖ 相关知识

1. 企业的概念

企业是指依法设立、自主经营、自负盈亏、独立核算、具有法人资格、从事商品生产和经营的营利性社会经济组织。企业必须具备以下基本要素。

（1）企业须拥有一定的资源，如必要的人力、物力、财力等资源，这是企业设立和运营的基础。

（2）企业须有开展经营活动必要的经营场所，如办公地点、生产车间、销售终端等。

（3）为实现营利目的，企业须开展一系列的研发、生产、流通等活动。

（4）企业的设立和经营需遵守相关的法律，企业的活动要受到法律的约束，同时也受到法律的保护。

(5) 企业须具有独立运营的自主权，自主经营、自负盈亏。

2. 企业的特征

与其他类型的组织相比较，企业主要具有以下四大特征。

1) 企业是一个营利性组织

企业作为经济社会的基本细胞，从其生产的原始动机到现在人们创立、经营企业，主要的目的都是要获取利润。

财富是人们生活的物质基础，人们要生存，就需要有物质财富。一般来说，拥有物质财富的多寡对人们的生活质量起着决定性的作用。为了取得财富，人们需要开展生产活动。在开展生产活动的过程中，对原材料、工具、能源、人工等要素的耗费，就构成生产成本。如果生产出的产品的价值超过成本，超出的盈余部分就是利润，利润意味着物质财富的增加。企业作为一个经济组织，将人工和其他生产要素组织起来，就是为了提高生产效率，降低成本，更多地创造利润，从而获取更多的物质财富。

2) 企业是一组资源的集合

企业为了获得利润，需要将资金、设备、劳动力、管理才能等生产要素组织起来。这些要素就是企业用于生产经营的资源。

企业的资源可以分为有形资源和无形资源两大类。有形资源是指能被看到并且易于测量的资源，如物化资源（包括生产设备、原材料、办公用具等）、财务资源（资金、有价证券等）、组织资源（企业的组织结构和它的管理系统）等。无形资源是指企业长期积累的、没有实物形态的甚至无法用货币精确度量的资源，通常包括品牌、商誉、技术、专利、商标、企业文化，以及组织经验等。有形资源和无形资源对企业来说都很重要，但单独的任何一种资源都不能创造价值和利润，我们只有把各项有形资源和无形资源有效地整合在一起，形成企业特有的资源，才能为企业构建竞争优势，创造价值和利润。

3) 企业是一组利益关系的集合

企业是各利益相关者组成的一个系统，如股东、经理人和企业员工等。由于出发点和目的的不同，这些利益相关者构成了错综复杂的利益关系，如股东与经理人之间的委托代理关系，企业高层决策者与基层管理者的利益关系，企业管理者与员工之间的管理与被管理、监督与被监督的制衡关系。由于这些错综复杂的利益关系的存在，企业就必须妥善处理这些关系，以便上下一心，共同为企业的发展而努力。

4) 企业是依法设立的经济组织

企业作为经济社会的基本细胞，其行为对社会有着重大的影响。除企业内部的利益关系外，企业与银行等债权人、与税务局等国家机构、与消费者等客户、与同行竞争者之间等，都存在着更多的复杂关系，如果这些关系得不到妥当处理，将会给社会造成极大的危害。所以，国家对企业的设立有严格的法律要求。企业必须按照国家法律的规定设立，才能取得从事生产经营活动的合法资格，得到国家相关法律的保护，享有其独立的企业权益，并承担相应的义务。

❖ 任务实训

1. 实训目的

深入了解企业的特点,掌握企业与其他类型社会组织的区别。

2. 实训内容及步骤

(1) 以小组为单位成立任务实训团队,由小组负责人完成任务分配。
(2) 各实训团队成员分工完成对相关文献资料的搜集,由团队负责人进行汇总。
(3) 通过文献梳理,总结各类型组织的特点,并从组织设立、运作模式、组织性质、组织作用等多方面将企业与其他类型组织进行对比分析。
(4) 根据分析结果,撰写实训作业——企业与其他类型社会组织的区别。
(5) 提交实训作业到班级学习群,由课代表组织同学们在线讨论。

3. 实训成果

实训小作业——企业与其他类型社会组织的区别。

任务1.2 熟悉企业的分类

❖ 任务引入

根据工业和信息化部披露的数据,截至2021年年末,全国企业的数量达到4 842万户,比十年前增长1.7倍,其中99%以上都是中小企业。具体到工业领域,我国规模以上工业中小企业户数达到40万户,营业收入超过了75万亿元,利润总额达到4.7万亿元,较2012年分别增长了23.5%、38.7%、37.1%。

第四次经济普查数据显示,中小企业的从业人数占全部企业从业人数的比例达到80%。2021年我国私营个体就业总数达到4亿人,较2012年增加了2亿多人。以中小微为主的民营企业是我国第一大的外贸经营主体,2021年对外贸增长的贡献度超过58.2%。

问题:大型、中型、小型和微型企业划分的标准是什么?中小微型企业在我国经济发展过程中发挥着哪些重要的作用?

❖ 相关知识

企业的形式多样,划分方法各异。例如,按照资产所有制性质来分,企业可以分为国有企业、集体企业、私营企业和混合所有制企业。按照资本来源的国别分类,企业可分为中资企业、外资企业、中外合资和中外合作经营企业。按照所属行业及从业人员数量和营业收入,可将企业划分为大型企业、中型企业、小型企业和微型企业。按照企业生产经营业务的性质分类,企业可分为工业企业、农业企业、商业企业、金融企业、建筑企业、交通运输企业等。以上几种类别都易于理解,下面详细介绍较为复杂的、按照企业制度的形态进行分类的企业形式。

1. 个人独资企业

个人独资企业，也称业主制企业或个体企业，是指由个人投资兴办，自主经营，财产归投资者个人所有，投资人以其个人财产对企业债务承担无限责任的经营实体。《中华人民共和国个人独资企业法》（以下简称《个人独资企业法》）规定，设立个人独资企业必须具备以下条件。

（1）投资人为一个自然人。

（2）有合法的企业名称，个人独资企业的名称不得使用"有限""有限责任""公司"字样，个人独资企业名称可以为厂、店、部、中心、工作室等。

（3）对投资人的出资金额未做限制，只是规定要有出资；设立个人独资企业可以用货币出资，也可以用实物、土地使用权、知识产权或者其他财产权利作价出资，但不能用个人劳务作价出资，也不能用个人信誉或者名誉作价出资。采用实物、土地使用权等作价出资时要折算成货币数额，投资人申报的出资也要与企业生产经营规模相适应；投资人可以以个人财产出资，也可以以家庭共有财产作为个人出资，但要在设立或变更登记申请书上予以注明。

（4）有固定的生产经营场所和必要的生产经营条件。

（5）有必要的从业人员，即要有与生产经营范围、规模相适应的从业人员。

个人独资企业的优点在于设立门槛较低，工商部门对资金没有什么要求，对经营场地的要求也较为宽松；企业主拥有完全的自主权；税负较低，企业主可独享全部净利润；同时，企业信息一般不要求被公开，以利于保守商业秘密。

个人独资企业的主要缺点有以下4点。第一是要负无限责任。《个人独资企业法》第十八条规定："个人独资企业投资人在申请企业设立登记时明确以其家庭共有财产作为个人出资的，应当依法以家庭共有财产对企业债务承担无限责任。"该法的第三十一条规定："个人独资企业财产不足以清偿债务的，投资人应当以其个人的其他财产予以清偿。"第二是个人独资企业信誉不高、地位较低。第三是由于资金来源单一，一般个人独资企业实力不强。第四是企业的寿命有限。企业的存在完全取决于企业主，一旦企业主终止经营，如市场竞争失败或企业主自然死亡（除非有子女继承），企业生命也会由此终止。

2. 合伙制企业

合伙制企业是指由两人以上按照协议投资，共同经营、共负盈亏的企业。合伙制企业财产由全体合伙人共有，共同经营，合伙人对企业债务承担无限连带清偿责任。2007年6月1日起我国施行修订后的《中华人民共和国合伙企业法》（以下简称《合伙企业法》），在其中增加了有限合伙企业。《合伙企业法》规定："普通合伙制企业由普通合伙人组成，普通合伙人对合伙企业债务承担无限连带责任。""有限合伙企业由普通合伙人和有限合伙人组成，普通合伙人对合伙企业债务承担无限连带责任，有限合伙人以其认缴的出资额为限对合伙企业债务承担责任。"

设立普通合伙企业，应当具备下列条件：

（1）有两个以上合伙人。合伙人为自然人的，应当具有完全民事行为能力；

（2）有书面合伙协议；

（3）有合伙人认缴或者实际缴付的出资；
（4）有合伙企业的名称和生产经营场所；
（5）法律、行政法规规定的其他条件。

设立有限合伙企业，应当具备以下条件：
（1）有限合伙企业由两个以上五十个以下合伙人设立；
（2）有限合伙企业至少应当有一个普通合伙人；
（3）有限合伙企业名称中应当标明"有限合伙"字样；
（4）合伙协议中，还应当分别载明下列事项。
①普通合伙人和有限合伙人的姓名或者名称、住所；
②执行事务合伙人①应具备的条件和选择程序；
③执行事务合伙人权限与违约处理办法；
④执行事务合伙人的除名条件和更换程序；
⑤有限合伙人入伙、退伙的条件、程序以及相关责任；
⑥有限合伙人和普通合伙人相互转变程序。

合伙制企业的优点在于组建较为简单和容易，扩大了资金来源，提高了信用能力、经营水平与决策能力。缺点主要有普通合伙人承担无限连带责任、稳定性差、易造成决策上的延误。

无论是个人独资企业还是合伙制企业都有一个共同的特点，即企业不具有法人资格。一般把这两类企业统称为自然人企业。

3. 公司制企业

公司制企业是指按照法律规定，由法定人数以上的投资者（或股东）出资建立、自主经营、自负盈亏、具有法人资格的经济组织。在我国，公司有有限责任公司和股份有限公司两种形式。《中华人民共和国广告法》第三条规定"公司是企业法人，有独立的法人财产，享有法人财产权。公司以其全部财产对公司的债务承担责任"。因此，在我国不存在无限责任公司，所有公司的投资者都可受到有限责任的保护。

公司制企业的产生，是适应了市场经济发展和社会化大生产的需要而逐步形成的，其物质基础是生产社会化的发展和经营的专业化趋势，直接动因是资本联合带来的出资者多元化。18世纪60年代的英国，凭借着有限责任制、债务人监狱和专利法三大法宝，以股份公司为主要载体，启动了轰轰烈烈的产业革命和现代经济增长历程。只有弹丸之地的荷兰之所以能够率先步入现代世界，其原因只有一个，就是荷兰人最先发明了现代股份公司制度和支撑股份公司发展的证券交易所。在欧洲的历史上，国家的经济决策第一次由商人们做出，而不是由王室、一小撮统治者或教廷来决定。通过股份公司制和股票市场制度，经济权力广泛分布于人民手中的荷兰，战胜了经济权力集中于王室手中的西班牙。

公司的出现，极大地推动了生产力的发展，成为现代企业的主要组织形式。

---

① 执行事务合伙人指的是按照合伙协议的约定或者接受全体合伙人的委托，对外代表合伙企业并执行合伙事务的普通合伙人。

（1）公司制企业的优点如下。

①永续经营。一个公司在最初的所有者和经营者退出后仍然可以继续存在。

②有限债务责任。公司债务是法人的债务，不是所有者的债务。所有者的债务责任以其出资额为限。

③所有权的流动性强，股权转让容易。

④具有较高的信用，在资本市场上更易融资。

（2）公司制企业的缺点如下。

①双重课税。公司作为独立的法人，其利润需缴纳企业所得税，企业利润分配给股东后，股东还需缴纳个人所得税。

②组建公司的成本高。公司法对于建立公司制企业的要求比建立个人独资企业或合伙制企业高，并且需要提交各种报告。

③存在委托代理问题。经营者和所有者分开以后，经营者被称为代理人，所有者被称为委托人，代理人可能为了自身利益而伤害委托人的利益。

知识链接

有限责任公司和股份公司的区别

（1）股权表现形式不同。有限责任公司里，权益总额不作等额划分，股东的股权通过所认缴的出资额比例来表示。股份公司的全部资本分为数额较小、每一股金额相等股份，每股有一票表决权。

（2）设立方式不同。有限责任公司只能由发起人集资，不能向社会公开募集资金，也不能发行股票，不能上市。股份有限公司除了可以使用有限责任公司的设立方式，还可以向社会公开筹集资金并上市融资。

（3）股东人数限制不同。有限责任公司的股东不得多于50人，保护了公司的封闭性。股份有限公司必须有2~200名发起人，股东人数无限制。

（4）组织机构设置规范化程度不同。有限责任公司可以只设董事、监事各一名，不设监事会、董事会。股份有限公司必须设立董事会、监事会，定期召开股东大会，而上市公司在股份公司的基础上，还要聘用外部独立董事。

（5）股权转让限制不同。有限责任公司，向股东以外的人转让出资时，必须经股东会过半数股东同意。股份有限公司的股票公开发行，转让不受限制。

（6）信息公开化程度不同。有限责任公司的生产、经营、财务状况，只需按公司章程规定的期限向股东公开，供其查阅，无须对外公布，财务状况相对保密。股份有限公司，要定期公布财务状况，上市公司要通过公共媒体向公众公布财务状况。

❖ 任务实训

1. 实训的目的

通过实训，熟悉企业设立的条件和流程，增强对企业的进一步认识。

2. 实训内容及步骤

（1）将全班同学划分为若干任务团队，各团队推选一名同学为任务牵头人，具体负责此次的实训活动。各团队以所有成员为发起人，模拟成立一家有限责任公司。

（2）各团队为拟成立的公司确定企业名称，拟定公司章程，设计组织结构，并成立董事会、监事会。

（3）各团队先根据《公司法》的相关要求，模拟有限责任公司的设立程序。然后到当地相关机关实地调研，了解当地政府部门对有限责任公司设立的具体要求。

（4）完成模拟注册，推选董事长，选举出监事会主席。经董事长提名产生公司总经理、副总经理，并确经理人员的岗位职责。由总经理、副总经理任命人力资源部、市场营销部、财务部和生产运营部等重要部门经理，搭建完成组织架构。

（5）完成实训，撰写实训报告。

3. 实训成果

实训报告——《有限责任公司的设立条件和流程报告》。

任务1.3 了解企业的产生与发展历程

❖ 任务引入

2018年7月，成立不到3年的拼多多在纳斯达克敲响了上市的钟声，中国"新电商第一股"诞生。

在电商市场格局已经基本稳定的情况下，拼多多不仅冲出了重围还重塑了行业，让阿里与京东的"猫狗之战"变成了"三国争雄"。

天下武功，唯快不破。拼多多的快，则可以用恐怖来形容：短短三年从零起步做成了一个拥有4亿名活跃用户、超300万个活跃商家、月GMV成交总额破千亿元的新电商龙头。

拼多多的成功归功于其行之有效的策略以及快速出击的打法。深耕阿里、京东核心用户之外更下沉的都市"五环"外与县城、乡村市场，在巨头们的"无争地带"轻松获取增量市场的红利。

问题：拼多多是一家创新企业吗？你觉得这类新兴的电商企业具有哪些与传统企业不同的特点？

❖ 相关知识

从家庭式的手工作坊到今天跨国企业的全球化运作，企业的发展经历了以下3个阶段。第一阶段为早期企业，大致是从罗马帝国时期到15世纪末期；第二阶段为近代企业，大致是从15世纪末期到19世纪下半叶；第三阶段为现代企业，大致是从19世纪下半叶直到现在。企业的产生与发展历程可详述如下。

1. 早期企业的形态

早期企业的起源和发展是与贸易的兴旺及分担风险的要求联系在一起的。在中世纪的欧洲，地中海沿岸各城市海商繁荣、都市兴旺、商业较为发达，个体商人在中世纪社会经济生活中占有十分重要的地位，共同经营先辈遗留下来的家族企业。这些家族企业成为公司制企业的前身。同时，海上交易的巨大风险导致船舶共有的经营方式出现，这种方式成为合伙制企业或者合营、入股制度的雏形。因而早期企业的诞生，从经济上来说，同商业的发展密切相关；从地理位置来说，地中海地区是中世纪时期的海洋贸易和陆上贸易的主要集中地。

2. 近代企业的兴起

15 世纪末期，随着荷兰、英国的航海贸易和经济的迅速发展，在荷兰和英国产生了适应这种发展需要的特许贸易公司的组织形式，使得早期的合资贸易组织逐渐向特许公司过渡。近代企业的兴起主要分为两个时期：一个是从 15 世纪后期的合资贸易组织到 17 世纪的特许公司，另一个就是从 18 世纪的合股公司到 19 世纪中期的公司制确立。

随着 15 世纪航海技术的发展，远洋贸易迫切需要大型的贸易企业作为支持。西欧各国在重商主义政府的支持下，建立了一批特许贸易公司。之所以称为特许贸易公司，是因为当时西欧各国限制贸易自由，要进行贸易就必须取得政府的特许。早期的特许贸易公司往往带有中世纪合资贸易组织短期和松散的特点，如英国东印度公司在建立之初的十多年中，一直是按一次航行集资，航程结束后结算。后来的荷兰东印度公司是世界上第一个永久性公司，已经具有了近代公司制度的基本特征：募集股金建立，具有法人地位，由董事会领导下的经理人员来经营等。特许贸易及后来出现的特许专营公司（营业方向不适合航海贸易而主要为公用事业的特许公司）都不能被看作真正意义上的公司，因为它们都是靠政府或者皇家授权建立的，用相应的义务来换取贸易的垄断权。

从 18 世纪到 19 世纪中叶，特许贸易公司和特许经营公司获取的高额利润使得商人们发现在没有取得"特许状"的情况下，通过合股公司这种类似于特许贸易公司的组织形式可以招商引资，股东可以自由转让手中的股票，公司由被股东集体授权的人员来管理。但是在当时，欧洲各国并没有赋予这种合股公司以法人地位，直到 1837 年美国的康涅狄格州颁布了第一部《一般公司法》，1844 年英国议会也通过了《公司法》，这样，公司制度的基本框架才确立了起来。

3. 现代企业的成长

在企业从事多方面经营活动的情况下，企业的经营管理只能交由专业经营人员来负责，于是，公司制企业就从旧时的企业主企业演变为现代的经理人员企业了。现代企业的成长包括企业规模的扩张过程和资本所有者与管理权的分离过程。

著名的战略管理专家艾尔弗雷德·钱德勒认为，现代企业的原型是把大量生产过程和大量分配过程结合在一起的一个单一企业。这种结合最早发生在美国的工业企业中。通过大量生产和大量分配的结合，一个单一的企业就能完成制造和销售一个系列产品所涉及的许多交易和作业程序。这种结合的意义在于管理指导的"有形的手"取代了市场力量的"无形的手"，从而协调着从原料和半成品的供应者，直到零售店和最终消费者的货物流动，降低了交易成本和信息成本。更为重要的是，这种结合实现了规模经济，减少了资本成本。现代企业是通过两种途径完成大量生产和大量分配的结合的：第一种途径是纵向结合，即企业直接建立自己的销售网络和采购渠道；第二种途径是横向结合，通过收购或者兼并小企业来实现生产延伸。企业规模的扩张及技术与管理的专业化，使专业管理人员的作用不断加强。现代企业的成长起源于铁路企业的兴起。美国的铁路企业几乎一开始就是所有权和管理权相分离的企业。修筑铁路需要的大量资本通过股份公司来募集完成，而管理人员必须是具备专业技术和管理才能的复合型人才。

纵观企业产生与发展的历程，现代企业与传统企业已经有了很大的不同，其所担负的职能也发生了较大的变化。在全球一体化的进程中，企业的发展在国家的政治、经济、文化中已越来越起着至关重要的作用。

❖ 任务实训

1. 实训的目的

通过调查，了解当地小微企业的生存与发展现状。

2. 实训内容及步骤

（1）以小组为单位成立任务实训团队，并推选出团队负责人。
（2）各团队确定此次调查的主题与目标。
（3）各团队确定调查的方式、调查的对象、调查的区域，制定本次调查的方案。
（4）各团队将收集到的调查资料进行整理、分析，并参考相关文献，由团队负责人牵头完成调查报告的撰写。
（5）各团队提交调查报告，由授课老师进行评阅。

3. 实训成果

调研报告——《当地小微企业生存与发展现状调研报告》。

任务 1.4　熟悉企业的社会责任

❖ 任务引入

据证券时报报道，2022 年 7 月 30 日晚，在一场公益晚会中，鸿星尔克宣布一项公益捐赠，此次捐赠包括了总价值为 1 亿元的物资和捐款。鸿星尔克表示，该款物将被捐赠于福建省残疾人福利基金会，用于帮助困难残疾人和家庭改善生活质量。同时，被捐赠方福建省残疾人福利基金会官方微信发文称，鸿星尔克庄严承诺再捐出总价值 1 亿元的物资和善款，设立"鸿星有爱助残同行"项目。此事一出，鸿星尔克登上热搜，再次成为舆论焦点。在社交平台，网友们在鸿星尔克官方微博和公司总裁微博下留言："踩了一年缝纫机，这一下子又捐空了""好家伙，又捐了！"……还有网友表示此举非常正能量，将以实际行动支持鸿星尔克："野性消费2.0走起""你都这么慷慨了，我只能继续刷单了"……

除了留言，大批网友涌入鸿星尔克直播间"激情下单"。直播间粉丝留言中不乏对鸿星尔克捐款的赞赏，"良心企业，必须支持""我又来野性消费了"……

问题：企业的社会责任有哪些？为何鸿星尔克的捐赠活动能赢得人们的赞赏？

❖ 相关知识

微课堂
企业的社会责任

企业的社会责任（corporate social responsibility，CSR）是指企业在创造利润、对股东承担法律责任的同时，还要承担对员工、消费者、社区和环境的责任。企业的社会责任要求企业必须超越把利润作为唯一目标的传统理念，强调要在生产过程中对人的价值的关注，强调对环境、消费者、社会的贡献。

企业的社会责任的内涵十分丰富和广泛，除法律规定的企业行为外，所有可能影响社会福利的企业行为都应纳入社会责任之内。企业的社会责任大体可以分为以下五个方面。

1. 办好企业

办好企业是企业最大的社会责任。这是因为只有办好企业，才能增强企业的竞争力，才能向社会提供更好、更新、更多的产品和服务，也才能最终满足人们的物质和文化生活需要。例如，成立于2011年的英华特涡旋技术有限公司，是一家专注于研发、制造和销售涡旋式制冷压缩机的成长型本土科技企业，也是国内首家量产涡旋式压缩机的厂家。该企业打破国外品牌的长期垄断，坚持自主创新，成功开发出涡旋式压缩机产品，满足了我国市场对该类产品的需求。英华特公司不断攻克新的技术难题，从成立伊始的国产品牌涡旋压缩机先行者最终发展为当今涡旋式压缩机行业领军企业。十年间，英华特公司用创新走出了国产涡旋压缩机企业的"专精特新"崛起之路。

> **课堂讨论：**
>
> 有人说"把企业做大、做强"就是企业最大的社会责任，你是否同意这个观点？请说明你的理由。

2. 经营管理行为符合道德规范

经营管理行为符合道德规范是企业的应尽之责。所谓的经营管理行为包括企业内部管理、产品设计、制造、质量保证、广告用语、营销手段、售后服务，以及公关工作等。企业的经营管理行为符合道德规范不仅是法律、法规的约束，也是消费者对企业的基本要求。例如，京东物流打破行业常规，为30万名一线快递员签署劳动合同、缴纳五险一金，提供商业保险、通信、防寒防暑、交通工具等多种福利及补贴。京东物流坚守正确的商业价值观，为一线员工提供有保障、有尊严的工作，调动了快递小哥们工作的积极和主动性，增强了他们对工作的责任感和使命感。

3. 投身社会慈善事业

企业投身社会慈善事业的活动包括对社会教育、医疗公共卫生、疾病预防、福利设施提供资金支持；以及对由于特殊的天灾人祸所导致的一切需要帮助的人及时伸出援助之手。

支持"母亲水窖"20年 完美公司助力乡村振兴

"有了水的滋养,曾经干涸龟裂的土地,长出绿树繁花,曾经贫困无助的人民,得以脱贫圆梦。'母亲水窖'在这里,听着千年万年的人类脚步,流淌出更长远的美好时光……"一首诗,道不尽缺水地区的人们对"母亲水窖"的感念之情。

2000年,国家启动了西部大开发战略,中国妇女发展基金会"母亲水窖"项目同年启动。截至2020年年底,"母亲水窖"项目覆盖了全国29个省(区、市),修建集雨水窖13.97万个,集中供水工程1 915处,校园安全饮水项目1 001个,共324万人受益。

20多年来,完美公司作为第一家支持"母亲水窖"的企业、中国妇女发展基金会最忠实的战略合作伙伴,参与并见证"母亲水窖"成为中国西部万千家庭生活的希望与幸福源泉,用"取之社会,用之社会"的社会责任和公益行动,助力西部乡村振兴。

自古以来,乐善好施、扶贫济困就是中华民族的传统美德,而相互帮助、患难扶持又是我们倡导的时代新风。投身社会慈善事业既是美德也是责任,所有企业都应在力所能及的情况下积极参与。

4. 保护自然环境

保护自然环境是企业最基本的内部责任,也是衡量企业社会责任最重要的指标。

保护自然环境要求企业在生产经营过程中要主动节约能源和减少对其他不可再生能源的消耗,对工业废料要做无害化处理。同时还要求企业要积极参与节能产品的研究开发,参与地球环境荒漠化和全球气候变暖所引发的各种灾害的研究和治理。

支付宝公益项目"蚂蚁森林"

蚂蚁集团从2016年开始在支付宝上线公益项目"蚂蚁森林",持续向公益机构捐资参与各地生态建设,通过这些"看得见的绿色"激励公众在日常生活中以低碳行为积攒"绿色能量"。截至2022年8月,蚂蚁森林已接入包括绿色出行、减纸减塑、在线办事、循环利用、节能降耗等方面的50多个低碳场景,累计见证了6.5亿人的低碳行动,产生的"绿色能量"超过2 600万t,目前已参与支持了浙江、江西、宁夏等多个省级碳普惠平台的建设。

5. 服务社区

服务社区是指企业根据经营状况,为促进社区的发展所做的支持所在社区或其他特定社区建设的一系列活动。如企业不以赚取商业利益为目的对社区医院、学校、幼儿园、养老院、公共娱乐和健身场所、商业中心、图书馆等设施进行投资等。

❖ 任务实训

1. 实训的目的

通过访谈和问卷调查，了解当地企业的社会责任履行情况，加深对企业社会价值的认识。

2. 实训内容及步骤

（1）将全班同学划分为若干实训团队，各团队独立完成此次实训活动。
（2）各团队确定调查样本，设计和制订调研方案。
（3）各团队设计访谈提纲和调查问卷，团队成员按既定方案完成实地调查。
（4）各团队对调查所获得资料进行整理、统计和分析。
（5）各团队根据分析结果撰写调研报告，提交给授课老师批阅。

3. 实训成果

调查报告——《当地企业社会责任履行情况调查报告》。

思考题

一、单选题

1. （　　）企业的优点在于组建较为简单和容易、扩大了资金来源、提高了信用能力、经营水平与决策能力。
   A. 个人独资　　　B. 合伙制　　　C. 有限责任制　　　D. 股份制
2. 个人独资企业的设立门槛（　　），工商部门对资金没有什么要求，对经营场地的要求较为（　　）。
   A. 较低　严格　　B. 较低　宽松　　C. 较高　严格　　D. 较高　宽松
3. 有限合伙企业由（　　）以上（　　）以下合伙人设立。
   A. 两个　一百个　B. 三个　五十个　C. 三个　二十个　D. 两个　五十个
4. 投资人必须为自然人的企业是（　　）。
   A. 个人独资企业　B. 合伙企业　　C. 有限责任公司　D. 股份有限公司
5. （　　）企业会存在委托代理关系问题。
   A. 个人独资　　　B. 普通合伙　　C. 有限合伙　　　D. 公司制

二、多选题

1. 与其他类型的组织相比较，企业主要具备的四大特征是（　　）。
   A. 企业是一个营利性组织
   B. 企业是一组资源的集合
   C. 企业是具有独立法人地位的组织
   D. 企业是一组利益关系的集合
   E. 企业是依法设立的经济组织

2. 企业的形式多样，划分方法各异。按照资产所有制性质来分可以分为（　　）。
   A. 国有企业　　　　　　　　　　B. 集体企业
   C. 私营企业　　　　　　　　　　D. 股份制企业
   E. 混合所有制企业
3. 以下属于个人独资企业的优点的有（　　）。
   A. 设立门槛较低　　　　　　　　B. 拥有完全的自主权
   C. 永续经营　　　　　　　　　　D. 有限责任制
   E. 提高了经营水平与决策能力
4. 以下属于合伙制企业优点的是（　　）。
   A. 组建较为简单和容易　　　　　B. 扩大了资金来源
   C. 税负较低　　　　　　　　　　D. 信用较高
   E. 永续经营
5. 以下属于公司制企业缺点的是（　　）。
   A. 存在委托代理问题　　　　　　B. 资金来源有限
   C. 双重课税　　　　　　　　　　D. 组建成本较高
   E. 需承担无限连带责任

三、名词解释
1. 企业　　2. 个人独资企业　　3. 合伙制企业　　4. 企业的社会责任

四、简答及论述题
1. 企业需具备的基本要素有哪些？
2. 设立普通合伙企业应具备哪些条件？
3. 公司制企业的优点主要有哪些？
4. 试论述早期企业的形态。
5. 试论述企业的社会责任。

案例讨论

多方合力，推动我国"小巨人"企业大发展

2022年9月8日，2022全国"专精特新"中小企业发展大会在南京举行，会上发布了《专精特新中小企业发展报告（2022年）》。报告详细阐述了一年来培育"专精特新"中小企业的重要举措和积极成效。报告显示，截至2022年8月，工业和信息化部已培育四批8 997家专精特新"小巨人"企业，"小巨人"企业总量快速提升、主导产业更加聚焦，专业化优势进一步凸显。

报告指出，中小企业能办大事，在"小巨人"企业身上得到充分体现。

1. "小巨人"企业走上大舞台

"小巨人"企业参与制订、修订标准13 000余项，展现出较强的行业话语权。约半数"小巨人"企业的主导产品在国内细分市场上的占有率为10%～30%，其中有235家企业的主导产品在国内细分市场上的占有率达90%以上。

2. "小巨人"企业撑起大创新

"小巨人"企业共设立国家级、省级研发机构超1万家,平均研发人员占比达28.7%,平均研发强度达8.9%,平均拥有有效发明专利15.7项,70余家"小巨人"企业近三年荣获国家科学技术奖,1500多家专精特新"小巨人"企业近2年承担过国家重大科技项目。

3. "小巨人"企业创造大效益

2021年"小巨人"企业营业收入总额超3.7万亿元,同比增长31.5%,比规模以上中小工业企业高11.6个百分点。利润总额近0.4万亿元,平均每户企业利润4000万元,是规模以上中小企业的3.4倍。

4. "小巨人"企业牵引大发展

前三批培育认定的"小巨人"企业中已有114家成长为制造业单项冠军企业,占单项冠军企业比重达到13%。67%的"小巨人"企业产品获得发达国家或地区权威机构认证,核心竞争力明显。九成专精特新"小巨人"企业至少为一家国内外知名大企业直接配套。"小巨人"企业对高端新材料、5G新一代信息技术、新能源汽车和智能网联汽车等制造强国重点领域的支撑作用尤为明显。

2021年以来,工业和信息化部会同有关部门、地方协同发力,持续完善专精特新工作政策体系,构建了政府公共服务、市场化服务、公益性服务"三位一体"服务体系。中小企业发展环境进一步优化,全力护航专精特新中小企业发展壮大。

为更好地赋能"小巨人"企业高质量发展,释放其活力与韧性,人民日报社旗下的在线信息交互平台人民网于2022年8月28日发布了"小巨人护航计划",并上线了"828企业服务平台"(http://828.people.com.cn/),征集专精特新企业发展面临的问题,展示大中小企业融通创新的优秀案例,助力推动形成协同、高效、融合、顺畅的大中小企业融通创新生态,促进中小企业高质量发展。

具体来看,依托"828企业服务平台",人民网"小巨人护航计划"将广泛联合各界资源,通过政策解读、课题调研、资源对接、产业合作、经验交流等多种形式,重点围绕政策服务、诉求反馈、供需对接、专业服务、品牌建设与经验交流等功能,为全规模、全所有制、全生命周期企业,提供一站式平台服务。

问题讨论

1. "小巨人"企业有哪些特点?哪些中小企业更有可能成长为"小巨人"企业?
2. 结合本案例,请谈谈环境因素对"小巨人"企业发展的影响。

项目2 企业管理概述

学习目标

【知识目标】

(1) 理解企业管理的含义。
(2) 熟悉企业管理活动的内容。
(3) 了解企业管理与环境的关系。
(4) 熟悉不同层次管理者所需的技能。
(5) 熟悉企业管理的职能。

【技能目标】

(1) 能够掌握企业管理环境分析的方法。
(2) 能够掌握计划的编制方法。
(3) 能够掌握组织结构设计的方法。
(4) 能够掌握管理控制的方法。

【素质目标】

(1) 培养学习企业管理的兴趣。
(2) 树立成为优秀企业管理者的坚定信念。
(3) 提升成为优秀企业管理者的素质和能力。

❖ 项目情境导入

盘点全球大公司的发展历程,很容易看到一个现象:巨头们陷入颓势之后,往往很难扭转局面。索尼、柯达、夏普、摩托罗拉……这些曾经辉煌无比的巨头,都是这方面的典型案例。

如何解释这样的现象?海尔集团董事局主席张瑞敏有过一句精辟的评论:"没有成功的企业,只有时代的企业。"事实也确实如此,很多巨头的一时辉煌,最重要的一点就是踏准了时代浪潮。但有潮起就有潮落,巨头们一旦跟不上时代的变化,很快就会掉队和没落。所以"伟大过"的公司很多,但能长期、持续伟大的公司,在商业史中却非常鲜见。陷入衰落的大公司要扭转颓势,如果没有根本性的彻底变革,无异于要扭转时代的发展进程,这也注定了它们最终会走向失败。

问题:如何评价张瑞敏的"没有成功的企业,只有时代的企业"这句话?为什么大公司进入颓势之后，往往很难扭转局面？

❖ 项目分析

企业管理是维持企业正常运营的基础，失去管理，企业就不能发挥正常的功能。有效的管理不仅能够明确企业的发展方向，提高企业的效益，激发员工的潜能，确保企业财务安全，提升产品的销量，提高产品的质量，而且还有助于塑造良好的企业形象。

那么，什么是企业管理？它包含哪些活动内容？企业管理要受到哪些环境因素的影响？如何定义企业管理者？不同层次的管理者需要掌握哪些技能？企业管理的职能有哪些？各管理职能的具体内容是什么？本项目将对以上问题进行解答。

任务 2.1 初识企业管理

❖ 任务引入

虽然管理理论出现至今已逾百年，但学术界对于管理的定义尚未形成统一的认识。其原因在于，因管理主体、管理客体及管理环境的不同，人们在管理实践中所从事的管理活动具有显著的差异性，从而导致人们对管理活动产生不同的理解和认识，并最终形成了众多的管理学定义。

如被誉为"管理之母"的管理学者玛丽·帕克·福莱特（Mary Parker Follett）把管理描述为"通过其他人来完成工作的艺术"（1942）。美国著名的管理学家、科学管理之父弗雷德里克·温斯洛·泰勒（Frederick Winslow Taylor）的观点与福莱特相似，他认为，管理就是"确切地知道你要别人去干什么，并使他用最好的方法去干"。著名管理学家哈罗德·孔茨（Harold Koontz）认为，"管理就是为在集体中工作的人员谋划和保持一个能使他们完成预定目标和任务的工作环境"；法国古典管理学家亨利·法约尔（Henri Fayol）从管理职能的角度指出，"管理是人类组织所共有的一种活动，管理就是实行计划、组织、指挥、协调和控制"；美国管理学家、诺贝尔经济学奖获得者赫伯特·西蒙（Herbert A. Simon）强调了决策在管理中的重要作用，即"管理就是决策"……

问题：上述有关管理的各种定义也适用于企业管理吗？为什么？

❖ 相关知识

1. 企业管理的含义

企业管理是指企业管理者为了实现既定的目标，根据自身的特性及生产经营规律，在特定的环境约束下，充分利用企业所拥有的各种资源所进行的计划、决策、组织、指挥、协调、激励、领导和控制等一系列工作的总称。

我们可以从以下四个方面加深对企业管理概念的理解。

第一，企业管理的目的是实现企业既定的目标。这就要求企业在开展管理活动时必须制定明确的、可行的目标。这不仅为企业指明了努力的方向，同时也会对企业员工产生一定的激励作用。

第二，企业的管理活动要受到内外部环境的影响和制约。有利的环境会促进企业的发展，不利的环境也会制约企业目标的实现。因此，对环境进行分析是企业管理活动的重要组成部分。

第三，在企业管理活动中需要投入各种资源。这些资源包括人力、物力、财力、技术和信息资源。在当今的管理环境下，资源外取已经成为重要的管理理念，即企业通过整合活动来获取希望得到的各种资源。

第四，企业管理由一系列的工作所组成。这些工作包括计划、决策、组织、协调、领导、激励、控制等。它们之间并非孤立存在，而是相互联系、相互渗透、周而复始、循环不息的。

2. 企业管理环境

企业管理环境是指存在于企业内部和外部且影响企业业绩的一切力量与条件因素的总和。企业管理环境可以分为外部环境和内部环境两种。企业管理的外部环境是存在于企业管理系统之外，并对企业管理系统的建立、存在和发展产生影响的外部客观情况和条件。企业管理的内部环境则是存在于企业管理系统之内、企业管理系统存在和发展的客观条件的总和。企业管理系统的环境因素，虽然不是企业管理系统的构成要素，但对于企业管理系统的存在和发展却有着非常重要的影响，企业管理者要对周围的环境和内部条件进行分析，并制定出相应的决策。

知识链接

企业管理环境的不确定性

企业管理环境的不确定性包括三层含义：第一，环境的变化速度。由于社会生产力的发展和生产关系的变革，环境总是处于不断发展变化之中。当然，伴随着环境的变化，各种环境因素不可能同步、同程度变化。一般来说，技术、经济环境尤其是市场环境属于剧变环境，它们无时无刻不在发生变化；社会环境变化较慢；而自然环境则可能长期保持基本不变。第二，有关环境的信息和情报的不确定性。企业对环境的了解可以是直接的，但更多是间接的。如借助新闻媒介，对特殊现象进行分析预测等。信息情报本身不准确和信息传递中的失真，都会使企业无法准确了解环境的变化。第三，企业管理者制定计划、进行决策时所考虑的时间期限。期限越长，对环境的了解越不准确。

从管理环境的角度来说，企业管理工作的好坏和效益水平的高低取决于两个方面：一是取决于良好的外部环境。国家政策稳定，从业人员受教育水平高，市场发育健全，法律政策完善，会促进组织的管理工作和效益水平的提高；否则会造成管理工作的困难甚至混乱。二是取决于管理者是否重视环境、适应环境，是否能根据环境的变化做出正确的决策。作为管理者，要分析并把握环境变化的规律，认清环境中的机会与挑战，促进管理工作的改善和效益的提高。

环境对企业的影响无处不在，而且还在不断变化。这就要求企业管理者必须对可能影响管理工作的各种因素加以识别，并做出反应。比如：外部市场竞争的加剧，要求企业重新调整内部各部门的分工协作关系以提高竞争能力；文化教育的普及和劳动力素质的提高，要求企业领导者采取新的激励制度和措施，以满足员工的高层次需求。

3. 企业管理活动的内容

企业管理活动的内容可以从两个方面来进行阐述。一是企业及其所属部门为使企业正常运营需执行的计划、决策、组织、领导、激励、控制等一系列管理活动。这些管理活动对所有组织来说都是必需的，并贯穿于管理的整个过程之中，称为管理的职能，其中计划、组织、领导、控制又被称为管理的基本职能。鉴于这部分内容较多，我们将在任务2.3中专门讲述。二是为实现企业经营管理目标所要进行的人力资源管理、生产管理与质量管理、供应链与物流管理、物资与设备管理、市场营销管理、财务管理等具体的管理活动。这些管理活动具有典型的企业特征，有些还是企业管理所特有的。这部分内容是全书学习的重点，我们在后继章节中将会重点介绍。

❖ 任务实训

1. 实训目的

通过深度访谈，认识环境对企业管理活动的影响。

2. 实训内容及步骤

（1）以小组为单位成立任务实训团队并选出团队负责人，同时拟订调查计划和访谈提纲。

（2）各实训团队联系企业，每个团队最后确定一家企业的高管为深度访谈对象。

（3）通过深度访谈，全面了解环境对该企业管理活动的影响。

（4）根据访谈结果，撰写实训作业"环境对××企业管理活动的影响"。

（5）提交实训作业到班级学习群，由课代表组织同学们在线讨论。

3. 实训成果

实训小作业——环境对××企业管理活动的影响。

任务2.2　认识企业管理者

❖ 任务引入

华为公司的创始人任正非多次表示自己既不懂技术，也不懂财务，他在创业之初对自己的定位就是组织者。他曾经说过"我创建华为时，不再是自己去做专家，而是做组织者"。

问题：作为企业的高层管理者需要掌握的最重要的技能是什么？为什么自诩"既不懂技术，也不懂财务"的任正非能领导华为取得巨大成功？

❖ 相关知识

1. 企业管理者的概念与层次

1) 企业管理者的概念

企业管理者是企业管理活动的主体,其主要职责是制定整个企业或分支机构的目标,并创造良好的工作环境,通过协调他人活动来实现企业的既定目标。

企业管理者是企业中的重要成员,其工作职责与非管理者有很大的不同。非管理者又称操作者(operator),是指直接从事某项工作或任务,不具有监督其他人职责的企业成员。例如,车间里的生产工人,饭店中的厨师和服务员等。而管理者(manager)是指挥别人工作的人,他们处于操作者之上的组织层次中,当然管理者也可以承担某些作业职责。

2) 企业管理者的层次

企业管理者按层级可划分为三个层次,即基层管理者、中层管理者和高层管理者,如图2-1所示。

图2-1 企业管理者的层次

基层管理者(first-line manager)是最低层次的管理者,他们管理的仅仅是操作者,不涉及其他管理者。他们的主要职责是传达上级的计划、指示,直接分配每一个成员的生产任务或工作任务,随时协调下属的活动,控制工作进度,解答下属提出的问题,反映下属的要求。在企业中,这样的管理者通常被称作领班、主管或工长等。中层管理者(middle manager)包括所有处于基层和高层管理者之间的各个管理层次的管理者,他们的主要职责是贯彻执行高层管理人员所制定的重大决策,监督和协调下一层级管理人员的工作。中层管理者可能是部门经理、项目主管、工厂厂长或者事业部经理等。处于或接近组织顶层的是高层管理者(top manager),他们承担着制定重大决策、为整个组织制定战略计划和目标的责任。他们典型的头衔是董事长、总经理、总裁、执行董事、首席运营官或董事会主席等。

不同层次的管理者都要履行基本的管理职能,但履行各项管理职能的侧重点则有所不同。图2-2从时间角度描述了这种差异。高层管理者在计划、组织和控制职能上花的时间要多于基层管理者,而基层管理者在领导职能上花的时间要多于高层管理者,中层管理者在各职能上花费的时间恰好居于高层和基层两者之间。另外,即使是就同一管理职能而言,不同层次的管理者从事的管理工作的内涵也不完全一样。以计划职能为例,高层管理者关心的是企业的长期战略规划,中层管理者偏重的是中期的战术计划,而基层管理者更侧重的则是短期的作业计划。

图2-2 不同层次的管理者在4个管理职能上的时间分配情况

MAHONEY T A, JERDEE T H, CARROLL S J. The job(s) management [J]. Industrial relations, 1965, 4(2): 97-110.

2. 企业管理者的角色

管理的成功取决于管理者对管理职能的履行情况。为了有效地履行各种管理职能，管理者必须明确自己所扮演的角色，并通过角色之间的配合和协作来完成任务。管理学家亨利·明茨伯格（Henry Mintzberg）在大量观察和研究的基础上，指出管理者扮演着十种不同的但高度相关的管理角色。明茨伯格将这十种管理角色组合成三个方面，即人际关系、信息传递和决策制定（见表2-1）。

表2-1 明茨伯格的管理角色理论

管理角色		描　　述	特征与活动
人际关系	1. 代表人	象征性的代表人，履行法律和社会义务	迎接来访者，签署法律文件
	2. 领导者	负责激励、人员配备、培训	从事所有有下级参与的活动
	3. 联络者	维护自行发展起来的外部关系和信息来源，从中得到帮助	从事公关活动
信息传递	4. 监督者	寻求和搜集内外信息，为决策提供服务	阅读期刊和报告
	5. 传播者	将有价值的信息传递给相关组织人员	召开信息交流会
	6. 发言人	向外界发布组织的计划、政策和结果等	召开董事会，向媒体发布消息
决策制定	7. 企业家	寻求组织和环境中的机会，制定新的方案	组织战略制定会议
	8. 变革者	当面对组织危机时，充当纠正和变革的角色	对危机进行分析并采取行动
	9. 资源分配者	负责分配组织的各种资源	调度、授权、预算和控制
	10. 谈判者	在谈判中作为组织的利益代表	参加各种合同谈判

资料来源：MINTZBERG H. The nature of management [M]. New York：Harper & Row, 1973：93-94.

明茨伯格的管理者角色理论适用于所有的组织，显然对企业也同样适用。

企业家慷慨捐赠创纪录

胡润研究院发布的2022年慈善榜显示，京东创始人刘强东、美团创始人王兴、小米创始人雷军这三位企业家位列榜单前三名。其中，刘强东以捐赠149亿元，首次成为"中国首善"。

2022年榜单记录的捐赠时间从2021年4月计至2022年8月，较往年的一年左右的有效统计时间多了几个月。在此期间刘强东向第三方基金会捐赠了京东6 200多万股股票，根据公告日收盘价计算，价值约149亿元，其主要捐赠方向为社会公益、医疗及教育。

王兴将5 700多万股股票转入自己的王兴基金会，根据公告日收盘价计算价值约147亿元，其主要捐赠方向为社会公益及救灾。

雷军向小米基金会、雷军基金会各捐赠3.08亿股股票,根据公告日收盘价计算价值约145亿元。其主要捐赠方向为教育及救灾。

在2022年慈善榜上捐赠金额上亿的慈善家共有49名,创造了该榜单19年来的新纪录。

这些企业家们在慈善路上勇挑重担、坚定前行,以实际行动回馈社会。他们在促进全社会共同富裕的过程中贡献了重要力量。

3. 企业管理者应具备的技能

企业管理者的职责是动态和复杂的,企业管理者需要特定的技能来履行他们的职责。罗伯特·卡茨(Robert L. Katz, 1974)研究发现,企业管理者需要具备三种基本的技能,即技术技能、人际技能和概念技能。

(1)技术技能(technical skill)是指企业管理者掌握与运用某一专业领域的知识、技术和方法的能力。对于基层管理者来说,技术技能是最为重要的。随着企业管理者层级的提升,他们离实际的作业工作越来越远,所以技术技能对于企业的中高层管理者的重要性就不如对基层管理者那样重要了。

(2)人际技能(human skill)是指企业管理者处理人事关系的能力,即理解、激励他人并与他人共事的能力,主要包括领导能力、影响能力和协调能力。人际技能对于不同层次的企业管理者来说都是十分重要的,因为具有良好人际技能的管理者能够促使员工做出更大的努力,能够更好地与员工沟通,从而对员工进行更加充分的激励和引导。

(3)概念技能是指管理者洞察事物未来的发展趋势以及采取措施趋利避害的能力。具体地说,概念技能包括理解事物的相互关联性从而找出关键影响因素的能力,确定和协调各方面关系的能力以及权衡不同方案优劣和内在风险的能力,等等。具有概念技能的管理者能够深刻识别组织中的问题,制定有效的行动方案并且进行有效的实施。他们往往把组织看作一个整体,能够把握各个部分之间的关系,能够正确行使管理职能。同时还能够清晰地认识组织外部的环境,使组织适应动态环境并获得发展。对于高层管理者来说,这种技能更加重要。

从上述分析中可以看出,处于不同层次的企业管理者应掌握和运用的技能是有一定差异的。一般来说,企业的高层管理者应该掌握更多的概念技能,而企业的基层管理者则应该掌握更多的技术技能,人际技能则是对所有层次的管理者都同等重要的。图2-3直观地表达了这些技能和不同层次的管理者所需管理技能之间的关系。

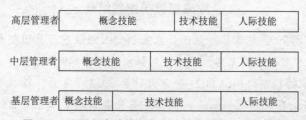

图2-3 不同层次的管理者所需管理技能之间的关系

❖ 任务实训

1. 实训的目的

通过分析小案例,加深对管理者所需管理技能的理解。

2. 实训内容及步骤

(1) 将全班同学划分为若干任务团队,每个团队推选一名同学负责带领成员完成此次实训活动。在负责人的组织下,团队成员阅读如下案例(案例1 "'闲可钓鱼'的王业震"、案例2"'无暇吃鱼'的步鑫生",详见二维码)。

(2) 各团队从管理者所需技能的角度分析案例,在充分讨论的基础上给出案例分析结论。

(3) 各团队将分析结论制作成PPT,并选出代表在班级汇报。

(4) 授课老师对案例进行讲解,并评述各任务团队的案例分析汇报。

(5) 完成实训后授课老师为各团队的案例分析评分,记为平时成绩。

案例分析
案例1:
"闲可钓鱼"
的王业震;
案例2:
"无暇吃鱼"
的步鑫生

3. 实训成果

实训作业——两则管理小案例的分析汇报。

任务2.3 熟悉企业管理的职能

❖ 任务引入

自1916年法国管理学家亨利·法约尔提出所有的管理者都应履行计划(plan)、组织(organize)、指挥(command)、协调(coordinate)和控制(control)这五种管理职能(management functions)的观点以来,引发了人们对人类的管理活动到底包含哪些职能的思考。有学者提出六种或七种的,也有学者提出四种、三种甚至两种的。但时至今日仍未达成共识,可谓众说纷纭。

问题:为什么人们对管理活动到底包含哪些职能的看法无法形成共识?你觉得企业管理的职能应该包含哪些?

❖ 相关知识

1. 计划与决策

1) 计划

计划是指企业为了能够适应未来变化的环境,实现既定的经营方针和经营战略,而对未来行动所做出的科学决策和统筹安排。计划是管理的首要职能,在企业经营管理过程中扮演着极为重要的角色。其作用主要体现在:计划为企业指明了行动的方向;计划是管理者指挥的依据;计划是应对不确定性,降低风险的手段;计划可以减少浪费,提高效益;计划是管理者进行控制的标准;计划是激励广大员工的重要手段;等等。

(1) 计划的内容。西方管理学者把计划的内容概括为"5W1H",认为计划工作可分为以下六个方面:做什么(what)、为什么做(why)、何时做(when)、何地做(where)、谁去做(who)、怎样做(how)。

做什么即明确计划的具体任务和要求,并确定重点。为什么做是指明确计划的原因及目的。何时做是指规定计划中各项工作的起始时间和完成时间。何地做规定了计划的实施地点或场所。谁去做是指明确具体的任务由哪些部门和人员具体负责,以及如何做好部门与部门之间、个人与个人之间的任务衔接。而怎样做则是指制定实施计划的具体措施、政策和规则。

(2) 计划的程序。计划要按照一定的步骤进行,其主要工作程序:识别机会、确定目标、确定前提条件、确定备选方案、拟订派生计划及编制预算。计划的具体程序如图2-4所示。

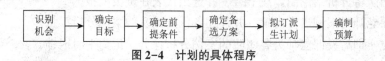

图2-4 计划的具体程序

①识别机会。管理者在编制计划之前,通过对内、外部环境的综合分析来寻找组织发展的机会。在识别机会时,管理者应当了解未来可能出现的机会,评价组织的优势和劣势,分析外部环境提供的机遇和可能面临的威胁并发现应该解决的问题。

②确定目标。确定目标是指在识别机会的基础上为组织各级单位确定未来所要实现的目标。目标为组织整体、各部门和各成员指明了方向,描绘了组织未来的状况,并且作为标准可用来衡量实际的绩效。计划工作的主要任务是将决策所确立的目标进行分解,以便落实到各个部门、各个活动环节。管理者在确定目标时必须制定恰当的时间期限,否则目标将变得毫无意义。

③确定前提条件。确定前提条件,是指明确预测组织未来在实施计划时所要面对的内、外部环境。由于计划是面向未来的,因而组织的内、外部环境都具有高度的不确定性。为了确保制订的计划能切实可行,管理者必须做好对环境的预测工作。

④确定备选方案。确定备选方案是指在各种可能实现目标的途径和方法中选择最优或最满意的方案,这一过程又包括拟订方案、评价方案和选择方案三个方面的工作。管理者可以通过各种方法对方案进行综合评价,形成一个从高到低的优先次序。一般把评分最高的方案作为首选,同时也要在余下的方案中选择一个作为备选方案。

⑤拟订派生计划。派生计划是总体计划的子计划,拟订派生计划主要是为了使之更具针对性和可操作性。例如,某公司决定在天津成立营销中心开拓天津及其周边市场,这一计划需要很多派生计划来支持,包括人员计划、资金计划、广告计划等。

⑥编制预算。预算实质上是对资源的分配计划。编制预算主要是为了使计划的指标体系更加明确,从而有利于资源的合理分配;同时预算也可以作为衡量计划是否完成的标准。

(3) 计划的编制方法。随着计算机技术的不断发展,计划的编制方法越来越多,计划的质量也得以大大提高。计划的编制方法主要有以下几种,下面分别进行简要介绍。

①滚动计划法。滚动计划法是一种根据近期计划的执行情况和环境变化情况,将短期计

划、中期计划和长期计划有机地结合起来，定期修正和调整计划，并逐期向前推移的动态编制计划的方法。管理者采用滚动计划法，可以有效地避免因在计划期内由于环境变化而带来的计划不适用问题，从而提高计划的有效性。

滚动计划法的具体做法：在制订计划时遵循"远粗近细"的原则，同时制订未来若干期的计划，把近期的详细计划和远期的粗略计划结合在一起。在计划第一阶段完成后，根据该阶段的执行情况和内、外部环境变化情况，对原计划进行修正和细化，并将整个计划向前移动一个阶段，以后根据同样的原则逐期向前移动。

滚动计划法的特点是把计划工作看作一种不间断的运动，使整个计划处于适时的变化和发展之中，避免了计划的僵化，提高了计划的适应性。

②网络分析法。网络分析法是运用网络图的形式来进行计划管理的一种科学方法。它的基本原理：运用网络图形式表达一个计划中各项工作之间的先后次序和相互关系；在此基础上进行网络分析，计算每项工作的完成时间，确定关键工序和关键路线；利用时差不断地改善网络计划，求得工期、资源与成本的优化方案并付诸实施；在信息的执行过程中，通过信息反馈进行有效的控制和监督，以保证预期计划目标的实现。

③管理循环法。管理循环法又称 PDCA［其中 P（plan）为计划，D（do）为实施，C（check）为检查，A（action）为处置］。其基本原理是做任何一项工作，首先要有设想，根据设想提出计划；然后按照计划规定去执行、检查和总结；最后通过工作循环，一步一步地提高水平，把工作越做越好。管理循环图如图 2-5 所示。

其中，P 为计划阶段，主要解决为什么做、做什么、在哪儿做、什么时候做、由谁来做、如何做等问题；D 为实施阶段，按已经制订的计划和措施，具体组织实施和执行；C 为检查阶段，把实施结果和计划目标进行比较，检查计划的执行情况；A 为处置阶段，总结经验教训，把成功的经验制度化，对存在的问题制定消除措施，反馈于下一个循环。

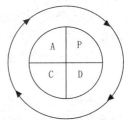

图 2-5　管理循环图

管理循环法所揭示的计划管理工作基本规律，具有广泛的适用范围，在管理实践中发挥着重要的作用。

2）决策

决策在管理活动中居于核心地位，并贯穿于管理活动的整个过程之中。无论是计划、组织、领导还是控制活动，都要预先明确所要解决的问题是什么、需要达到什么样的目的、采用何种方法、如何去做、怎样去做等一系列的问题。这些问题都要求管理者做出相应的决策。

（1）决策的含义与类型。所谓决策就是指决策者为实现某一特定的管理目标而制定若干备选方案，并对方案进行比较分析，最后从中选择一个"最优方案"或"满意方案"的过程。

依据不同的划分标准，决策可以分为多种类型。如按决策所要解决的问题的重复程度来划分，可分为程序化决策和非程序化决策；按决策的重要程度来划分，可分为战略决策、战术决策和业务决策；按决策的主体来划分，可分为个体决策和群体决策。

此外，如按决策问题的性质来划分，可分为确定型决策、风险型决策和不确定型决策；按决策的层次来分类，可分为高层决策、中层决策和基层决策；按照决策的起始点不同，可分为初始决策和追踪决策；按照决策是否可以被量化，可分为定性决策和定量决策；按照决策所要达到的目标要求，可分为最佳决策和满意决策；按照决策影响时间的长短，可分为长期决策、中期决策和短期决策；按照决策目标的多少，可分为单目标决策和多目标决策；按照决策所涉及的对象范围的大小，又可分为总体决策和局部决策；等等。

（2）决策的过程和方法。

①决策的过程。决策由一系列的活动组成，完整的决策过程包括确定决策目标、拟订备选方案、确定方案、实施方案、检查与评估，下面分别进行简要介绍。

a）确定决策目标。决策目标是决策活动所期望实现的预期成果。确定合理的决策目标是制定科学决策的前提。决策者在确定决策目标时一定要力求准确、具体，并尽可能将目标量化，这样做有助于决策方案制定的科学性。

b）拟订备选方案。为了更好地实现决策目标，决策者需要设计尽可能多的备选方案以供评价和选择。只有通过对不同备选方案的比较分析，才有可能做出最优或满意的决策。当然，在拟订备选方案时也应该注意到，由于受到时间、经济成本及决策者信息处理能力等的限制，备选方案的数量也不是越多越好。

c）确定方案。确定方案包括两个阶段的工作。第一阶段是要对各个备选方案进行评估，针对每个方案的优缺点进行比较分析；第二个阶段是对各个备选方案进行排序，从中选择最优方案。在确定方案的过程中，决策者要尽可能采用科学的评估方法和现代决策技术，对备选方案进行综合评价。

d）实施方案。在确定方案之后，即进入实施方案阶段。为避免实施方案失误，决策者需要做好以下几个方面的工作。

首先，决策者必须宣布决策并为其拟定的行动制订计划、编制预算。

其次，决策者必须与实施方案的管理者沟通，对实施方案过程中所包括的具体任务进行分配。同时，他们还必须为因出现新问题而去修改实施方案做好准备，通常要制订一系列备选方案以应对在评价选择阶段和实施阶段所遇到的风险和不确定性。

最后，决策者必须对与实施方案相关的人员进行恰当的激励和培训。因为即使是一项科学的决策，如果得不到员工的理解和支持，也将成为无效决策。

e）检查与评估。由于受环境变化的影响，在决策执行过程中有可能会出现偏离既定的目标的情况。因此，决策者必须做好检查和评估工作，以便采取及时、准确的纠偏行动，从而保证决策的顺利实施。

②决策的方法。

a）定性决策法又称软方法，是一种较早出现的决策方法。这种决策方法更多地依靠决策者的直觉、经验和主观判断，在系统调查研究分析的基础上进行决策。随着现代决策技术的发展，强调精确性的定量决策法越来越受到人们的推崇，但传统的定性决策法依然被广泛应用。这主要是因为现实中大量不确定的环境因素以及获取完全信息的困难性，使决策问题难以模型化和定量化。常见的定性决策法主要有德尔菲法、头脑风暴法和名义小组法。

b）定量决策法，是指在数学模型的基础上，运用统计学、运筹学和电子计算机技术对决策对象进行计算和量化研究以解决问题的决策方法。这种方法的优点是所做决策的质量较高，不足之处是某些因素很难量化，难以适用。常见的定量决策法有价值分析法、线性规划法、期望收益决策法等。

2. 组织

1) 组织的含义

组织是一项重要的管理职能，是指根据计划的要求，按照管理中的权利责任关系原则，将所要进行的管理活动进行分解与合成，并把工作人员编排和组合成一个分工协作的管理工作体系或管理机构体系，以实现人员的优化组合，从而圆满实现管理目标的过程。组织的构成要素主要包括组织成员、组织目标、组织活动、组织资源和组织环境，在设计组织时遵循目标统一原则、分工与协作原则、统一指挥原则、职权对等原则、管理幅度原则、因事设职与因人设职相结合的原则。

2) 组织设计的程序

(1) 确定组织设计的原则。根据组织的性质、特点、目标及组织所面临的内、外部环境等因素，确定进行组织设计的方针和原则。

(2) 确定组织职能。确定组织所需要的管理职能，层层分解到各项管理业务和工作中。

(3) 设计组织结构框架。这是组织设计的主体工作，即确定应采取的组织结构的基本形式，进而确定需要设置哪些单位和部门，并把性质相同或相近的业务活动划归适当的单位和部门负责，形成层次化、部门化的组织结构体系。上述步骤也可简单描述为确定组织结构图的过程。

(4) 设计组织的联系方式。通过设计不同管理层次之间、平行管理部门之间的协调方式和控制手段，使组织的各个组成部分联结为一个整体。

(5) 人员的配备和训练。根据各单位、部门所分管的业务工作的性质和对人员的素质要求，挑选和配备称职的人员及其行政负责人，明确其职务和职称，并进行必要的培训工作。

(6) 制定相关规章制度。为了组织结构的正常运行，管理者还需要设计一套良好的规章制度，如奖惩制度、考核制度、激励制度等。

(7) 反馈与修正。组织设计是一个不断完善的过程，在组织运行过程中，有关部门要根据各种反馈信息定期或不定期地对原有的组织设计方案做出修正，不断完善。

3) 典型的组织结构形式

(1) 直线制组织结构。直线制组织结构，又称单线制组织结构或军队式组织结构，是最早被采用，也是最为简单的、低部门化、宽管理幅度、集权式的组织结构形式。这里的直线关系即为上下级间直接指挥和命令的关系。该组织结构的特点如下。

① 组织中的每一位主管人员对其直接下属均有指挥和监督权。

② 组织中的下属成员只能向一位直接上级报告，即一人只听命于一位领导。

③ 组织中也不设专门的职能机构，是高度的集权化形式。

④ 主管人员在其管辖范围内有绝对的职权或完全的职权。

直线制组织结构如图 2-6 所示。

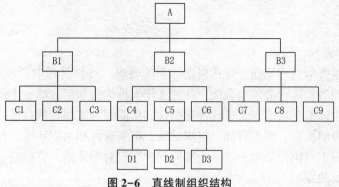

图 2-6 直线制组织结构

这种组织形式只适用于那些没有必要按照职能实行专业化管理的小型企业。

（2）职能制组织结构。职能制组织结构也称 U 型组织结构、多线性组织结构。该结构起源于 20 世纪初法约尔在富香博公司担任总经理时所建立的组织结构形式，故又称"法约尔模型"。职能制组织结构依据专业化的职能来划分部门，将性质类似的工作设置在同一个部门内，即形成按照职能划分的部门，如图 2-7 所示。

职能制组织结构主要适用于中小型的、产品品种比较单一、生产技术发展变化较慢、外部环境比较稳定的企业。

（3）直线职能制组织结构。直线职能制组织结构也叫直线参谋制组织结构，是一种最常见的组织结构形式。它是在直线制组织结构和职能制组织结构的基础上，取长补短，吸取这两种组织结构的优点而建立起来的。其主要特点：以直线制组织结构为基础，在组织中设置两套管理系统。一套是按照统一指挥原则建立的直线指挥系统，另一套是按照职能分工原则建立的职能管理系统。直线领导机构和人员在自己的职责范围内有一定的决定权和对所属下级的指挥权，并对自己部门的工作负全部责任。而职能机构和人员，则是直线指挥人员的参谋，不能对直线部门发号施令，只能进行业务指导。

典型的直线职能制组织结构如图 2-8 所示（其中 B1、B2、C1、C3、D1、D2 为职能部门，C2、E2 为直线部门）。

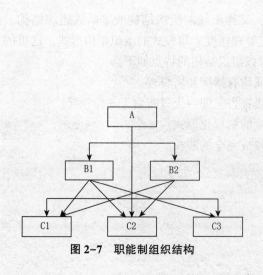

图 2-7 职能制组织结构

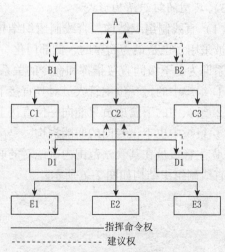

图 2-8 典型的直线职能制组织结构

直线职能制组织结构比较适用于规模不大、经营品类单一、外部环境比较稳定的组织。目前我国大多数企业采用的都是这种组织结构形式。

（4）事业部制组织结构。事业部制组织结构简称 M 型结构（multidivisional form），又称分权制组织结构、部门化组织结构，是美国通用汽车公司总裁斯隆于 1924 年首先提出的，所以又被称为"斯隆模型"。事业部制组织结构是为满足企业规模扩大和多样化经营对组织机构的要求产生的一种组织结构形式。具体的设计思路为：在总公司领导下设立多个事业部，把分权管理与独立核算结合在一起，按产品或按地区或按市场（顾客）划分经营单位，即事业部。每个事业部都有自己的产品和特定的市场，能够完成某种产品从生产到销售的全部职能。事业部不是独立的法人企业，但具有较大的经营权限，独立核算，自负盈亏，是一个利润中心。从经营的角度上来说，事业部与一般的公司没有什么太大的不同。

事业部制组织结构的管理原则可以概括为：集中决策，分散经营，协调控制。其突出特点是总部集中决策，而由事业部独立经营。事业部制组织结构如图 2-9 所示。

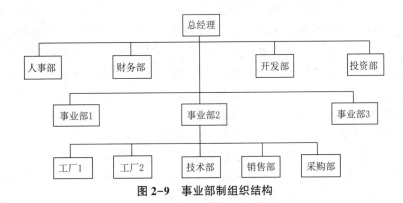

图 2-9　事业部制组织结构

事业部制组织结构不适合规模较小的企业。只有当企业规模足够大，且其下属单位能够成为一个"完整的单位"时才较为适用。

（5）矩阵制组织结构。矩阵制组织结构由纵、横两套管理系统组成，纵向系统是指原有的职能部门体系，横向系统是指为完成某一临时任务而组成的项目小组系列，如某一工程项目、产品研发项目等。纵、横两个系统交叉，形成"矩阵制组织结构"，如图 2-10 所示。

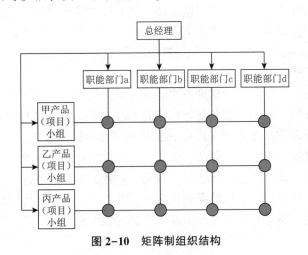

图 2-10　矩阵制组织结构

从图 2-10 中可以看出，在开展甲、乙、丙三个项目时，项目小组把原来隶属于各不同职能部门的专业人员集中在一起，组成三个项目的横向领导系统。这样，甲、乙、丙三个项目小组的每位成员都要接受两个方面的领导：在执行日常工作任务方面接受原职能部门的垂直领导；在执行甲、乙、丙三个项目的任务时则接受项目负责人的横向指挥。显然，矩阵制组织结构打破了"一人一个老板"的命令统一原则，但大大提高了管理组织的灵活性。

矩阵制组织结构一般比较适用于协作性和复杂性较强的企业。

3. 领导与激励

领导是管理的一项重要职能，它能够直接影响其他管理职能作用的发挥。激励是每个管理者必须了解与掌握的基本理论和管理手段，在管理实践中具有很强的应用价值，是组织激发员工做好工作的关键。

1) 领导

（1）领导概述。领导是管理的重要职能之一，是一个组织发展与衰落的关键因素，领导职能贯穿于管理活动的始终。从事管理工作的不同层次的管理者，都应具备一定的领导素质，都必须掌握一定的领导艺术，更重要的是都必须采用与组织环境相适应的领导方式。

①领导的概念。领导是指领导者率领、引导和影响被领导者在一定环境下实现某种目标的行为过程。根据上述定义，可知领导的概念包括领导者、被领导者和领导环境这三个要素，而领导的效果则取决于以上三个要素的组合。

②领导的权力来源。权力是一种影响力，从领导的角度来说，权力是领导者影响下属行为的一种力量，表现为下属的服从与追随；从被领导者的角度来看，权力还表现为一种依赖关系。史蒂芬·罗宾斯曾指出，权力是依赖的函数。即一个人对另一个人越依赖，受其影响的程度就越大，这就意味着后者对前者的权力就越大。

领导者能够影响下属的行为并实现对其领导的基础是权力，领导是由权力派生而来的。一般而言，领导者的权力可以分为法定权、奖励权、强制权、个人影响权和专长权。在这五种权力中，法定权、奖励权和强制权是组织授予的，随职位的变化而变化；而个人影响权和专长权来自领导者自身，这种权力不会随着职位的消失而消失，所产生的影响力是长远的。

（2）领导理论。领导者对组织的重要性不言自明，"千军易得，一将难求"说的就是这个道理。从 20 世纪 30 年代开始，美国就已经开展了有关领导问题的研究。根据领导理论出现的时间顺序，可以把现有的领导理论大体分为三类：领导者特质理论（trait theory）；领导行为理论（behavioral pattern theory）、领导权变理论（contingency situational theory）。下面简要给予介绍。

①领导者特质理论。领导者特质理论主要通过研究领导者的各种个性特征，寻找区分领导者和非领导者的方法，以期预测具备什么样的人格特征或品质的人最适合充当领导者。最具代表性的是美国管理学家吉塞利（E. Ghiselli）的领导者特质理论。

吉塞利认为，自信、有远见、创新、敏锐、勇于冒风险、敢于承担责任等成为领导者必须具备的特质，但仅有这些并不能保证领导者就一定会成功。具备这些特征仅是领导者成功的必要条件，领导者还应根据实际情况选择恰当的方法，从而保证组织目标的实现。

②领导行为理论。领导行为方式理论诞生于 20 世纪 40—60 年代，其代表性的理论主要有以下几种。

a）领导行为连续统一体理论。1958年，美国加利福尼亚大学的罗伯特·坦南鲍姆（Robert Tannenboum）和沃伦·施密特（Warren H. Schmidt）提出了领导行为连续统一体理论。坦南鲍姆和施密特指出，对命令型和民主型的领导方式要采取随机制宜的态度，领导者到底采取哪种领导方式应取决于多种因素。在这两种极端的领导方式中间，存在着多种过渡型的领导行为模式，这些领导行为模式构成了一个"领导行为连续统一体"。坦南鲍姆与施密特认为，不能简单地认为哪种领导模式最好还是最差，成功的领导者是各式各样的，他们需要根据具体情况采取不同的领导模式。

b）参与管理理论。美国密执安大学社会研究中心在伦西斯·利克特（Rensis Likert）的主持下，对领导行为方式进行了长期研究。他们以一家拥有上千名职工的保险公司作为研究对象，通过不断调换各部门的领导者来观察工作效率的高低变化。研究结果表明，领导行为方式不同，所导致的领导效率也不同。领导效率进而直接影响了组织效率的高低。

c）领导行为四分图理论。1948年，美国俄亥俄州立大学工商企业研究所的拉尔夫·斯托格迪（Ralph M. Stogdill）和卡罗尔·沙特尔（Carrol L. Shartle）对企业领导行为进行了一系列研究。他们认为有四种不同的领导方式，即高组织与低关心人的领导方式、低组织与低关心人的领导方式、低组织与高关心人的领导方式、高组织与高关心人的领导方式（见图2-11）。一般来说，低组织与低关心人的领导方式效果较差，而高组织与高关心人的领导方式效果最佳。

d）管理方格理论。管理方格理论由得克萨斯大学的罗伯特·布莱克（Robert R. Blake）和简·穆顿（Jans S. Mouton）在1964年提出。该理论将领导行为分解为"对工作的关心"和"对人的关心"两个方面，再将这两个方面分为九个级别，表示在图形上，形成了有81个方格的坐标图，如图2-12所示。

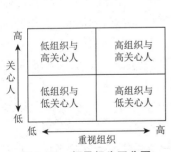

图2-11 领导行为四分图

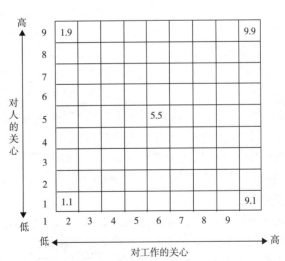

图2-12 布莱克和穆顿的管理方格

横坐标代表对工作的关心，纵坐标代表对人的关心；以1代表程度最低，以9代表程度最高；每个方格代表"关心工作"和"关心人"这两个基本要素以不同程度相结合的状态。在图中所形成的81个方格中，四角位置及中心位置的方格表示典型状态的领导方式。

（3）领导权变理论。对领导的研究使人们越来越清楚地认识到有效的领导是由极其复杂的因素综合决定的，它既不仅仅取决于领导者的个性品质，也不单纯取决于某些固定不变的领导方式，并不存在普遍适用和绝对有效的领导方式。现实有效的领导过程受到领导者、被领导者和环境等许多因素的影响，是这些要素综合作用的结果。基于这样的思考，产生了有关权变的领导理论。

2）激励

激励是管理的一项重要职能，是激发员工做好工作的关键，所有的企业管理者都必须对其高度重视。

（1）激励概述。

激励的含义。企业管理学中所谓的激励是指企业激发员工的动机，诱导员工的行为，使其产生一种内在的动力，朝着企业所期望的目标而不断努力的过程。我们可以把激励看作满足人的某种需求的过程，需求引起动机，动机产生行为，行为又指向一定的目标。因此，要研究激励问题，就有必要弄清楚需求、动机和行为这三者之间的关系。

（2）主要的激励理论。

激励作为管理学中一个非常重要的研究内容，很早就引起了心理学家、行为学家和管理学家们的研究兴趣。学者们从不同的角度对激励的因素和产生激励的行为进行研究，取得了丰硕的研究成果，提出了不同研究视角下的激励理论。

①需要层次理论。美国心理学家亚伯拉罕·马斯洛（Abraham Maslow）于1943年提出了著名的需要层次理论。马斯洛认为，人的需要可分为五个层次，即生理需要、安全需要、社会需要、尊重需要和自我实现需要（见图2-13）。这五种需要的具体含义如下。

a）生理需要是人最原始、最基本的需要，它包括衣、食、住、行等方面的生理需要。

图2-13 马斯洛的需要层次理论

b）安全需要是有关免除危险和威胁从而获得安全感的各种需要。它包括人们对人身安全、工作和生活环境安全、就业保障、医疗保障、养老保障、工伤保障等的需要。

c）社会需要主要包括社交的需要、归属的需要以及对爱与被爱、友谊和被接纳的需要。

d）尊重需要分为内部尊重需要和外部尊重需要这两个部分，内部尊重需要指的是人们对自尊、自主和成就等的需要；外部尊重需要指的是人们对来自外部的认可、关注和地位等的需要。如果人的这种需要得不到满足，就会产生自卑感，从而失去自信心。

e）自我实现需要是最高层次的需要，是个人为实现理想和抱负，最大限度地发挥个人潜力的需要。

上述五种需要是按从低级到高级的层次组织起来的，只有当较低层次的需要得到了满足，较高层次的需要才会出现并要求得到满足。一个人生理上的迫切需要得到满足后，才能去寻求保障其安全；也只有在基本的安全需要获得满足之后，社会需要才会出现，并要求得到满足，以此类推。

马斯洛的需要层次理论虽然存在一定的局限性，但是在实际的管理工作中还是具有很高的应用价值。管理者必须清楚下属的主导需要是什么，如对于一个家境富裕的员工来说，奖金的激励作用往往不如职位上的晋升更有效；而对于另一个员工来说，情况可能恰好相反。所有的管理者在管理工作中可以应用马斯洛的需要层次理论，明确员工的主导需要，并制定有针对性的激励措施。

②双因素理论（激励-保健理论）。双因素理论是由美国心理学家弗雷德里克·赫茨伯格（Frederick Herzberg）于1959年提出来的。赫茨伯格将导致人们对工作不满意的因素称为保健因素，将引起工作满意感的一类因素称为激励因素。保健因素，诸如规章制度、工资水平、福利待遇、工作条件等，对人的行为不起激励作用，但这些因素如果得不到保证，就会引起人们的不满，从而降低工作效率。激励因素，诸如职位晋升、工作上的成就感、个人潜力发挥等，则能唤起人们的进取心，对人的行为起激励作用。双因素理论认为，激励因素和保健因素彼此独立，并以不同的方式影响着人们的行为。保健因素缺乏会使人产生很大的不满足感，但它们也不会产生多大的激励作用。激励因素使人们产生满足感，而缺乏它们人们也不会产生太大的不满足感。

双因素理论给我们的启示：物质需要的满足是必要的，没有它会导致员工的不满，但是即使获得满足，它的作用也往往是很有限的，并不能对员工产生有效的激励作用。因此，要想真正激发员工的工作积极性和主动性，企业不仅要注意物质利益和工作条件等保健因素，更需要注意激励因素。企业要为员工创造有利于他们做出贡献与取得成就的工作条件和机会；要丰富工作内容，让员工感受到工作的趣味性，并赋予必要的责任；要让员工从工作中获得成就感，获得企业及他人的承认。

③强化理论。强化理论是由美国心理学家、行为科学家B. F. 斯金纳（B. F. Skinner）等人提出的，又称"行为修正理论"。强化理论中的"强化"是指不断通过改变环境的刺激因素来达到增强、减少或消除某种行为的过程。强化的具体方式包括正强化和负强化。

所谓正强化，就是奖励那些符合组织目标的行为，以便使这些行为得到进一步的加强，从而有利于组织目标的实现。正强化的刺激物不仅包含奖金等物质奖励，还包含表扬、改善工作关系等精神奖励。

所谓负强化，就是惩罚那些不符合组织目标的行为，以使这些行为削弱直至消失，从而保证组织目标的实现不受干扰。负强化一方面包含给予行为当事人某些他不喜欢的东西或是取消他所喜欢的东西，如减少奖酬、罚款、批评、降级、解聘等惩罚手段。实施负强化的方式与正强化有所差异，应以连续负强化为主，即对每个不符合组织的行为都应及时予以负强化，消除人们的侥幸心理，减少直至完全避免这种行为重复出现的可能性。

正强化给人以愉快的刺激，使人们产生一种强大的进取效应。负强化给人以不愉快的刺激，人们对不愉快的刺激会产生一定的抵制情绪。如果给予同一个人过多的负强化，他往往不从自身找原因，反而认为是管理者故意跟他过不去，或形成"逆反心理"，偏偏对着干。所以，管理者在不得不对员工进行负强化时，要特别注意技巧性。

阅读资料

鲇鱼效应与负激励

鲇鱼效应源于民间故事。挪威人喜欢吃沙丁鱼，尤其爱买鲜活的。渔民为了避免沙丁鱼在运输途中死去，往往在船舱里放上几条鲇鱼。鲇鱼滑溜无鳞，喜欢四处乱钻乱窜，弄得沙丁鱼不得安生，只好跟着鲇鱼一起游动。这样，不但避免了沙丁鱼的死亡，而且抵达渔港后，还能使其保持鲜活。人们称这种现象为"鲇鱼效应"。

鲇鱼效应实际上是一种负激励，通过困境、竞争等不利因素刺激员工产生强大的动力，采取积极行为，从而实现组织的目标。

《孙子兵法》所云："置之死地而后生。"心理学研究表明，人在险恶之际，既会不遗余力奋斗发挥潜能，爆发出异乎寻常的勇气，又会自动放弃平素的偏见与隔阂，团结一致共渡难关。中国历史上的"钜鹿之战"可谓困境激励的典范。当时，项羽在困守安阳46天后，率军渡河向北进军钜鹿。过河之后，他命人破釜沉舟，火烧寨营，每个士兵只发三天的粮食，以示此去只能进不能退的决心，使全军感到空前的压力与危机，不战只有死路一条。在这种压力下，将士拼死战斗，团结一致，结果大败秦军。

其实，任何企业员工在处境舒适时，都会产生麻痹大意、不思进取的惰性，而在环境危机时，却能保持不断进取的斗志。因此，一些有远见的管理者会有意识地利用这种负激励效应，适时在组织中创造紧张的氛围，让员工时刻保持危机感。

④公平理论。公平理论是美国心理学家J. S. 亚当斯（J. S. Adams）于20世纪60年代提出来的一种理论，也称"社会比较理论"。这种理论主要讨论报酬的公平性对人们工作积极性的影响。该理论认为，一个人的工作动机和动力，不仅受其所得到报酬的绝对值的影响，更要受到报酬相对值的影响。一般情况下，人们会以同事、亲友、邻居或自己以前的情况作为参考，来评价是否得到公正、公平的待遇。

⑤期望理论。期望理论是美国行为学家维克多·弗鲁姆（Victor Vroom）提出的。该理论认为人们只有在预期他们的行为会给个人带来既定的成果且成果具有吸引力时，才会被激励起来去做某些事情。

一个人从事某项工作的动力（激励力）的大小，取决于"该项活动所产生的成果的吸引力"和"获得预期成果的可能性（即概率）"这两个因素。用公式表达为：

$$激励力 = 效价 \times 期望值$$

效价就是"某项活动所产生的成果的吸引力"。吸引力不在于预期成果本身，而在于成果能否满足行动者的需要，是行动者个人的主观评价。

期望值就是"获得预期成果的可能性"，这往往与行动者自身的能力和环境条件有关系。如果成果很诱人，效价很高，但我们却力所不能及，或周围的条件不允许，只能是可望而不可即，期望值就很低甚至为零，随之激励力也很低甚至为零。因此，只有当效价高且期望值大时，才会产生强烈的激励效果。

在实际的管理过程中，管理者要激励员工去做某件事，首先要了解他的主导需要，设置效价较高的"成果"，这样可以用较低的成本获得较大的动力。同时帮助员工提高能力，为他们创造必要的条件，提高他们的期望值，从而可以提高激励力。

> **课堂讨论：**
>
> 如何理解上述激励理论？在企业管理实践中该如何运用这些理论？你觉得存在一种最为有效的激励方式吗？

4. 控制

控制是管理的重要职能之一，是实现企业目标的重要保障。没有控制活动，再周密的计划、再明确的经营目标都必将难以实现。因此，为了保证企业经营活动的有序运行，控制工作必不可少。

1）控制的含义

控制是以计划为前提，通过制定工作标准、衡量偏差以及纠正偏差等活动来实现组织既定的管理目标的过程。控制是管理的基本职能之一，在管理活动中具有重要的作用，同时它也是一项比较复杂的工作。在现实中，许多组织制订了周密的计划，但由于控制工作不力，最后还是不能达到预期的目标。为了保证对组织活动进行有效的控制，控制工作必须满足目的性、客观性、适应性和适时性的基本要求。

控制工作涉及的内容是多方面的，概括起来，企业的控制内容主要包括人员控制、财务控制、作业控制、信息控制以及企业绩效控制。企业在开展管理活动时应该注意控制的全面性。

2）控制的基本类型

按照控制实施的时间进行分类，控制可分为预先控制、现场控制和事后控制这三种基本的控制类型（见图 2-14）。

（1）预先控制。预先控制也称事先控制或前馈控制，是指管理者根据过去的经验或科学分析，对各种可能出现的偏差进行预测，并在此基础上采取一定的防范措施。预先控制的重点是防止组织偏离预期的标准，因此它是一种面向未来的控制。

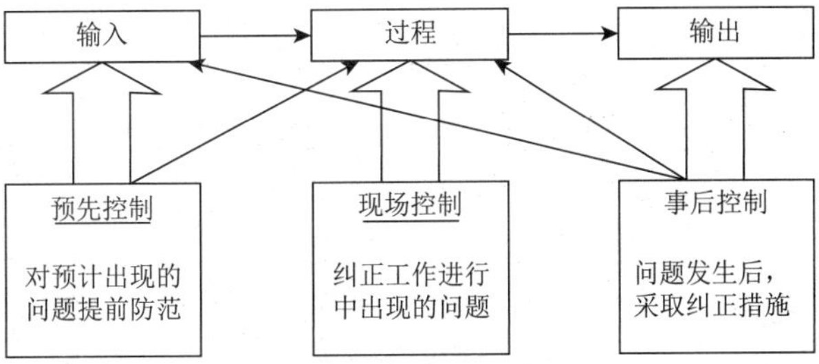

预先控制的优点是能够防患于未然，而且是对事不对人。这样既可以预防未来偏差的出现，也不至于引发被管理者的对立情绪。因此，预先控制是一种比较理想的控制方法。但事实上至今仍有许多企业忽视了这一点，它们往往将控制的重点放在对事后的处理上，这不能不说是一种遗憾。

虽然预先控制具有上述诸多优点，但它同时也具有一些难以克服的缺陷。预先控制是面向未来的，但未来毕竟是一个未知的领域。在实际的管理过程中，各种出乎人们预料的意外事件随时都有可能发生，这将大大降低预先控制的有效性。因此，在控制活动中，现场控制和事后控制也是不可或缺的重要控制手段。

（2）现场控制。现场控制是一种发生在计划实施过程中的控制，为了顺利实现计划的目标，管理者直接对计划的执行情况进行现场检查，并及时纠正偏差。由于现场控制是在工作过程中发生的，因此，又被称为实时控制、随机控制、即时控制、过程控制等。现场控制是一种比较及时的控制手段，往往表现为管理者深入到具体的管理活动中，进行直接指导和监督，对出现的偏差立即加以纠正。一般而言，现场控制往往是由管理层次较低的管理者来承担的，这是因为基层管理者的主要工作任务是指导业务工作，而业务工作往往需要被现场监督与指导。

图 2-14 控制的基本类型

现场控制的有效性很大程度上取决于管理者的个人素质、工作作风和领导方式等。管理者经常使用的现场控制的手段主要有经济手段和非经济手段。一名优秀的管理者应该将这两种手段配合使用，以便达到比较理想的管理效果。

（3）事后控制。事后控制是一种针对结果的控制，又被称为反馈控制。管理者通过分析工作的执行结果，并将其与控制标准相比较，发现偏差以及造成这种偏差的原因，及时拟定纠正措施并予以实施，以防止偏差继续发展并杜绝此类事件以后再度发生。事后控制是在偏差已经发生的情况下采取的措施，传统的控制方法几乎都属于此类。事后控制最大的缺点是具有滞后性，从衡量结果、发现偏差到纠正偏差之间存在着时间延迟的现象，这样不仅会延误时机，而且还会增加控制的难度。正因如此，事后控制可以被认为是一种"亡羊补牢"式的控制。

尽管事后控制存在滞后性的缺点，但是在许多情况下它却是管理者唯一可以选择的控制方法。因为对于很多事件来说，人们只有在其发生之后才能看清它的结果。从这一点来说，事后控制不仅是必要的，而且是必需的。

3）控制的过程

控制工作是一个系统的过程，其基本过程主要包括制定控制标准、衡量工作绩效、纠正运行偏差三个环节（见图2-15）。也就是说，控制是依据一定的标准去衡量实际工作业绩，并采取适当的纠偏措施的过程。因此，控制的首要前提是制定控制的标准。下面就对控制的上述三个基本环节进行介绍。

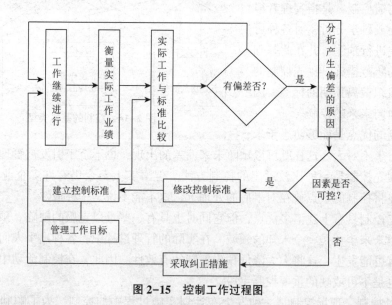

图 2-15 控制工作过程图

（1）制定控制标准。控制标准的制定是进行有效控制的基础，没有事先制定的一套完备的控制标准，衡量工作绩效和纠正运行偏差也就失去了客观的依据。

（2）衡量工作绩效。衡量工作绩效是控制工作的第二个环节，其主要内容是将实际工作与控制标准相比较，从中发现两者的偏差，并做出判断，为进一步采取控制措施提供全面、准确的信息。衡量工作绩效需要注意三个问题：第一是衡量的要求，第二是衡量的项目，第三是如何衡量。

（3）纠正运行偏差。纠正运行偏差是控制工作的最后一个环节。组织在依据衡量的标准，利用各种方法对工作绩效进行衡量之后，就应该将衡量的结果与既定的标准进行比较，通过比较与分析，从中发现偏差，并采取适当的措施。

❖ 任务实训

1. 实训的目的

通过采访企业高管，加深对企业管理职能的认识。

2. 实训内容及步骤

（1）确定此次采访的主题与目标。
（2）确定要调查的对象并拟定采访提纲。
（3）将班级成员划分为若干项目团队实施采访活动。
（4）各项目团队将收集到的采访记录进行整理、分析，并撰写采访报告。
（5）各项目团队制作采访报告汇报材料并选出代表在课堂上分享。

3. 实训成果

采访报告——《有关企业管理职能的采访报告》。

思考题

一、单选题

1. 企业的管理者是指（   ）。
   A. 企业的所有者　　　　　　　　B. 企业的员工
   C. 对他人工作负责任的人　　　　D. 总经理
2. 对于基层管理者而言，最重要的管理技能是（   ）。
   A. 人际技能　　　B. 概念技能　　　C. 技术技能　　　D. 沟通技能
3. 公平理论的提出者是美国心理学家（   ）。
   A. 马斯洛　　　　B. 赫茨伯格　　　C. 吉赛利　　　　D. 亚当斯
4. 按照双因素理论，那些能够导致员工不满意的因素属于（   ）。
   A. 保健因素　　　B. 激励因素　　　C. 工作因素　　　D. 制度因素
5. 预先控制是指某项活动（   ）。
   A. 在开始前实施的控制　　　　　B. 在进行中实施的控制
   C. 在发生变化后实施的控制　　　D. 产生后果后实施的控制

二、多选题

1. 罗伯特·卡茨研究发现，企业管理者需要具备三种基本的技能，即（   ）。
   A. 学习技能　　　B. 概念技能　　　C. 人际技能　　　D. 技术技能
   E. 沟通技能

2. 企业管理者按层级可划分为三个层次，即（　　）。
   A. 上层管理者　　B. 高层管理者　　C. 中层管理者　　D. 下层管理者
   E. 基层管理者
3. 领导的权力包括（　　）。
   A. 法定权　　B. 奖励权　　C. 专长权　　D. 强制权
   E. 个人影响权
4. 在赫茨伯格的双因素理论中双因素指的是（　　）。
   A. 信息因素　　B. 激励因素　　C. 人员因素　　D. 保健因素
   E. 公平因素
5. 按照控制实施的时间进行分类，可将控制分为（　　）。
   A. 直接控制　　B. 预先控制　　C. 间接控制　　D. 事后控制
   E. 现场控制

三、名词解释
1. 企业管理　　2. 企业管理环境　　3. 决策　　4. 激励　　5. 控制

四、简答及论述题
1. 不同层次的管理者所需技能有何差异？
2. 计划的主要内容有哪些？
3. 直线职能制组织结构的特点是什么？
4. 试论述组织设计的程序。
5. 试论述马斯洛需求层次理论。

案例讨论

组织结构变化带来的新问题

某研究所从事业单位转制为企业后，为有效提高资源配置能力，更好地应对市场竞争，该研究所打破了原来根据专业划分的组织结构，并根据不同的产品类型特点将技术工程部门分成四个事业部。同时，为了充分调动各个事业部员工的积极性、保留骨干员工，使薪酬具有激励性，该所将四个事业部的工资体系做了较大改革。首先，将事业部的业绩与事业部的收入总额挂钩；其次，在事业部内部实行二次分配，由事业部根据各自的效益自主分配，员工工资主要采取固定工资加项目奖金，固定工资主要包括基本工资、岗位工资，而项目奖金的分配则根据项目核算结果，与项目的实施、成本、利润挂钩。

新的薪酬制度实施，初期极大地提高了各事业部的积极性，使业绩得到有效提升。但一段时间后发现，尽管事业部业绩得到了较大提高，基本实现了效益与收入挂钩的目的，但是在事业部内部却因为薪酬分配问题出现了不和谐的声音，甚至与原来的设想背道而驰。员工A认为，目前项目奖金在分配上还是根据员工个人现有岗位工资等级进行分配，相同等级员工不管在项目中的实际贡献，只要干同一个项目，奖金是一样的，没有与自己在项目中的实际贡献挂钩，这是不公平的；骨干员工B则认为，骨干员工在项目中发挥了关键作用，而正是因为在项目中付出的比较多，因此很难同时干好几个项目，而一些普通的员工则同时干几个项目，最后，普通员工比骨干员工拿的奖金没少多少，骨干员工的回报没有体现出骨干员工在项目中的重要作用。正是因为这些因素，对一些优秀员工的工作积极性带来了较大的负面影响，更有甚者因此而辞职，给企业的发展造成了很大影响。

问题讨论

1. 事业部制组织结构有何特点？它适用于哪种类型的组织？
2. 结合本案例，请谈谈该研究所转制为企业后在管理上存在的问题。

项目3 企业战略管理

学习目标

【知识目标】

(1) 理解企业战略的概念。
(2) 熟悉企业战略的特征。
(3) 熟悉成长型战略、稳定型战略、紧缩型战略和混合型战略。
(4) 熟悉成本领先战略、差异化战略和集中化战略。
(5) 了解生产战略、市场战略、研究开发战略、财务战略等职能战略。

【技能目标】

(1) 能够掌握企业战略管理的程序。
(2) 能够掌握企业战略选择的方法。
(3) 能够掌握企业战略评价的方法。
(4) 能够为企业制订总体战略和竞争战略方案。

【素质目标】

(1) 培养企业战略管理意识。
(2) 树立全局性的企业战略管理思维。
(3) 确立企业战略管理的大局观。

❖ 项目情境导入

美的集团近年来的战略选择与调整一直以产业转型升级为目标,寻求全球价值链的攀升,变传统家电制造业为智能家居、机器人与自动化等高附加值业务发展,培育战略新兴业务与做强优势业务并行。

通过不断整合全球资源与持续的研发投入,美的集团逐渐挣脱传统制造业的桎梏,培育新的竞争优势,获得新的收益增长点。

问题:结合本案例,请谈谈你对企业战略管理的认识。

❖ 项目分析

战略一词历史久远,"战"指战争,略指"谋略"。春秋时期孙武的《孙子兵法》被认为是中国最早对战略进行全局筹划的著作。在现代"战略"一词被引申至政治和经济领域,其含义演变为泛指统领性的、全局性的、左右胜败的谋略、方案和对策。企业应该在充分了解自身现状的基础上，放眼未来，把企业未来生存和发展的问题当作战略的出发点和最终归宿。一个有价值的企业战略应该帮助企业在动态的市场发展中走得更加长远。

那么，什么是企业战略？它具有哪些特征？企业战略管理的程序是什么？企业战略的类型有哪些？如何选择与评价企业战略？该如何制定企业战略？本项目将对以上问题进行解答。

任务3.1　熟悉企业战略的特征与企业战略管理程序

❖ 任务引入

一些企业决策者认为战略太抽象、太空洞，无法解决现实问题，企业进行战略规划就是在浪费时间和精力。也有不少企业高管认为企业战略是大企业的专利，中小企业应以生存为目标，不需要做长期的战略规划。还有人认为，企业战略管理的理论来自国际化大公司，适用面有限，本土经营的企业不必考虑所谓的战略管理。

问题：你同意上述观点吗？请谈谈你的看法。

❖ 相关知识

1. 企业战略的概念

企业战略是指企业管理者根据环境的变化、自身的资源和竞争实力确定适合企业发展的经营领域和长远目标，以及为实现这些目标所采取的相应措施和行动方案。

在理解企业战略的概念时，需要注意以下几点：第一是企业战略是对未来发展的整体规划，第二是企业战略具有明确的目标，第三是企业战略的根本作用是帮助企业维持并增加市场竞争的优势。

📡 知识链接

企业战略目标的内容

企业的战略目标一般包括以下基本内容。①盈利能力。用利润、投资收益率、每股平均收益、销售利润等来表示；②市场。用市场占有率、销售额或销售量来表示；③生产率。用投入产出比率或单位产品成本来表示；④产品。用产品线的多少、产品的销售额、产品的盈利能力、开发新产品的完成期来表示；⑤资金。用资本构成、新增普通股、现金流量、流动资本、回收期来表示；⑥生产。用工作面积、固定费用或生产量来表示；⑦研究与开发。用花费的货币量或完成的项目来表示；⑧组织。用将实行变革获奖承担的项目来表示；⑨人力资源。用缺勤率、迟到率、人员流动率、培训人数或将实施的培训计划数来表示；⑩社会责任。用活动的类型、服务天数或财政资助来表示。一个企业并不一定在以上所有领域都规定目标并且战略目标也并不局限于以上十个方面。

2. 企业战略的特征

1）指导性

企业战略界定了企业的经营方向、远景目标，明确了企业的经营方针和行动指南，并筹划了实现目标的发展轨迹及指导性的措施、对策，在企业经营管理活动中发挥着重要的导向作用。

2）全局性

企业战略面向未来，通过对企业内外部环境的深入分析，结合自身资源，站在系统管理的高度，对企业的远景发展轨迹进行了全面的规划。

3）长远性

企业战略为企业确立了长远的奋斗目标，是对企业未来一个较长时期的发展规划。企业战略注重的是长远的根本利益，而不是眼前的短期利益。

4）竞争性

企业战略的根本目的是提高企业的竞争实力，以便在激烈的市场竞争中获得一席之地。因此，企业战略必须以竞争为导向。

5）风险性

企业战略是在对未来与企业相关的各种内外部环境及资源预测的基础上，做出的与企业整体发展相关的，指导一系列企业活动的方针部署。未来的发展具有一定的未知性与不确定性，所以在此基础上制定的企业战略具有一定的风险性。

6）相对稳定性

企业战略是对企业长远发展的总体谋划，一经制定必须保持一定的稳定性。朝令夕改，将会使企业的管理陷入混乱之中。但这种稳定性是相对的，当企业的经营环境发生变化时，企业战略也应适时进行变化和调整。

3. 企业战略管理的程序

战略管理对企业的未来发展方向及整体决策规划具有重要的决定性作用，因此战略的制定及战略管理过程都必须科学而合理，经济且可操作。通常来说，一个全面的企业战略管理过程大体分为战略分析阶段，战略制定、评价及选择阶段，战略实施及控制阶段这三个阶段。企业战略管理的程序如图 3-1 所示。

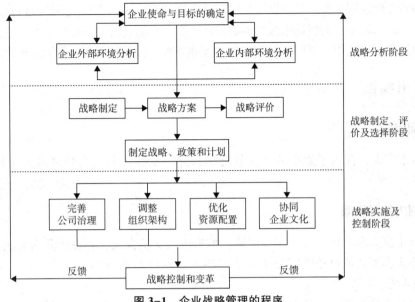

图 3-1 企业战略管理的程序

1) 战略分析阶段

战略分析是指对企业的战略环境进行分析、评价,以预测未来环境发展与变化的趋势,并研究这些趋势对企业所造成的影响。战略分析包括企业使命与目标的确定、企业内部环境分析和外部环境分析这三个方面的内容。其中,明确企业使命和目标是战略分析的起点,企业内外部环境分析是为了"知己知彼",以便制定科学合理的企业战略。

2) 战略制定、评价及选择阶段

这一阶段的实质是在了解公司战略与业务战略的基础上,根据企业所处的内外部环境对战略进行制定、评价及选择。

一个企业可能会制定出实现战略目标的多种战略方案,这就需要对每种方案进行鉴别和评价,以选择出适合企业自身的方案。目前对战略的评价及选择已有多种战略管理工具可使用,如 SWOT 矩阵法、大战略矩阵、内外要素匹配矩阵、波士顿矩阵、通用矩阵及定量战略计划矩阵等。

企业战略人员在战略制定、评价及选择阶段的主要工作如下。

(1) 战略方案的制定。企业战略人员根据企业的内外部环境,结合企业的使命与目标,拟定几种可行的战略方案。

(2) 战略方案的评价及选择。在评价战略方案时,企业需考虑以下两点:①该战略方案能否被利益相关者所接受;②该战略方案是否利用了外部机会、降低了威胁,是否发挥了企业的优势、克服了劣势。

3) 战略实施及控制阶段

战略实施及控制是指把战略付诸企业的经营活动实践之中,使得其能朝着既定的战略目标与方向不断前进。一般来说,可在以下几个方面推进战略的实施:完善公司治理、调整组织结构、优化资源配置、实现企业文化与战略的匹配等。

战略控制是战略管理过程中一个不可或缺的重要环节。为了使实施中的战略达到预期目标,企业必须开展控制工作。具体做法是将战略实施的实际成效与预定的战略目标进行比较,如存在偏差,即采取相应的纠偏措施。但如果是因为之前确立的战略目标不当,或是环境变化导致原有的战略不再适用,就应重新制定战略管理方案,从而开启一个新的战略管理周期。

❖ 任务实训

1. 实训目的

通过本次实训,深入了解企业战略管理的特点,掌握企业战略管理与企业日常管理的区别。

2. 实训内容及步骤

(1) 以小组为单位成立任务实训团队,推选出团队负责人,并在团队内完成任务分工。
(2) 各实训团队成员按既定分工完成对相关文献资料的搜集、整理工作,由团队负责人完成进行汇总。
(3) 通过文献梳理,从管理决策制订、管理目标、管理范围、管理内容、时间规划、组织保障等多方面将企业战略管理与企业日常管理进行对比分析。
(4) 根据分析结果,撰写实训作业"企业战略管理与企业日常管理的区别"。
(5) 提交实训作业到班级学习群,由课代表组织同学们在线讨论。

3. 实训成果

实训小作业——企业战略管理与企业日常管理的区别。

任务3.2 企业战略的选择与评价

❖ 任务引入

基于不同的研究视角,学者们将企业战略分为多种类别,这常使学习者甚至一些企业管理者感到困惑和无所适从,因此有必要对此进行梳理。总体来看,企业的战略可划分为以下三大类型,即总体战略、竞争战略和职能战略。其中总体战略主要包括成长型战略、稳定型战略、紧缩型战略和混合型战略;竞争战略主要是指迈克尔·波特(Michael Porter)教授提出的一般战略,包括总成本领先战略、差异化战略和集中化战略;职能战略根据企业经营管理的具体职能进行划分,分类较为明确,主要包括营销战略、财务战略、研究开发战略、生产战略和人力资源开发战略等。

问题:你觉得企业该如何做出战略选择?评价企业战略有效性与正确性的标准是什么?

❖ 相关知识

1. 选择企业战略

1) 总体战略

总体战略又称公司层战略,是企业最高管理层制定的企业战略总纲,属于最高层次的战略。企业战略决定了企业的发展方向和总体目标，并确定了企业的重大方针、经营计划、经营业务类型以及企业的社会责任等。进一步细分，总体战略又可分为成长型战略、稳定型战略、紧缩型战略和混合型战略这四种。

（1）成长型战略。成长型战略以发展为核心，是使企业在现有战略的基础上向更高一级目标发展的一种战略态势。例如，通过开发新产品、开拓新市场来扩大市场规模；通过采用新的管理方式、生产方式等来提高生产效率，进而提高其产品的市场地位；等等。可供选择的成长型战略主要有密集型成长战略、一体化成长战略和多元化成长战略。

①密集型成长战略。密集型成长战略也称专业化成长战略，是指企业将所拥有的全部资源都集中于最具优势或最为看好的某种产品或服务上，力求将其做大做强。具体策略是企业在保持原有产品或业务项目不变的基础上，通过扩大生产经营规模、开拓新市场、渗透老市场、开发新产品等来提高竞争优势。密集型成长战略又可分为市场渗透战略、市场开发战略和产品开发战略三种形式，下面分别进行介绍。

a）市场渗透战略是指企业通过加大营销投入，提高其产品或服务在目标市场上的销量和市场份额，从而通过规模效应获得更强的竞争实力。市场渗透战略的具体做法包括增加销售人员，增加广告投入，采取广泛的促销手段，加大公关宣传力度，等等。

b）市场开发战略是指企业将现有的产品或服务打入新的地区市场或开发新的用户群体，通过扩大市场覆盖面以获得更多的顾客，从而扩大企业的经营规模，提高产品销量、收入水平和盈利水平。该战略的具体做法包括：开拓新的地区市场，进入新的细分市场，开发产品的新用途。例如，企业将本国市场已经饱和产品推向国外市场时，采用的就是这种战略。

c）产品开发战略是指企业在现有的市场上，通过改良现有产品或开发新产品来扩大销售量的战略。例如，近年来华为公司通过强大的研发实力率先推出5G智能手机，赢得了市场先机。

②一体化成长战略。一体化成长战略是指企业利用社会化生产链中的直接关系来扩大经营范围和经营规模，在供、产、销方面实行纵向或横向联合的战略。一体化成长战略可分为纵向一体化和横向一体化两大类，其中纵向一体化又分为前向一体化和后向一体化两种类型。

前向一体化是指企业将生产经营向产业链的下游延伸，使企业的业务活动更加接近于最终的客户。如"双汇"集团原本是一家肉联厂，主要从事生猪屠宰、冷藏业务，后来开始发展猪肉的深加工业务——生产火腿肠和各类熟肉制品，接下来又涉足肉制品零售业务，在全国陆续设立多家"双汇"专卖店，向食品零售业发展。

后向一体化是指企业的生产经营范围向产业链的上游延伸，如肉类加工、零售企业进入生猪养殖领域就属于此类。

横向一体化也称水平一体化，是指企业为了扩大生产规模、降低成本、巩固现有的市场地位、提高企业竞争优势、增强企业实力等而与同行业的企业进行联合的一种战略，如视频网站优酷网与土豆网的合并，就属于此类。

③多元化成长战略。多元化成长战略是指企业为更多地占领市场和开拓新市场，或为避免经营领域过于单一的风险而选择性地进入新的事业领域的战略。多元化成长战略可分为相关多元化战略和非相关多元化战略这两种类型。

相关多元化战略，又叫同心多元化战略，是指企业扩展的产品、业务项目与现有产品、业务项目之间,在生产、技术、市场营销等方面具有高度的相关性和同质性,从而使这些产品(业务)在价值链上形成有价值的战略匹配关系。例如,美的原来生产电风扇、空调等,后来逐步将产品生产经营范围扩展至电饭煲、微波炉等多种家用电器。这是因为上述产品在物资采购、生产技术、管理、市场营销方面具有高度的相似性或同质性,并可共用许多资源。

非相关多元化战略,又叫复合多样化战略,在该战略下,企业所扩展或增加的产品、业务项目与其原有产品、业务项目之间,在生产、技术、管理、市场营销等方面极少或根本不存在关联性,更无同质性,不存在有价值的战略匹配关系,跨行业发展经营特征明显。只要存在有吸引力的市场前景、财务收益以及能给企业带来商业风险的分散,非相关多元化战略就鼓励企业进入任何适当的产业及项目。例如,美国通用电气公司,从原来的只生产电灯泡发展成为经营家用电器、牵引机车、发电设备、金融服务、航空运输等业务的综合性企业。

> **课堂讨论:**
>
> 为降低经营风险,某家电龙头企业开始实施多元化战略,先后进入智能手机、芯片、新能源等领域,但均不太成功。你觉得该企业多元化战略未获成功的主要原因是什么?对我们有哪些启示?

(2)稳定型战略。稳定型战略是一种基本维持现状的战略,在该战略下,企业受限于内部资源或外部环境等因素,不准备或者不能够进入新的领域。该战略风险小,适合前期战略制定正确,过去经营状况稳定,所处行业有上升趋势,整体环境变化不大的企业。此外,一些凭借自身资源条件不足以进入新的发展时期的企业也采用相对保守的稳定型战略来规避风险。可选择的战略类型有无变化战略、维持利润战略、暂停战略、谨慎实施战略等。

(3)紧缩型战略。在该战略下,企业不是提高现有战略目标水平,而是实施战略收缩和撤退。相比于前两种战略,紧缩型战略属于消极战略,但并不意味着该战略不利于企业的发展,或许有时候企业只有采取以退为进的紧缩型战略才能抵御对手的进攻,留给自己更多调整的时间优化资源配置。该战略适合计划开拓新业务、需要放弃原有业务或者所处行业已经饱和的企业。可选择的战略类型有抽资转向战略、放弃战略、清算战略等。

(4)混合型战略。混合型战略即混合了上述三种战略的战略。一般为业务范围广的大型企业所采用。可选择的战略类型按子战略构成不同,可分为同一类型战略组合、不同类型战略组合;按战略组合顺序不同,可分为同时型战略组合、顺序型战略组合等。

2)竞争战略

根据美国哈佛大学教授迈克尔·波特的观点,竞争战略是指企业采取进攻或防守性行动,在产业内建立进退有据的地位,从而为企业赢得超常的投资收益。竞争战略主要分为三种,即总成本领先战略、差异化战略和集中化战略。

微课堂
竞争战略

(1)总成本领先战略。总成本领先战略的理论基础是规模效益(即单位产品成本随生产规模增大而下降)和经验效益(单位产品成本随累计产品增加而下降)。其指导思想是通过有效的途径降低经营过程中的成本,使企业以较低的总成本赢得竞争的优势。此战略成功的关键在于,企业在满足顾客认为最重要的产品特征与服务的前提下,获得相对于竞争者的可持续性成本优势。需要注意的是,实施总成本领先战略的企业必须维持长久的低价优势,形成防止竞争者模仿的竞争壁垒。总成本领先战略与一般的低价竞争并不相同,后者往往以牺牲企业利润为代价，有时甚至亏本运营。

小案例

格兰仕的总成本领先战略

格兰仕前身是梁庆德在1979年成立的广东顺德桂洲羽绒厂，1991年羽绒服装及其他制品的出口前景不佳，决定转移到一个成长性更好的行业。经过市场调查，确定微波炉为进入小家电行业的主导产品（当时，国内微波炉市场刚开始发育，生产企业只有4家，其市场几乎被外国产品垄断）。1996年到2000年，格兰仕先后5次大幅度降价，每次降价幅度均在20%以上，每次都使市场占有率总体提高10%以上。

格兰仕集团在微波炉及其他小家电产品市场上采取的是成本领先战略。格兰仕的规模经济首先表现在生产规模上。据分析，100万台是车间工厂微波炉生产的经济规模，格兰仕在1996年就达到了这个规模，其后，每年以两倍于上一年的速度迅速扩大生产规模，到2000年年底，格兰仕微波炉生产规模达到1 200万台，居全球首位，产量是排名第2企业的两倍多。生产规模的迅速扩大带来了生产成本的大幅度降低，成为格兰仕成本领先战略的重要环节。格兰仕规模每上一个台阶，价格就大幅下调。当其规模达到125万台时，就把出厂价定在规模为80万台的企业的成本价以下。此时，格兰仕还有利润，而规模低于80万台的企业，多生产一台就多亏一台。除非对手能形成显著的品质技术差异，在某一较细小的利基市场获得微薄盈利，但同样的技术来源又连年亏损的对手又怎么搞出差异来？当规模达到300万台时，格兰仕又把出厂价调到规模为200万台的企业的成本线以下，使对手缺乏追赶上其规模的机会。格兰仕这样做的目的是要构成行业壁垒，要摧毁竞争对手的信心，将散兵游勇的小企业淘汰出局。格兰仕虽然利润极薄，但是凭借着价格构筑了自己的经营安全防线。

（2）差异化战略。差异化战略是指企业向顾客提供独具特色的产品或服务，用以满足顾客的特殊需求，从而形成竞争优势的一种战略。差异化战略是企业广泛采用的一种战略。事实上，一个企业将其产品或服务实施差异化战略的机会总是存在的，因为每个企业的产品或服务都不可能完全相同。但企业实施差异化战略不应盲目，应充分考虑到产品或服务的性质。例如，汽车比一些高度标准化的产品，如水泥等，有更大的差异化潜力。

虽然企业可以通过各种方法实现产品或服务的差异化，但这并不意味着所有的差异化都能为顾客创造价值。企业实施差异化战略的目的在于创造产品或服务的独特性，以此来提高企业的市场竞争力和盈利水平，因此，企业必须分析顾客需要哪种差异化，以及这种差异化所创造的价值能否超过由此而增加的成本。为了保证差异化的有效性，企业必须注意以下两点：第一是必须了解自己拥有的资源和能力，以及能否创造独特的产品或服务；第二是必须深入了解顾客对差异化的需求和选择偏好。

（3）集中化战略。集中化战略又称专门化战略或目标集聚战略，是指企业将经营战略的重点放在一个特定的目标市场上，为特定的地区或特定的顾客提供特定的产品或服务。

与总成本领先战略和差异化战略不同的是，集中化战略是围绕一个特定的目标开展经营和提供服务。采用集中化战略的基本依据是企业能够比竞争者更有效地服务于特定的顾客群体。

3）职能战略

职能战略又称职能部门战略，是指为了贯彻实施和支持企业总体战略与竞争战略而在企业的特定的职能管理领域所制定的战略。职能战略通常包括生产战略、市场战略、研究开发战略、财务战略、人力资源开发战略等。如果说公司战略和经营战略强调"做正确的事情"，那么职能战略则强调"将事情做好"，职能战略往往处理一些具体的事情，如提高生产及市场营销系统的效率，提高对顾客服务的质量，提高产品或服务的市场占有率，等等。

2. 评价企业战略

战略评价的目的是检验与评估企业战略的有效性与正确性。其评价的标准主要包括以下几个方面。

（1）适应性。企业战略是在综合分析企业面临的内外部环境的基础上制定的，因此必须具有很好地适应环境变化的能力，否则就不能当作备选方案。评价企业战略的适应性要考虑其是否与组织的使命和宗旨相一致，如果盲目追求利益而损害企业形象，那么这样的战略也不能作为备选方案。

（2）竞争性。企业战略管理的根本目的是为企业创造并维持竞争优势，在评价战略方案时，应关注该方案是否有助于提升企业的竞争实力。

（3）经济效益。企业存在的根本目的是赚取利润，因此经济效益是战略评价的重要指标，主要包括市场占有率及市场份额、投入产出比，以及盈利能力等。

（4）可行性。企业战略的制定必须建立在可执行的基础上，战略的目标必须与企业现有的或短时间内即将拥有的人力、物力、财力资源相匹配，既不能盲目夸大，也不能降低标准，浪费企业资源。

战略评价在企业战略管理中的作用是为企业实施与执行战略提供依据并为企业进一步提升业绩奠定基础，因此是一个非常重要的环节。

❖ 任务实训

1. 实训的目的

通过实例分析，加深对企业多元化成长战略的认识。

2. 实训内容及步骤

（1）将全班同学划分为若干任务团队，各团队选出负责人领导成员完成此次实训活动。在实训伊始，团队成员扫码阅读阅读案例素材。

案例分析
格力电器的
多元化战略

（2）各团队根据案例材料回答以下问题：格力电器实施多元化战略的动因是什么？格力电器的多元化战略遇到了哪些问题？该如何解决？

（3）各团队将问题答案上传至班级课程学习群，供全体同学讨论。

（4）课代表根据各团队上传的案例分析答案及同学们的讨论结果撰写本次实训结论。

（5）完成本次案例分析，交由授课老师批阅。

3. 实训成果

实训作业——格力电器的多元化战略案例分析。

思考题

一、单选题

1. 企业战略管理的首要阶段是（　　）。
   A. 战略制定、评价及选择阶段　　　B. 战略控制阶段
   C. 战略实施阶段　　　　　　　　　D. 战略分析阶段
2. （　　）是指企业将所拥有的全部资源都集中于最具优势或最为看好的某种产品或服务上，力求将其做大做强。
   A. 职能战略　　B. 密集成长战略　　C. 一体化战略　　D. 公司层战略
3. （　　）是指企业通过加大营销投入，提高其产品或服务在目标市场上的销量和市场份额，从而通过规模效应获得更强的竞争实力。
   A. 市场渗透战略　　B. 市场开发战略　　C. 产品开发战略　　D. 以上均不正确
4. （　　）是指企业将现有产品或服务打入新的地区市场或开发新的用户群体，扩大市场覆盖面来得到更多的顾客，从而扩大企业的经营规模，提高产品销量、收入水平和盈利水平。
   A. 差异化战略　　B. 产品开发战略　　C. 市场开发战略　　D. 以上均不正确
5. （　　）指的是企业不是提高现有战略目标水平，而是实施战略收缩和撤退。
   A. 多元化战略　　B. 混合型战略　　C. 紧缩型战略　　D. 稳定型战略

二、多选题

1. 以下属于企业战略特征的是（　　）。
   A. 系统性　　B. 长远性　　C. 指导性　　D. 竞争性
   E. 风险性
2. 一个企业的战略可以分为三个层次，这三个层次是（　　）。
   A. 总体战略　　B. 一体化战略　　C. 集中化战略　　D. 竞争战略
   E. 职能战略
3. 以下属于总体战略的是（　　）。
   A. 多元化战略　　B. 稳定型战略　　C. 成长型战略　　D. 紧缩型战略
   E. 混合型战略
4. 一体化成长战略又可具体划分为（　　）三种战略模式。
   A. 前向一体化战略　　　　　　　　B. 后向一体化战略
   C. 横向一体化战略　　　　　　　　D. 纵向一体化战略
   E. 水平一体化战略
5. 以下属于职能战略的是（　　）。
   A. 生产战略　　B. 研究开发战略　　C. 集中战略　　D. 一体化战略
   E. 财务战略

三、名词解释

1. 企业战略　　2. 总体战略　　3. 横向一体化战略　　4. 多元成长战略
5. 竞争战略

四、简答及论述题

1. 企业战略评价的标准有哪些？
2. 如何区分前向一体化战略和后向一体化战略？
3. 采用集中化战略的基本依据是什么？
4. 在什么情况下适用稳定型战略？
5. 试论述企业战略管理的程序。

案例讨论

比亚迪高速增长的逻辑

2022年，比亚迪汽车全年累计销量达到186.85万辆，同比增长高达152.5%，一举超越一汽大众登顶全品牌乘用车销量冠军宝座，结束了中国车市销冠近40年被合资品牌霸榜的历史。同时，比亚迪也超越特斯拉位居全球新能源汽车销量首位。

作为全球销量冠军，比亚迪最近几年的增长逻辑，总结下来主要有以下两点：一是纵向一体化战略，二是技术突破。

所谓纵向一体化，简单理解就是整合上下游，自己做。这种模式的好处是，可以节约大量资源成本和时间成本。而成本越低，和对手进行价格博弈就越从容。此外，纵向一体化还能防止关键部件被"卡脖子"，从而降低经营的风险。

如果说，纵向一体化本质上是战略上的成功，那么比亚迪在刀片电池、DM-i混合动力系统、造车平台e3.0上的三大技术突破，则是支撑产品卖点的三大抓手。

比亚迪的电池、电机、电控的"三电系统"IGBT芯片等核心部件，都是自己设计制造，这同样为其高速增长打下了坚实的基础。

问题讨论

比亚迪的纵向一体化战略适合所有的汽车生产企业吗？请说出你的理由。

第2篇

实务篇

导语：企业要正常经营下去，除了要执行计划、决策、组织、领导、激励、控制等管理职能，还要开展具体的、针对不同业务的管理工作，如人力资源管理、生产管理、市场营销管理等。本篇为全书的实务篇，即对上述具体的业务管理进行阐述。全篇共包含6个学习项目，分别为企业人力资源管理、供应链与物流管理、生产管理与质量管理、物资与设备管理、市场营销管理和企业财务管理。在每个学习项目下，又细分为2~4个具体的学习任务。通过对本篇的学习，能够为我们今后从事企业管理实践奠定坚实的基础。

学生工作页
第 2 篇　实务篇

项目 4	企业人力资源管理
项目 5	供应链与物流管理
项目 6	生产管理与质量管理
项目 7	物资与设备管理
项目 8	市场营销管理
项目 9	企业财务管理
班级		学号		姓名	

能力训练
---

1. 分别画出本篇项目 4、项目 5、项目 6、项目 7、项目 8、项目 9 的思维导图。

2. 结合项目 4 所学知识,请谈谈假如你大学毕业后成功应聘为一家民营小企业的人力资源主管,你将如何开展工作?

3. 结合项目 5 所学知识,请谈谈如何解决供应链伙伴之前的利益冲突问题?企业该如何选择最适合自身的物流模式?

4. 结合项目 6 所学知识,请谈谈如何实现生产过程的合理组织?企业该如何做好质量管理工作?

5. 结合项目 7 所学知识,请谈谈企业实施物资管理和设备管理的要点。

6. 结合项目 8 所学知识,请为一家你所熟悉的企业制订市场营销组合策略。

7. 结合项目 9 所学知识,请对一家你所熟悉的企业的财务状况进行分析,并针对存在问题提出解决方案。

学生评述
完成任务的心得与体会：

教师评价

项目 4 企业人力资源管理

学习目标

【知识目标】

(1) 熟悉企业人力资源管理的职责。
(2) 熟悉人力资源计划的程序。
(3) 了解工作分析的内容。
(4) 熟悉人员招聘的程序与途径。
(5) 熟悉绩效考核的程序。

【技能目标】

(1) 能够认清人力资源管理与传统人事管理的不同。
(2) 能够为企业制订人力资源计划方案。
(3) 能够为企业制订人员招聘和培训方案。
(4) 能够掌握绩效考核与薪酬管理的方法。

【素质目标】

(1) 培养学习人力资源管理的兴趣。
(2) 树立以人为本的人力资源管理思想。
(3) 建立现代企业人力资源管理意识。

❖ 项目情境导入

海底捞餐饮有限责任公司是一家以经营川味火锅为主,集餐饮、火锅底料生产、连锁加盟、原料配送、技术开发于一身的民营企业。自成立以来,该公司以其自然朴实的服务、真诚热情的待客之道、"融合川人川味、蜀地蜀风"的文化特色,获得了快速发展。

许多人去海底捞就餐,并不是因为它独特的口味,而是冲着它的服务去的。虽然海底捞的服务细节并不难模仿,但其员工的热情和对客人的贴心服务却不是一朝一夕可以复制的。海底捞的管理层懂得,要做好这样的服务,并不是一味对员工提出要求,而是要做好员工工作,让员工愿意在这里干,觉得在这里工作有意义、有价值。大多数企业认为"顾客"就是最终购买和使用公司产品或服务的那些人,而海底捞则视其服务员为"内部顾客",并且认为让内部顾客满意是实现外部顾客满意的前提。为此,海底捞建立了一套完整的有特色的员工管理体系。

我们都知道，餐饮行业的大部分岗位都是单调的重复性劳动，长时间工作很容易产生厌倦感。为了最大限度地避免这种情况发生，让员工"快乐工作，微笑服务"，海底捞推行了轮岗制，让员工不再局限在一个岗位上。这不仅丰富了工作内容，还有助于保持工作的新鲜感，并可以学习和掌握更多的技能，成为多面手。员工体会到了工作、学习和成长的快乐，在很大程度上消除了工作内容单调而产生的枯燥感和厌倦感。

海底捞实行薪酬领先战略，员工收入在同类企业中处于领先地位，整体高出平均水平10%～20%。海底捞还给员工提供了比较丰厚的福利，主要包括员工保险、廉价员工集体公寓、免费的集体食堂、家政服务、每月的带薪假日、重大节日的公司礼品等。

海底捞的高薪酬和高福利策略既有利于吸引优秀人才，也有利于增强现有员工的安全感和稳定感，有利于员工的自尊、自信，有利于员工"快乐工作，微笑服务"。

问题：结合本案例，请谈谈你对人力资源管理重要性的看法。

❖ 项目分析

管理学大师彼得·德鲁克曾经说过，企业只有一项真正的资源——人，管理就是充分开发人力资源以做好工作。在《管理的实践》一书中，德鲁克进一步指出，与其他资源相比，人力资源是一种特殊的资源，必须通过有效的激励机制才能开发利用，并为企业带来可观的经济价值。在企业管理实践中，无数的案例已充分表明了人是企业最为宝贵的资产，人的因素在很大程度上决定了企业的兴衰成败。"得人者昌，失人者亡"，就是对人力资源重要性的真实写照。但是作为一种资源，人力资源有其不同于一般物力、财力资源的独立性、自主性、情感性、流动性等特征，这使企业人力资源管理成为一项极为重要而又极具挑战性的工作。

那么，什么是企业人力资源管理？它的具体职责是什么？如何制订人力资源规划？如何进行工作分析？如何招聘与培训员工？如何开展薪酬管理和绩效管理？本项目将对以上问题进行解答。

任务4.1　初识企业人力资源管理

❖ 任务引入

近年来，不少企业在组织结构调整时纷纷将原先设立的人事部改为人力资源部，一些人认为这是换汤不换药，实在是多此一举。而更多的人则认为，虽然人力资源管理与传统的人事管理有诸多共同之处，但前者较后者的范围更广、内容更多、层次更高。在对人的认识、工作内容、工作性质方面两者皆有很大不同。而且与传统的人事管理相比，人力资源管理更加注重对人力的保护和开发，更具主动性。

问题：你同意哪一个观点？具体理由是什么？

❖ 相关知识

1. 企业人力资源管理的含义

人力资源管理有狭义和广义之分。狭义的人力资源管理定义比较具体，主要是指组织为了实现既定的管理目标，充分应用心理学、社会学、管理学和人类学等相关的科学知识和原理，对组织中的人力资源进行规划、培训、选拔录用、考核、激励等一系列管理活动的总称。而广义的人力资源管理定义内容比较宽泛，主要是指影响雇员的行为、态度以及绩效的各种政策、管理实践以及制度。

不难看出狭义的人力资源管理更易为我们所理解和认识。因此可以把企业人力资源管理简单概括为企业在人力资源的获取、开发、保持和使用等方面所进行的计划、组织、激励和控制等活动。

2. 企业人力资源管理的任务与职责

1）进行工作分析

工作分析是对组织架构的完善过程，是人力资源管理各大模块的基础。工作分析的目的和任务是通过对组织各类岗位的性质、任务、职责、劳动条件和环境，以及员工承担本岗位任务应具备的资格条件进行系统分析与研究，制定岗位规范、工作说明书等人力资源管理文件。

2）确定人力资源计划方案

这项工作的主要内容为分析人力资源现状，预测未来人力资源供给和需求状况，制订人员招聘、调配、培训、开发及发展计划方案，以及确定维持人力资源供需均衡的政策和相关措施等。

3）招聘与录用员工

招聘与录用组织所需要的员工是人力资源管理部门的重要任务和职责。招聘与录用员工时，人力资源管理部门一定要根据人力资源规划和岗位分析要求，事先制定招聘方案，再进行招募、甄选及留用等一系列活动。

4）培训员工

人力资源管理部门通过对员工的入职培训、在职培训等多种培训手段，帮助员工改善知识结构、提高员工的工作技能，同时也增强员工对组织的归属感和责任感，从而提高员工的工作效率、工作积极性和主动性。

5）绩效考评

绩效考评是指考核员工在一定时间内对组织的贡献和在工作上所取得的成果。绩效考评用于了解员工的实际工作情况，是员工培训、晋升、分配计酬等人事决策的重要依据。同时，绩效考评也是控制员工工作绩效的有益手段，可给员工提供工作反馈，促使其进一步改进工作，提高绩效。

6）薪酬管理

薪酬管理包括对基本工资、绩效工资、津贴、激励工资（奖金、分红、股权激励）等的分配和管理，它是人力资源管理活动的核心内容之一。薪酬管理是组织吸引和留住优秀员工，激励组织成员努力工作，最大限度地激发员工潜能的有力手段之一。

7）处理劳动关系和提供劳动保障

根据相关法律法规正确处理劳动争议是人力资源管理的重要内容。劳动关系是否健康和融洽，直接关系到组织人力资源能否正常发挥作用，组织一定要高度重视。此外，人力资源管理部门还要依法实施各种劳动保护制度，确保劳动过程中员工的安全和身心健康，避免工作场所的各种有害因素对员工的伤害,维护员工的劳动力水平。

8) 帮助员工实现职业发展

每一位员工都渴求能够获得职业成功,但限于多种因素,大部分人只不过是想想而已,并未付诸行动。因此,人力资源管理部门和管理人员有责任鼓励和关心员工,帮助其制订职业发展计划,并及时进行监督和考察,从而提高员工的归属感,进而激发其工作积极性和创造性,使员工在实现职业发展的同时也能为组织带来更高的效益。

人力资源管理的上述职责是相互联系、相互作用的整体,而不是简单的集合,任何一个环节出现问题,都会对组织整个的人力资源管理带来危害。

知识链接

人力资源管理与人事管理的区别

1. 对人的认识不同

传统人事管理将人视为等同于物质资源的成本,认为人的劳动是组织生产过程中的消耗,把人当作一种工具,注重对人力投入成本的控制。即人事管理主要关注如何降低人力成本,正确地选拔人,提高人员的使用效率和生产效率,避免人力成本增加。

人力资源管理把人视为组织的第一资源,将人看作"资本"。这种资本通过有效地管理和开发可以创造更高的价值,能够为组织带来长期的利益。即人力资本是能够增值的资本,是价值创造的源泉。因此,人力资源管理更注重对人力的保护和开发,因而更具有主动性。

2. 工作内容不同

传统人事管理主要包括雇佣关系从开始到结束的全过程,即人事管理开始于招聘、录用、考核、奖惩、职务升降、工资福利等构成了管理阶段,结束于辞退、辞职、退休,其内容侧重于对人的管理。

人力资源管理不仅关注对人的管理,还关注对人的开发。除了对雇佣关系全过程的管理,组织对人力资源的培训与继续教育越来越重视,投资也在不断增长,从一般管理的基本理论与方法到人力资源规划。组织中参加培训与教育的人员越来越多,从高层到基层员工,从新员工到即将退休的老员工,每个层级与年龄段的员工均参加培训与教育。人力资源开发的方式也有较大的改变,除了传统的院校培训,企业使用或者企业自己培养、自己使用的方式,工作内容的丰富化、岗位轮换、提供的更多机会、员工职业生涯的规划均成为新型的人力资源开发方法。

3. 工作性质不同

传统人事管理基本上属于行政事务性的工作,活动范围有限,短期导向,主要由人事部门的职工执行,很少涉及企业高层战略决策。

现代人力资源管理不仅具有上述功能,还要担负工作设计、规划工作流程、协调工作关系的任务。为实现组织的目标,需建立一个人力资源规划、开发、利用与管理系统,以提高组织的竞争能力。因此,现代人力资源管理与传统人事管理的最根本区别在于现代人力资源管理具有战略性、整体性和未来性。它被看作一种单纯的业务管理,从技术型管理活动的架构中分离出来,根据组织的战略目标制订相应的人力资源战略,成为组织战略的重要组成部分。

资料来源:刘冬蕾,赵燕妮. 管理学原理. 北京:中国林业出版社,2012。

❖ **任务实训**

1. 实训目的

通过走访企业人力资源管理部门,了解人力资源管理的工作职责与工作流程。

2. 实训内容及步骤

(1)以小组为单位成立任务实训团队,由小组负责人完成任务分配。
(2)各实训团队联系要走访的企业,并提前拟订采访提纲。
(3)拜访此前联系的企业,与人力资源部门负责人进行深度访谈。
(4)整理访谈记录,撰写实训报告。
(5)提交实训作业到班级学习群,由课代表组织同学们在线讨论。

3. 实训成果

实训报告——《人力资源管理的工作职责与工作流程》。

任务 4.2　熟悉企业人力资源计划与工作分析的内容

❖ **任务引入**

小张同学 7 月从某高校人力资源专业毕业后入职一家小企业人力资源部。该企业由于此前规模较小,人员管理方面的工作由老板亲自负责。随着企业规模的扩大和业务的不断增长,老板感觉到有些分身乏术,于是录用了小张,希望小张能用她所学的专业知识将企业的人力资源管理工作做得更好。小张非常珍惜这难得的工作机会,暗下决心一定尽己所能做好本职工作,以不辜负老板的信任。小张了解到该企业人力资源管理工作一直较为粗放,甚至从来也没做过人力资源计划工作,于是小张决定,她的工作就从制订人力资源计划开始着手。

问题:如果你是小张,你该如何制订该企业的人力资源计划?

❖ **相关知识**

1. 人力资源计划

1)人力资源计划的含义

人力资源计划(human resource planning,HRP)也称人力资源规划或人才资源规划,从 20 世纪 70 年代起,已经成为人力资源管理的重要职能。人力资源计划的实质就是根据组织的发展战略、目标,在环境分析的基础上,科学地预测人力资源需求和供给情况,并制订必要的人力资源政策和措施,以确保组织在需要的时间和岗位上获得所需要的人力资源的过程。

2)企业人力资源计划制订的程序

企业人力资源计划的制订是一项系统的工程,需要按照一定的程序来进行。企业人力资源计划的程序如图 4-1 所示。

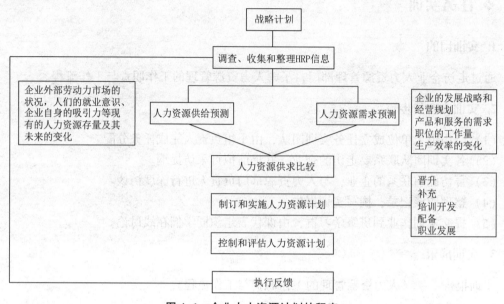

图 4-1　企业人力资源计划的程序

第一步，调查、收集和整理 HRP 信息。这一阶段的主要工作是收集人力资源计划所涉及的企业外部信息和企业内部信息。企业外部信息除政治、法律、经济、社会文化和科学技术等宏观环境因素外，还包括行业竞争状况、替代与潜在进入者的威胁等产业环境因素；企业内部信息主要包括企业的战略计划、产品结构、消费者结构、企业产品的市场占有率、生产和销售状况、技术装备的先进程度、人力资源现状等。通过对上述信息的收集、整理等工作，可为下一步的人力资源需求和供给预测提供相关依据。

第二步，人力资源需求预测和供给预测。人力资源需求预测是指企业对未来某一特定时期内所需的人力资源的数量、质量及结构进行预测。企业对人力资源的需求直接与企业的内部职位联系在一起，设定多少职位就需要多少人员；设置什么样的职位就需要什么样的人员。在做人力资源需求预测时需要考虑到职位的变动情况，通常企业的发展战略和经营规划、产品和服务的需求、职位的工作量、生产效率的变化会影响到企业职位的设定。企业人力资源供给预测是指企业对在未来某一特定时期内能够提供给企业的人力资源数量、质量及结构进行估计。人力资源供给包括外部供给和内部供给。影响企业外部人力资源供给的因素主要有外部劳动力市场的状况、人们的就业意识、企业自身的吸引力等。影响企业内部人力资源供给的因素主要有现有的人力资源存量及其未来的变化等。人力资源供给预测，应建立在对人力资源需求和供给的影响因素分析的基础上，采用定性和定量相结合的方法进行预测。

第三步，人力资源供求比较。这一阶段的主要工作是对企业的人力资源供求状况进行比较分析，判断当前的人力资源状况是处于供大于求、供小于求还是供求平衡状态。

第四步，制订和实施人力资源计划。这一阶段要做的工作是根据企业人力资源供求比较结果，制订出有针对性的人员招聘策略，以确保企业对人员的需求能够得到满足。

第五步，控制和评估人力资源计划。人力资源计划一经制订，就应遵照执行，如果有偏差，应及时采取纠偏措施。但需要注意的是，当企业经营环境发生变化时，原有的人力资源计划可能不再适用，此时应该对计划进行适度的修订和调整。

第六步，执行反馈。根据第五步的工作成果，在对过程及结果进行监督、评估的基础上，采取相应措施促使人力资源计划更加切合实际。

2. 工作分析

工作分析（job analysis）又称职务分析，是指对企业中某个特定职务的工作内容和任职资格的描述和研究过程。工作分析主要包括对工作岗位的全面描述和对任职人员资格的具体要求。工作分析的过程实质上就是工作流程的分析与岗位设置分析的过程。

1）工作分析的意义

工作分析是人力资源管理的基础，是指全面了解、获取与工作有关的详细信息的过程。具体来说，是对组织中某个特定职务的工作内容和任职资格的描述与研究过程，即制定职务说明和职务规范的系统过程。这些工作信息既包括所要完成的工作的任务信息，也包括对完成此项任务的任职人员的资格要求。通过工作分析，企业可以确定一项工作的任务和性质是什么并明确什么样的人适合此项工作，从而做到人尽其职、人尽其才和物尽其用。

■ 案例分析

到底谁该对工作负责？

某企业的生产车间里，一个机床操作工把大量的液体洒在机床周围的地板上，车间主任要求机床操作工把洒在地板上的液体打扫干净，机床操作工拒绝执行，理由是职位说明书里并没有包括清扫的条文。车间主任顾不上去查职位说明书，就找来一名服务工来做清扫工作。但服务工同样拒绝，他的理由是职位说明书里同样也没有包括这一类工作，这个工作应该由清杂工来完成，因为清杂工的职责之一是做好清扫工作。服务工是分配到车间来做杂务的临时工，车间主任威胁说要解雇他，服务工才被迫同意清扫，但是干完以后立即向企业投诉。

有关人员看了投诉以后，审阅了这三类人员的职位说明书。机床操作工的职位说明书上规定：机床操作工有责任保持机床的清洁，使之处于可操作的状态，但并未提及清扫地板。服务工的职位说明书上规定：服务工有责任以各种方式协助机床操作工，如领取原料和工具，随叫随到，即时服务，但也没有包括清扫工作。清杂工的职位说明书中确实包括了各种形式的清扫工作，但他的工作是在正常工人下班以后才开始的。

案例中的这家企业之所以会出现管理上的困惑，与其事先没有进行必要的工作分析密切相关。由此可见，工作分析在企业管理中有重要的地位和作用。

2）工作分析的主要内容

工作分析的主要内容可用"6W"来描述。即做什么（what）、由谁来做（who）、何时做（when）、在哪里做（where）、如何做（how）及为什么要做（why）。以上六个问题涉及一项工作的职责、任务、工作方式、工作环境以及工作要求等多个方面，具体如下。

（1）工作职责范围和工作责任内容。这其中又包括：工作中的具体任务和完成每项任务的流程、工作流程和其他工作的关系、工作各个阶段的成果表现形式。

（2）任职者的活动。包括与工作相关的基本动作和行为、工作方式与沟通方式等。

（3）工作特征。包括工作时间、工作地点、工作环境、工作中的人际技能要求以及工作的技能要求等。

（4）所采用的工具、设备、机器和辅助设施。

（5）任职者的要求。如年龄、个性特征、所学知识与工作经历、身体素质等。

（6）工作业绩考核。包括业绩目标、考核标准、考核记录等。

3) 工作分析的实施过程

工作分析的实施过程包括以下环节。

（1）成立工作分析小组。工作分析小组一般由数名人力资源专家和多名工作人员组成，是进行工作分析的组织保证。工作分析小组首先要对工作人员进行工作分析技术的培训，制订工作计划，明确工作分析的范围和主要任务。然后，配合组织做好员工的思想工作，说明分析的目的和意义，建立友好的合作关系，使员工对工作分析有足够的心理准备。最后，工作分析小组还要确定工作分析的目标和设计职务调查的方案。

（2）收集信息。需要收集的与工作相关的背景信息一般包括：企业现状、企业的组织结构设计、各部门的工作流程图、各个岗位的办事细则及岗位经济责任制度等。

（3）进行职位调查。进行职位调查的目的是通过对企业的各个职位进行全面的调查，掌握有关工作活动、职责、工作特征、环境和任职要求的信息，从而为编写职位说明书提供依据。

（4）整理和分析所得到的工作信息。

①整理所获信息，并按照编写职位说明书的要求对各个职位的工作信息进行分类。

②把初步整理的信息交给在职人员以及他们的直接主管进行核对，这可减少可能出现的偏差，同时也有助于获得员工对工作分析结果的理解和接受。

③修改并最终确定所收集的工作信息，将其作为编写职位说明书的基础。

（5）编写职位说明书。职位说明书由工作说明和工作规范两部分组成。工作说明是对有关工作职责、工作内容、工作条件以及工作环境等方面进行的书面描述，工作规范则描述工作对人的知识、能力、品格、教育背景和工作经历等方面的要求。

职位说明书一般包括以下几项内容。

①职位基本信息；②工作目标与职责；③工作内容；④工作的时间特征；⑤工作完成结果及建议考核标准；⑥教育背景和工作经历；⑦专业技能、证书和其他能力。

需注意的是，在实际工作中，企业经常出现某项工作职责和内容发生变化以及企业中的职位增加、撤销的情况。在这种情况下，人力资源部门应该迅速调整或是编制新的职位说明书并记录在案。

❖ 任务实训

1. 实训的目的

通过实训，熟悉职位说明书的内容，掌握工作分析的方法。

2. 实训内容及步骤

（1）将全班同学划分为若干任务团队，各团队推选一名同学为负责人，领导此次实训活动。

（2）各团队阅读以下材料：某企业因线上业务迅猛发展新成立了在线销售部，该部门隶属于市场营销部。人员设置为负责人 1 名，在线销售人员 3 名，客户服务人员 1 名，在线市场推广人员 1 名。

（3）各团队根据给定的在线销售部的岗位设置，开展工作分析工作。要求记录工作分析内容和工作分析实施情况。

（4）各团队成员在负责人的领导下完成各岗位工作说明书的编写工作。

（5）完成实训，各团队上传工作说明书至班级学习群供同学们在线讨论。

3. 实训成果

实训小作业——某企业在线销售部职位说明书。

任务 4.3　掌握企业人员招聘与培训实务

❖ 任务引入

B 企业和 M 企业均是世界 500 强医药企业，都因不断推出原研创新药而在全球享有盛誉。进入中国市场后，两家企业也是齐头并进，均进入了年营收前十的榜单，可谓不分伯仲。但有意思的是，两家企业在选拔管理人员方面却风格迥异。B 企业一贯采用内部晋升制，而 M 企业始终青睐外部招聘制。

问题：内部招聘制和外部招聘制各有何优缺点？如何评价上述两家企业的不同招聘理念？

❖ 相关知识

1. 企业人员招聘

人员招聘是企业管理过程中一项重要的、具体的、经常性的工作，也是企业人力资源管理活动的基础和关键环节之一，它直接关系到企业中各级人员的质量和各项工作的顺利进行，是保持企业生存与发展的重要手段。企业人员招聘具体含义是指企业根据人力资源计划和工作任务的要求，采取一些科学的方法，寻找、吸引那些有资格的个人向本企业应聘，并从中选出适宜人员予以录取和聘用的过程。

1）企业人员招聘的程序

（1）人员招聘的程序。人员招聘是一项复杂、系统而又连续的工作，需要组织内部多个部门的参与和协作，因而容易受到各种因素的影响。因此，将复杂的招聘活动规范化、程序化不仅会大大提高招聘活动的效率，而且还会给应聘者以严谨、公平的印象，从而促使其对组织产生好感。

为了更好地了解人员招聘的过程，我们可以从企业和应聘者个人两个不同的角度来进行分析（见图4-2）。

2）企业人员招聘的途径

（1）内部招聘。内部招聘是指对企业现有人员传递有关职位空缺的信息，吸引其中具有任职资格、任职能力和任职意愿的员工前来应聘。内部招聘应遵循公开、公正的原则，使每个员工都感觉获得了平等的机会。常见的内部招聘形式有晋升、平级调动、工作轮换和召回原职工等。

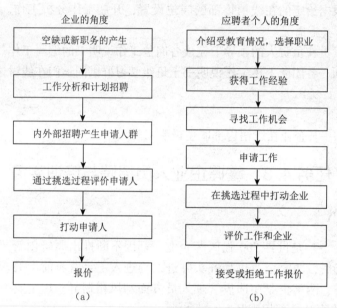

图4-2 招聘过程

内部招聘的优点：①能够产生一定的激励作用，同时完善企业的内部竞争机制；②应聘者熟悉企业情况，对一些问题有着较为深刻的认识，在竞聘成功后，能够很快地进入工作角色；③能够节省招聘费用；④便于保持企业政策的连贯性。

内部招聘的缺点：①难以招聘到高水平的人才，由于企业内部人才有限，现有员工的能力可能无法达到新岗位的要求；②未能竞聘成功的员工可能会失望，一般会将失败归因于不公平的招聘待遇，从而产生挫折感，影响士气；③容易产生近亲繁殖现象，在企业内部形成小团体；④无法获取外部新的经营思想和新的经营理念。

（2）外部招聘。外部招聘是指从企业的外部筛选和录用企业所需的员工，一般我们所熟悉的、在各种公开媒体上看到的"招聘"就是指外部招聘。相对于内部招聘而言，外部招聘的来源更广泛，企业更有可能挑选出有才华的员工。常见的外部招聘来源有学校、其他企业（包括竞争者）、退休者、退伍军人和个体劳动者等。招聘的途径有劳务中介机构代为招聘、猎头公司运作、内部人员介绍推荐、应聘者毛遂自荐、各类教育机构组织校园招聘等。

外部招聘的优点：①能够为企业带来新的思想和新的经营理念，有利于调整企业的知识结构，增强创新精神；②能够节省培训费用，这是因为外部招聘倾向于有经验的申请人，这些能为企业带来新思想和新经营理念的新员工仅需简单上岗培训就能上任；③外部招聘能够为组织内部带来竞争压力，使企业原有员工产生危机感，促使其努力工作。

外部招聘的缺点：①招聘成本高，招聘活动时间长，尤其是通过猎头公司获取高级管理人员时，招聘费用就更高；②由于对外聘人员的能力缺乏真正了解，有可能招到名不副实的员工；③外聘人员有可能不适应新的工作环境，造成水土不服，或是进入角色的时间较长。

3）人员甄选

（1）人员甄选的程序。人员的甄选是人员招聘的关键步骤，是企业获得所需员工的必要手段。甄选方法是否科学，甄选手段是否有效，直接决定了企业能否获得最适合的员工。

人员甄选的程序如下：首先，审核应聘者的职务申请表，如果符合条件就让其进入笔试、面试阶段，不合格则放弃。其次，进行心理测试，如果心理测试合格即让其进入身体测试阶段，不合格则放弃。最后，进行身体测试，只有身体测试合格的应聘者才能最终被录用。

（2）人员甄选的方法。人员甄选的方法有多种，如申请表格审查、面试、笔试、身体检查、背景调查与推荐审核等，企业应根据实际情况采用其中的一种或多种。

①申请表格审查。企业为了更好地了解应聘者信息和比较应聘者的情况，需要设计标准化的申请表格。企业通过对应聘者填写的表格进行筛选，可以用最低的成本进行挑选。在剔除不合格的应聘者之后，便可以组织初选合格者进入下一个甄选环节。

②面试。面试是人员甄选过程中非常重要的一个环节，它是指由一个或多个面试者主持的、以搜集求职者信息和评价应聘者是否具备雇佣资格为目的的面对面的对话过程。企业在挑选应聘者的过程中一般都要采用面试的方法。面试中所提的问题一般包括个人的特性、家庭背景、受教育程度、工作经验、与人相处的特性以及个人的抱负等内容。

当企业针对高级管理人才的面试时，一般会采取管理评价中心面试的方式。即在甄选过程中，面试者让应聘者在2~3天的时间内完成一系列任务，评价专家以隐蔽的方式对应聘者的行为进行观察，以此评价应聘者的管理潜力。在管理评价中心可能遇到的模拟任务主要有公文处理、无领导小组讨论、管理游戏、个人演说、心理测量及面试等。

延伸阅读

面试的种类

面试的形式有多种。按照所问问题的开放程度，面试分为结构化面试、非结构化面试和半结构化面试。所谓结构化面试，是指面试时有一套标准的程序，问题多为封闭式问题，由面试者顺序提问的面试。结构化面试一般在初次筛选时使用。非结构化面试是指面试时不拘泥于固定的问题和顺序，面试者可以根据面试时的情境和需要与应聘者自由交谈的面试。这种面试形式对面试者的要求较高，需要其具有很强的沟通能力，否则面试气氛容易为应聘者所左右。而半结构化面试则介于两者之间，既包括标准化的问题又有比较宽泛的可以自由回答的开放式问题。这种形式兼具了结构化面试和非结构化面试的优点，因此被广泛采用。

③笔试。笔试也是一种常见的人员甄选方法，通常在面试之后进行。笔试形式主要有六种：选择题、是非题、匹配题、填空题、问答题、小论文，每一种笔试形式都有它的优缺点。笔试主要由专业测试和综合测试两部分组成。主要考核应聘者特定的知识、专业技术水平和文字运用能力。这种方法可以有效测试应聘者的基本知识水平、专业知识水平、管理知识水平、综合分析能力、逻辑能力、数学能力、判断能力以及文字表达能力等。

④身体检查。即对应聘者的健康状况进行检查，由此判断其是不是有不适宜从事本行业

的传染病以及身体状况是否能够承受新的工作强度等。

⑤背景调查与推荐核查。核查和证实应聘者的背景信息和推荐信息是重要的甄选手段,可以直接证实应聘者的工作状况和个人信誉,从而为最终的录用决策提供依据。

> **问题讨论:**
>
> 如果你决定去一家企业应聘,你事先会做哪些准备工作?

2. 企业人员培训

1) 人员培训的含义

人员培训是人力资源管理的重要内容,是人力资源投入的主要形式。人员培训是指组织为开展业务及培养人才的需要,采用多种方式对新入职员工或现有员工进行的有目的、有计划地培养和训练的管理活动。人员培训的目标是使员工不断更新知识,开拓技能,改进员工的工作动机、态度和行为,使企业适应新的要求,更好地实现员工与工作的匹配,从而促进组织效率提高和组织目标的实现。

2) 人员培训的类型

根据不同的划分标准,人员培训可以分为多种类型。常见的主要有以下几种。

(1) 按受培训员工是否离开组织,人员培训可分为内部培训和外部培训。

(2) 按受培训员工是否离开岗位,人员培训可分为在职培训和脱产培训。

(3) 按培训目标和内容的不同,人员培训可分为专业知识与技能培训、提升培训、职务轮换培训、设置助理职务培训、设置临时职务培训。

(4) 按培训对象的不同,人员培训可分为新员工培训、在职员工培训,管理人员培训和非管理人员培训。

3) 人员培训的方法

企业人员培训的方法很多,尤其是在当前管理科学和信息技术不断发展的时代,人员培训的内容和形式也在不断发生变化。概括起来,常见的人员培训方法如下。

(1) 讲授法。属于传统模式的培训方法,指培训师通过语言表达,系统地向受训者传授知识,期望这些受训者能记住其中的重要观念与特定知识。

(2) 工作轮换法。这是一种在职培训的方法,指让受训者在预定的时期内变换工作岗位,使其获得不同岗位的工作经验,现在很多企业采用工作轮换法是为培养新进入企业的年轻管理人员或有管理潜力的未来的管理人员。

(3) 学徒式培训法。学徒式培训法是指通过师傅带徒弟的方式对新员工进行技能培训的方法。

(4) 视听技术法。视听技术法是指利用现代视听技术(如广播、视频、直播等)对员工进行培训。

(5) 案例研究法。即通过提供的相关背景材料,让受训者分析和评价案例,提出解决问题的建议和方案的培训方法。

(6) 角色扮演法。该方法通过模拟某种特定的工作情境,指定受训者扮演某种角色,模拟处理工作事务,从而帮助受训者提高处理类似问题的能力。

❖ **任务实训**

1. 实训的目的

通过实训,提高撰写个人应聘简历的水平。

2. 实训内容及步骤

(1) 授课老师讲解个人简历撰写的方法与技巧,并介绍招聘企业的背景和所提供的工作岗位。
(2) 同学们选定应聘岗位,多方搜集招聘企业及招聘岗位信息。
(3) 各位同学设计简历模板,填写应聘简历内容。
(4) 课代表收齐个人应聘简历,交由授课老师批阅。
(5) 老师挑选部分学生简历在课堂点评。

3. 实训成果

实训作业——我的个人应聘简历。

任务 4.4　熟悉企业绩效考核与薪酬管理

❖ **任务引入**

根据媒体披露的《2021 年上市科技公司高管薪酬榜》,20 家科技公司高管年薪总额均超过 5 800 万元,其中 13 家高管年薪总额超过 1 亿元。其中,小鹏汽车总裁兼副董事长顾宏地以 4.35 亿元年薪高居榜首;腾讯 7 名董事的薪资总和更是超过 5 亿元;阿里巴巴的高管合计薪资超过 3 亿元,这还没有算上股权激励的部分。

问题:上市科技公司的高管拿这么高的薪酬合理吗?请谈谈你对绩效考核和薪酬管理的初步认识。

❖ **相关知识**

1. 企业绩效考核

企业绩效考核是对一定时期内企业员工的工作业绩做出评价的过程,它是人力资源管理的一项重要任务。实施绩效考核的目的是为企业制定员工调迁、升降、委任、奖惩、培训计划等人力资源政策提供依据。通过绩效考核,企业可以不断发现当前的工作和员工行为是否按照整体的战略规划进行,从而对可能出现的偏差采取即时的纠正措施。

1) 企业绩效考核的程序

在企业管理实践中,绩效考核由一系列具有先后次序的工作组成,一般包括确定评价标准、实施评价、评价面谈和确定绩效考核改进方案,如图 4-3 所示。

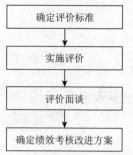

图 4-3 绩效考核的基本程序

(1) 确定评价标准。评价标准必须客观,不能过高或过低,应以完成工作所达到的可接受程度为标准,同时标准要尽量被量化。

(2) 实施评价。这一阶段的主要工作是将工作的实际情况与评价标准进行比较,确定绩效考核的等级,并发现需要改进的问题。

(3) 评价面谈。评价方与被评价员工进行面对面的交流,双方通过坦诚沟通形成对绩效考核的一致看法,并就下一阶段的工作达成协议。评价面谈可以消除员工的不满意情绪,使其带着积极的心态继续今后的工作。

(4) 确定绩效考核改进方案。根据评价结果及评价面谈情况对原绩效考核方案进行改进,使之更加切合实际。

2) 企业绩效考核的方法

(1) 民意测验法。民意测验法就是请被考核者的同事、下级及有工作联系的人对被考核者从几个方面进行评价,从而得出对被考核者绩效的考核结果。

(2) 目标考核法。目标考核法是一种主要以工作成果为依据来对员工的绩效做出评价的方法。它是目标管理原理在绩效考核中的具体运用,与组织的目标管理体系以及工作责任制等相联系。作为目标考核主要内容的工作成果由工作目标被实现的程度来体现。这种方法要求管理者首先根据目标管理原理和工作责任制确定各部门及个人的工作目标,然后将员工的绩效同这个预先设定的工作目标相比较,得出超过、达到、有距离、差距很大等结论。

(3) 等级法。等级法是一种传统的绩效考核方法,在实践中被广泛采用。应用这种评价方法时,评价者首先确定业绩考核的标准,然后对于每个评价项目列出几种行为程度供评价者选择,如优、良、中、差等。考评人根据被考评人的实际工作表现,对每个测试项的完成情况进行评估,然后将各项成绩汇总,最后的总成绩便为该员工的考评成绩。

(4) 360 度绩效考评法。在绩效评估的传统实施方法中,管理者是绩效评估的主宰者,被考评者评估结果的好坏均取决于上级管理者或管理部门,难免失之偏颇。因此,如何使评估结果更加客观、全面和可靠,同时强化评估反馈,已经成为企业绩效管理工作迫切需要解决的问题之一。360 度绩效考评法能够从多角度反映被考评者的工作绩效,更为客观和全面,因而被越来越多的企业采用。在 360 度绩效考评法中,评价者不但包括被考评者的上级主管,而且包括与其工作密切的人员,如同事、下属、客户等,同时还包括被考评者本人的自评。

360 度绩效考评法又称多评估者评估或多角度反馈系统,是建立在以下两个简单假设基础之上的。①来源于测量理论,对个体从多个角度的观察可以得出更多有效和更可靠的结果,因此也更有意义和作用;②行为及观念的改变是贯穿在增强自我意识的过程中的,自我意识改变,行为也将发生改变。

通过将考核结果反馈给被考评者,一方面,促使其全面认识自己,为员工的个人发展提供信息,促使管理技能的提高,改善团队工作;另一方面,提高绩效考评的效果,激励员工对组织变革的参与,提升培训效果和员工满意度,强化企业文化的建立,促进企业的进一步发展。

2. 企业薪酬管理

1) 薪酬及薪酬的构成

薪酬是指企业直接或间接支付给员工的各种报酬,是员工为企业提供劳动而得到的各种货币与实物报酬的总和。员工的薪酬一般由基本薪酬、激励薪酬和福利薪酬这三个部分组成。

(1) 基本薪酬。基本薪酬是企业依据员工所具备的技能、资历以及工作本身的特征向员工支付的稳定性货币报酬,也即我们常说的基本工资。企业员工只要在规定的工作时间和正常工作条件下履行职责,就可以获得这部分报酬。

(2) 激励薪酬。激励薪酬又称可变薪酬、诱惑薪酬或业绩薪酬,是指员工在达到了某个具体目标或绩效水准或创造某种盈利后所增加的薪酬收入部分。激励薪酬的形式包括奖金等短期激励薪酬,也包括股权、期权、利润分享等长期激励薪酬。激励薪酬对员工积极性有很大的影响,由于激励薪酬是额外的薪酬给付,同时不具有普遍性,当激励薪酬增加的时候,员工的积极性通常会因受到激励而提高。

雷军:深谙薪酬激励之道的企业家

2021年7月6日早间,小米创始人雷军通过微博宣布,小米继青年工程师激励计划后,再次颁布新的股票激励计划,向技术专家、新十年创业者计划首批入选者、中高层管理者等122人,奖励119 650 000股小米股票。

这条微博的最后,雷军表示:"一个人可能走得快,一群人才能走得远。"小米将持续为各级优秀人才提供充足的发展空间和丰厚的回报。人才是小米新十年腾飞的基石。

小米在常规薪酬体系下,新增了优秀应届生计划、优秀青年工程师计划、新十年创业者计划和合伙人计划等股票激励计划,形成完整激励体系,实现公司发展和个人成长有机结合。

(3) 福利薪酬。福利薪酬是现代薪酬体系的重要组成部分,是企业为员工提供的与工作相关的各种补偿,包括物质补偿和服务补偿。与基本薪酬和激励薪酬不同,福利薪酬的提供与员工的工作绩效及贡献无关,企业发放福利的目的是减轻员工的负担,改善员工的生活,以保证员工正常和有效地进行工作。

福利薪酬的形式多种多样,主要可分为安全福利、保险福利、个人福利、带薪休假等。

2) 企业薪酬管理的内容

企业薪酬管理是指企业通过综合考虑内、外部环境因素的影响,在经营战略和发展规划的指导下，确定自身的薪酬水平、薪酬结构和薪酬形式，并进行薪酬调整和薪酬控制的整个过程。企业薪酬管理的内容主要包括以下几个方面。

（1）确定薪酬管理的目标。薪酬管理目标确定的依据是人力资源战略，包含以下三个具体目标。一是建立稳定的员工队伍，同时吸引高素质的人才；二是激发员工的工作积极性和主动性，力争创造更高的绩效；三是实现企业目标和员工个人目标的协调发展。

（2）选择薪酬政策。企业薪酬政策是指企业在对待员工薪酬问题上所采取的方针策略，包含企业管理者对企业薪酬管理运行的目标、任务和手段的选择及组合。企业薪酬政策包括企业薪酬成本投入政策、工资政策、（工资制度、工资结构、工资水平）、福利政策、津贴政策等。

（3）制订薪酬计划。企业薪酬计划是企业对员工薪酬的支付水平、支付结构以及薪酬管理的重点所做的预先规划。企业在制订薪酬计划时，要全面考虑、同时要把握一系列的原则，如与企业的目标管理相协调的原则以及增强企业的竞争力原则等。

（4）调整薪酬结构。薪酬结构是指企业中各种工作或岗位之间薪酬水平的比例关系，包括不同层次工作之间报酬差异的相对比值和不同层次工作之间报酬差异的水平。企业要根据内外部环境的变化，主动调整薪酬结构，以保持薪酬的内部公平性，体现企业的薪酬价值导向，更好地发挥薪酬的激励功能。

❖ 任务实训

1. 实训的目的

通过案例分析，探索企业绩效考核与薪酬设计的新思路。

2. 实训内容及步骤

（1）将全班同学划分为若干任务团队，各团队推选一名任务牵头人。

（2）各团队阅读以下案例材料：

某企业人力资源部为销售经理设定绩效考核和薪酬方案，绩效考核专员小刘制订了两套方案。

一是升级法。即销售经理薪酬中固定工资为每月1万元，如果能完成5 000万元的年度销售指标追加10万元绩效奖金。如果业绩超过5 000万元，每增加100万元再奖励1万元，封顶奖金为100万元。所获奖金在绩效考核后的下一月发放。

二是降级法。即将销售经理全年的薪酬设为112万元（含每月固定工资1万元），年销售指标为不低于14 000万元。若完不成销售指标，每少100万元，在薪酬中扣除1万元，全年销售额不足5 000万，该销售经理只能拿到每月1万元的基本工资。最终薪酬在年度绩效考核之后结算。

（3）各团队对小刘制订的绩效方案进行讨论，分析两种方案的优缺点。

（4）讨论结束之后形成文字，团队牵头人负责将案例分析结论上交给授课老师。

（5）授课老师对各团队的案例分析进行批阅，给出实训分数。

3. 实训成果

实训作业——某企业销售经理绩效考核与薪酬设计案例分析。

思考题

一、单选题

1. （　　）对组织架构的完善过程，是人力资源管理各大模块的基础。
   A. 人员招聘　　　B. 绩效考核　　　C. 人员培训　　　D. 工作分析
2. （　　）是对有关工作职责、工作内容、工作条件以及工作环境等方面进行的书面描述。
   A. 工作规范　　　B. 工作说明　　　C. 职位说明　　　D. 职位规范
3. （　　）是指对企业中某个特定职务的工作内容和任职资格的描述和研究过程。
   A. 工作分析　　　B. 岗位描述　　　C. 人员招聘　　　D. 绩效考核
4. 绩效考核的首要程序是（　　）。
   A. 评价面谈　　　B. 确定评价标准　　C. 实施评价　　　D. 改进方案
5. （　　）是企业为员工提供的与工作相关的各种补偿，包括物质补偿和服务补偿。
   A. 基本薪酬　　　B. 激励薪酬　　　C. 福利薪酬　　　D. 以上均不正确

二、多选题

1. 人力资源管理的主要职责包括（　　）。
   A. 进行工作分析　　B. 员工招聘　　　C. 培训员工　　　D. 薪酬管理
   E. 确定人力资源计划方案
2. 职位说明书包括的基本内容主要有（　　）。
   A. 职位基本信息　　　　　　　　B. 工作目标与职责
   C. 工作内容　　　　　　　　　　D. 工作完成结果及建议考核标准
   E. 教育背景和工作经历
3. 工作分析的主要内容包括（　　）。
   A. 各自责任范围和工作责任内容　　B. 任职者的活动
   C. 工作特征　　　　　　　　　　D. 任职者的要求
   E. 工作业绩考核
4. 按培训对象的不同，人员培训可分为（　　）。
   A. 新员工培训　　　　　　　　　B. 管理人员培训
   C. 内部培训　　　　　　　　　　D. 在职员工培训
   E. 非管理人员培训
5. 外部招聘的优点主要有（　　）。
   A. 能够完善企业的内部竞争机制　　B. 能够为企业带来外部新的思想
   C. 能够节省培训费用　　　　　　D. 能够保持企业政策的连贯性
   E. 应聘人员熟悉企业工作，进入角色较快

三、名词解释

1. 人力资源管理　2. 工作分析　3. 人员招聘　4. 人员培训　5. 薪酬管理

四、简答及论述题

1. 工作分析的主要内容有哪些？
2. 人员甄选的方法主要有哪些？
3. 薪酬管理的主要内容是什么？
4. 试论述制订人力资源计划的程序。
5. 试论述企业薪酬的构成。

案例讨论

升职后的困惑

一个月前，小崔被提拔为一家合资公司的地区经理并负责某一线城市的销售管理工作。小崔进入这家公司已经2年了，在开拓市场方面立下了汗马功劳，曾经创造过个人年销售3 000万元的公司全球销售纪录。在做销售代表时，小崔工作辛苦，压力也很大，不过因为业绩优秀拿到的奖金十分丰厚。被提拔为地区经理后，小崔的工作职责发生了很大改变，他无须直接与客户沟通，只要做好销售管理工作并负责培养新人就行了，工作轻松了很多。但根据公司的薪酬制度，晋升后的小崔虽然获得了更高的管理岗底薪，但奖金只能拿本部门平均奖，总体来说收入是不升反降。

收入的下降让小崔非常不爽，他给公司财务经理发了一封邮件，提出了加薪的请求。可得到的回复却是：根据公司薪酬制度，只有在公司现职工作满2年之后，才可能调薪。而且现行的销售奖金提成制度也不能更改。但小崔坚持认为，升职以后收入下降就是不合理的。而且制度是人定的，为什么就不能改？于是，他接下来给国外总部发了一封邮件，表达了自己的不满。一周后小崔没有收到总部的邮件回复，而是收到了人力资源部发来的工作调整通知，他被调到行政部任了个虚职。公司同时委派了一名新人接替小崔原来的地区经理职务。小崔闻讯后大为不满，最终愤而离职。

问题讨论

1. 案例中小崔的加薪要求为何被拒绝？
2. 这家合资公司的薪酬制度设计合理吗？为什么？

项目5 供应链与物流管理

🟊 学习目标

【知识目标】

(1) 掌握供应链的概念、结构、特征、类型。
(2) 掌握供应链管理的含义与特点。
(3) 熟悉供应链管理的内容与目标。
(4) 掌握企业物流的含义与活动内容。
(5) 熟悉企业的物流模式。

【技能目标】

(1) 能够为企业提供供应链解决方案。
(2) 能够认清供应链未来的发展趋势。
(3) 能够从专业的角度为企业的物流模式选择提供建议。
(4) 能够为企业的物流管理提供合理化建议。

【素质目标】

(1) 培养现代供应链管理思想。
(2) 建立合作共赢的供应链伙伴合作新思维。
(3) 树立先进的现代物流管理理念。

❖ 项目情境导入

蜜雪冰城是国内门店数量最多、规模最大、品牌影响力最强的现制饮品连锁企业之一，2021年，蜜雪冰城推出门店冷链饮品，进一步带动了蜜雪冰城门店销售额的提升。2019年至2021年，蜜雪冰城的营业收入分别为25.66亿元、46.80亿元和103.51亿元，扣非归母净利润分别为4.38亿元、8.96亿元和18.45亿元，增速年年翻番。

现制饮品与现制冰激凌连锁企业的物流具有高频次、小批量、快速配送和多点配送的特点，对仓储物流体系与食品保质保鲜技术提出了较高的要求。可以说，物流运输的发展速度直接影响现制饮品与现制冰激凌行业门店网络的铺设与市场的响应速度。

2022年年初蜜雪冰城就已建立了完善的仓储物流体系。截至2022年3月末，蜜雪冰城已在河南、四川、新疆、江苏、广东、辽宁等22个省份设立仓储物流基地，并通过公司的物流合作方，建立了基本覆盖全国的物流运输网络。完善的仓储物流网络有效地提高了物流运输的效率，缩短了向终端门店的运输时间，减少了门店从订货到交货的时间，从而达到门店单次少量订货的目的，同时，蜜雪冰城遍布全国的仓储物流网络及全国物流免运费的政策，加强了公司跨区域经营能力。

问题：蜜雪冰城的物流与供应链为何能支撑22 000多家门店？我们从中能得到哪些启示？

❖ 项目分析

IT技术的发展促进了经济的全球化、网络化进程。现代生产技术的发展，需要与之相适应的新的管理模式。传统企业管理模式下，企业各部门之间看似一个整体，协调运转，但企业运作模式缺乏系统性和综合性，无法适应新的制造模式发展的需要，而那种"大而全，小而全"的企业自我封闭的管理体制，更加无法适应网络化竞争的发展。供应链从全局和整体的角度考虑产品的市场竞争力，从建立合作或战略伙伴关系的思维出发，跨越了企业界限，使供应链从一种运作性的竞争工具上升为一种管理性的方法体系。

近年来，伴随着电子商务的迅猛发展，带动了物流行业的兴起，崛起了一大批像京东、顺丰、申通、韵达、菜鸟这样优秀的物流企业。这些物流企业以高效、专业、低成本的服务，助力被服务企业提质减负。但企业物流是供应链的重要组成部分，其涉及面广，活动复杂，很多职能是第三方物流企业所不能承担的。因此，企业物流管理远非是将物流外包出去这么简单。

那么，什么是供应链和供应链管理？供应链管理的目标是什么？如何开展供应链管理工作？什么是物流？它有哪些功能？物流管理的含义是什么？如何开展物流管理工作？本项目将对以上问题进行解答。

任务5.1　掌握供应链管理

❖ 任务引入

20世纪90年代以来，由于政治、经济、社会环境的不断变化，使得企业经营的不确定性也在增加。与此同时，现代科技的进步及生产力的发展使得产品的生命周期越来越短，竞争激烈化促使消费者的需求越来越多样化，客户对交货的要求也越来越高。此外，又因原材料价格的不断上涨，企业的成本压力越来越大。这一系列因素的快速变化造就了一个变幻莫测的买方市场，给企业的经营管理带来了巨大的压力；企业的经营成本逐年上涨，企业间的竞争更加激烈，传统的经营模式对市场变化的反应速度越来越迟缓和被动。上述变化促使企业必须以广阔的视角，从供应链的层次来优化配置资源，与主要合作伙伴结成战略伙伴关系，以此来增强企业的市场竞争力。供应链管理的思想便由此产生。

问题：供应链管理的思想是什么？如何开展供应链管理工作？

❖ 相关知识

1. 供应链

供应链是围绕核心企业，通过对工作流、信息流、物流、资金流的协调与控制，从采购原材料开始，把产品送到消费者手中为止，将供应商、制造商、分销商、零售商、最终用户各个环节连成一个整体的增值网链结构。供应链既是一条连接供应商到用户的物流链、信息链、资金链，也是一条增值链，物料在供应链上因加工、包装、运输等过程而增加其价值，给相关企业及整个社会增加效益。

1) 供应链的结构

从供应链的实际运营情况来看，供应链是由所有加盟的节点企业组成的。在一个供应链系统中，一般有一个企业处于核心地位，称为核心企业。核心企业对供应链上下游各节点企业进行整体管理，各节点企业在需求信息的驱动下，通过分工与合作，以物流、资金流和信息流为媒介实现整个供应链的不断增值。供应链的基本结构模型如图 5-1 所示。

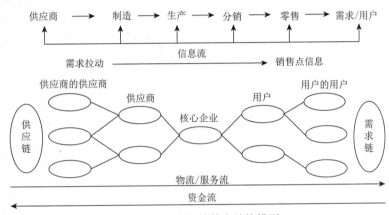

图 5-1 供应链的基本结构模型

2) 供应链的特征

（1）复杂性。供应链由众多节点企业组成，并且节点企业的构成跨度不同，企业性质不同，所处位置也不同；各节点企业之间的合作关系更加广泛，往往使得供应链的结构模式更加复杂。

（2）动态性。供应链上的各节点企业要随着企业战略的转变、市场竞争及市场需要的变化而动态变化，各节点企业要定期进行考核，优胜劣汰，从而保证供应链具有较强的竞争力，这就使得供应链具有明显的动态性。

（3）面向用户需求。供应链的形成、存在、重构都是以满足客户需要为目的的；在供应链的运作过程中，用户的需求是供应链中信息流、物流/服务流、资金流运作的主要驱动力。

（4）交叉性。节点企业之间的关系错综复杂，一个节点企业可以属于不同的供应链，并且同一节点企业也可以在供应链中扮演不同的角色，众多的供应链形成交叉结构，增加了协调管理的难度。

（5）不确定性。供应链是由供应者、生产者和客户构成的一个复杂的网链式结构，每个环节都具有一定的不确定性。

（6）高科技的综合体。供应链是一个囊括了 IT 技术、人工智能技术及管理技术等多学科、多领域的高科技综合体。

（7）增值性。供应链将产品研发、供应、生产、营销、市场一直到服务看成一个整体，在每个环节通过不断增加产品的技术含量和附加价值，以满足客户的需求，并且在每个环节消除一切无效劳动与浪费，为客户带来真正的效益和令客户满意的价值，使客户认可的价值大大超过总成本，增强了市场竞争力，从而为企业带来应有的利润。

3）供应链的类型

按照不同的划分标准，供应链可划分为多种不同的类型。

（1）按照供应链的运作范围划分。按照供应链的运作范围划分，供应链可分为企业内部供应链和企业外部供应链。企业内部供应链是指在企业内部产品生产和流通过程中由所涉及的采购部门、生产部门、仓储部门、销售部门等组成的供需网络。外部供应链则是指涵盖企业的和与企业相关的产品生产和流通过程中所涉及的供应商、生产商、储运商、零售商及最终消费者组成的供需网络。

（2）按照供应链的稳定状况划分。按照供应链的稳定状况划分，供应链可分为稳定供应链和动态供应链。在相对稳定、单一的市场需求基础上建立的供应链具有较强的稳定性；而在变化相对频繁、复杂的需求基础上建立的供应链则具有较高的动态性。在实际管理运作中，企业要根据不断变化的市场需求，不断对已有的供应链进行调整。

（3）按照供应链容量与用户需求的关系划分。根据供应链容量与用户需求的关系划分，供应链可分为平衡的供应链和倾斜的供应链。任何一条供应链都具有一定的、相对稳定的设备容量和生产能力，但该供应链面对的市场需求却是处于不断变化的过程中的。当供应链的生产能力刚好满足市场需求时，供应链就处于相对平衡状态；而当市场变化加剧，造成供应链成本增加、库存增加、浪费增加等现象时，企业不是在最优状态下运作，供应链则处于倾斜状态。

（4）按照支持功能性产品还是支持创新性产品划分。根据支持功能性产品还是支持创新性产品划分，供应链可分为效率性供应链和响应性供应链。效率性供应链主要体现供应链的物质转换功能，即以最低的成本将原材料转化成零部件、半成品、产品，并完成在供应链中的运输、配送等活动；响应性供应链主要体现供应链对市场需求的响应功能，要求供应链能对未知的市场需求做出快速响应。

阅读资料

供应链的数字化转型

新兴数字技术（物联网、大数据、人工智能）与数字经济的发展，为供应链转型提供了土壤与养分，带来数字化供应链新形态。数字化供应链是现代数字技术与供应链模式密切融合的产物，即企业间通过人工智能、区块链、云计算、大数据等技术，打通供应链上的商流、信息流、资金流、物流，实现供应链可视化管理。数字化供应链具有即时、可视、可感知、可调节的能力。

供应链数字化转型是企业在数字时代的供应链发展需求与趋势，是企业供应链未来的普遍形态。实现供应链数字化需要企业从战略角度予以重视，构建数字化商业模式，通过数字化供应链活动构建企业的数字化供应网络。其实施离不开战略驱动、技术创新、供应链细分、供应链协同、供应链执行等几个方面。

2. 供应链管理

1) 供应链管理的含义与特点

供应链管理是以提高企业个体和供应链整体的长期绩效为目标，对传统的商务活动进行总体的战略协调，对特定企业内部跨职能部门边界的运作和在供应链成员中跨企业边界的运作进行战术控制的过程。供应链管理实质上就是协调企业内外资源来共同满足客户需求的过程。供应链管理具有以下特点。

（1）系统化管理。供应链是由供应商、制造商、分销商及客户等组成的网状结构，供应链中各环节是环环相扣的。供应链管理覆盖了从原材料和零部件的采购与供应、产品制造、运输与仓储到销售的各种职能领域。供应链管理要求各节点企业作为供应链整体的一部分实现信息共享、利益共享、风险共担，从战略的高度来认识供应链管理的重要性和必要性，从而真正实现系统化管理。

（2）集成化管理。传统的管理以职能部门为基础，由于职能矛盾、利益目标冲突等，各职能部门很难站在整体的角度看问题，也就难以实现整体目标最优化。而现代供应链管理则把整个供应链看成一个整体，将物流、信息流、价值流、资金流、工作流等贯穿于供应链的全过程。集成化管理通过业务流程重组，实现供应链组织的集成与优化。

（3）客户中心化管理。顾客的需求是供应链形成的基础，因为无论构成供应链节点的企业数量多寡，也无论供应链节点企业的类型或层次有多少，供应链的形成都是以顾客的需求为导向的。因此，供应链管理应以客户为中心，以此作为供应链管理的经营导向。只有让顾客的需求得到满足，供应链才能有更大的发展。

（4）"去库存"管理。供应链管理提出了新的"去库存"观念。传统的库存理念认为：库存是维系生产与销售的必要措施，是一种必要的成本。而现代供应链管理使企业与其上、下游企业之间在不同的市场环境下实现了库存的转移，降低了企业的库存成本。这也要求供应链上的各个企业成员建立战略合作伙伴关系，通过快速响应降低库存总成本。

2) 供应链管理的目标

从供应链管理的实践看，供应链管理旨在实现以下三个目标。

（1）提高客户服务水平。供应链管理可以从缩短客户需求的反应时间，提高产品和服务质量，降低最终产品的市场价格等多个方面来提高客户服务水平。

（2）降低供应链成本。供应链成本包括在采购、生产、销售过程中为支撑供应链运转所发生的一切物料成本、劳动成本、运输成本、设备成本等。供应链管理运用集成化管理思想，从系统的观点出发，力求在提高客户服务水平的同时降低成本，不断寻求两个目标之间的平衡。

（3）优化流程品质。供应链管理就是指对整个供应链系统进行计划、协调、操作、控制和优化的各种活动和过程，其一个目标是要将客户所需的正确的产品能够在正确的时间、按照正确的数量、正确的质量和正确的状态送到正确的地点，并使总成本达到最佳化。为此，供应链系统需要一个持续优化、不断完善的流程作为支撑，来减少运营错误，消除异常事件，去除错误成本。所以，供应链管理的另一个目标就是使各关联企业构成的网链达到整体"最优"的流程品质。

3) 供应链管理的发展趋势

随着市场环境的改变,企业不断发展和完善供应链管理已成为其提高自身市场竞争力的全新手段,供应链管理也在实践中出现了一些新的发展趋势。

(1) 全球化供应链管理。全球化供应链管理是企业以全球化的观念,将企业的供应链系统延伸至整个世界范围,在全面、迅速地了解全球各地顾客需求偏好的同时,在供应链中的核心企业与其供应商以及供应商的供应商、核心企业与其销售商乃至最终顾客之间,依靠现代网络信息技术,实现供应链的一体化和快速响应运作,达到物流、价值流和信息流的协调通畅,以满足全球顾客需求。全球化供应链管理包括:全球采购策略、产品与制造管理、虚拟制造、全球补货策略、快速响应系统及电子商务等。全球化供应链管理是一种综合性的、跨国跨企业集成化的管理模式,也是全球化趋势下企业跨国经营的管理模式。

(2) 敏捷供应链管理。敏捷供应链管理以核心企业为中心,通过对资金流、物流、信息流的控制,将供应商、制造商、分销商、零售商及顾客整合到一个统一的、无缝化程度较高的功能网络链条中,以形成一个极具竞争力的战略联盟。敏捷供应链管理以增强企业对市场需求的适应能力为导向,着眼于动态联盟的快速重构,致力于支持供应链的迅速结盟、优化联盟运行和联盟平稳解体。强调从整个供应链的角度考虑、决策和效绩评价,使企业与合作者共同降低产品价格,并追求快速响应市场需求,提高供应链各环节边际效益,实现利益共享的双赢目标。敏捷供应链管理是一种全新理念,它将突破传统管理思想,从速度、顾客资源、个性化产品及成本等方面为企业带来全新竞争优势。

(3) 绿色供应链管理。绿色供应链管理即将"绿色"或"环保"理念融入供应链管理过程,尽量减小供应链的资源消耗和环境影响,实现企业的可持续发展。绿色供应链管理从可持续发展的角度出发,对产品从原材料购买、生产、消费,直到废物回收再利用的整个过程进行了全新的设计,通过供应链上各个企业之间的紧密合作,使整条供应链在环境管理方面协调统一,达到系统环境最优化。

(4) 柔性供应链管理。柔性是指企业快速响应环境变化的能力。柔性供应链管理即企业通过提高各种资源的柔性,实现灵活、敏捷的经营机制。在供应链管理中,柔性供应链管理的运用会使整条供应链的运作更能适应快速变化的市场需求。供应链管理中的柔性主要有产品柔性、时间柔性和数量柔性三种。产品柔性是指供应链在一定时间内引进新产品的能力,时间柔性是指供应链响应市场需求的速度,数量柔性是指供应链对市场需求数量变化的应对能力。

(5) 集成化供应链管理。集成是指按照某种目的将若干独立的单元集合在一起,使之成为具有某种功能的系统。供应链是以核心企业为中心的,由包括上游企业和下游企业的多个企业组成的系统。集成化供应链管理即通过合作伙伴之间的有效合作与支持,提高整个供应链中物流、信息流和资金流的通畅性和快速响应能力,使所有相关的人、技术、组织、信息以及其他资源有效地集成,形成整体竞争优势。

(6) 虚拟企业供应链管理。虚拟企业供应链管理是将整个供应链看作一个虚拟的企业,将供应链中的所有企业看作这个虚拟企业中的一个部门(每个企业都承担着各自的任务),从追求整个供应链管理的最优化来实现链条上每个成员成本最小化和利益最大化。通过供应链节点上的企业充分发挥各自的核心能力,形成优势互补,从而更有效地实现最终客户价值。

3. 供应链的设计与合作伙伴选择

1) 供应链设计的程序

供应链设计按照一定的程序循序渐进地进行，首先要分析核心企业现状，接下来分析核心企业所处的市场环境，第三步是明确供应链设计目标，第四步是分析供应链的组成，第五步拟定供应链设计的框架，第六步是评价供应链设计方案的可行性，第七步是调整新的供应链，第八步是检验已产生的供应链，第九步是对新旧供应链进行比较，第十步是完成供应链的运行。

阅读材料
供应链设计的程序

2) 供应链设计的原则

（1）自顶向下和自底向上相结合原则。在系统设计方法中，存在自顶向下和自底向上两种设计方法。自顶向下的方法是从全局开始，逐渐向局部扩散的方法，自底向上的方法是从局部开始，逐步向全局集成的方法；自顶而下是对系统进行分解的过程，而自底而上则是对各个部分进行集成的过程。设计一个供应链系统，一般是从高层开始，通过与企业战略相结合，做出供应链系统的战略规划与决策，经过论证后，由下级部门具体实施；下级部门在实施过程中，将实际执行过程中发现的问题及时、准确地反馈给上级部门，再根据实际情况，对设计的规划、目标、细节问题进行论证，并逐步完善。

（2）简洁性原则。为了保证供应链具有灵活、快速响应市场的能力，在设计供应链时应遵循简洁性的原则。这要求企业需精心挑选供应链节点上的合作伙伴，选择尽可能少的优秀供应商并与之建立长期的战略合作伙伴关系。另外，间接性原则还要求供应链上的每个业务流程都应尽可能简洁，以避免无效作业。

（3）集优化原则。集优化原则也称互补性原则。供应链在选择节点企业时，应遵循优势互补、强强联合的原则，每个企业都应集中精力于自身的核心业务，全力提升自己的核心竞争力，每个企业就像是供应链的一个独立单元，能够自我优化、自我组织、有明确的目标、充满活力并能动态运行，能够对供应链业务进行快速重组，从而能发挥各个企业的核心能力，使得供应链上的资源能够得到充分利用。

（4）协调性原则。供应链合作伙伴之间的协调程度将直接影响到供应链绩效的高低。因此，在设计供应链时，应能充分发挥系统各成员和子系统的能动性、创造性和系统与环境的总体协调性，避免各个节点企业狭隘的、利己的本位主义影响各个节点企业之间的和谐关系，保证整个系统发挥最佳的功能，确保整个供应链始终保持协调。

（5）动态性原则。动态性设计原则是指在设计供应链时，要给予供应链一定的灵活性，以便能够根据市场环境的变化而及时调整，从而确保供应链的活力与竞争力。

（6）创新性原则。供应链产生本身就是一种创新。因此，进行供应链设计时，要敢于打破各种陈旧的思想束缚，运用创新思维对供应链进行大胆的创新设计。

（7）战略性原则。供应链的设计应从企业战略发展的角度考虑，与合作伙伴结成供应链联盟，建立适应企业长远发展的供应链系统结构。供应链系统结构应在企业战略指导下进行，并与企业的发展战略保持高度一致性。

3) 供应链合作伙伴的选择

所谓供应链的合作伙伴关系，是指供应链各节点企业之间形成的一种协调关系，通过提高信息共享水平，减少整个供应链产品的库存总量、降低成本和提高整个供应链的运作绩效,以保证实现某个特定的目标或效益。

(1)供应链合作伙伴的选择原则。在供应链合作伙伴的选择过程中,既要关注价格、质量和交货期,还要评估供应商供应的稳定性和生产能力能否与企业发展相匹配、经营理念是否接近以及是否有长期合作的意愿等。

①工艺与技术的连贯性。供应链合作关系的展开必须确保合作伙伴技术的一致性,包括产品设计和制造工艺的连贯性,这样才能使得供应链能够持续有效的运行。

②企业的业绩和经营状况。供应商的经营业绩往往成为企业在选择合作伙伴时考虑的主要因素。另外,供应商的内部组织和管理、企业高层主管对采购单位的态度以及其财务状况也直接影响其交货和履约的绩效。

③有效的交流和信息共享。供应链企业间的信息共享程度决定了供应链合作的有效性,只有供应链企业间充分地进行信息的交流,才能确保整个供应链有序运作,效益达到最大化。

此外,合作伙伴的选择不在多而在精;否则,会导致资源和机会的浪费。

(2)供应链合作伙伴的选择方法。

①直观判断法。主要是通过倾听和采纳有经验的采购人员意见,或者采购人员对合作伙伴进行分析和评价的方法。常用于选择企业非主要的合作伙伴。

②招标法。招标是企业提出招标条件,各应标企业进行竞标,然后由企业决标,并与最佳选择伙伴签订合同。这种方法一般适用于订购数量大、合作伙伴竞争激烈时对合作伙伴的选择。

③协商选择法。由企业先对比较理想的合作伙伴做一个初步筛选,然后通过协商的方式来选择合作伙伴的方法。一般适用于采购时间紧迫、投标单位少、竞争程度小、订购物资规格和技术条件复杂时对合作伙伴的选择。

④采购成本比较法。企业通过比较采购成本来选择恰当的合作伙伴,一般适用于产品质量和交货期比较接近时合作伙伴的选择。

(3)供应链合作伙伴选择的步骤。

①根据企业战略,综合考虑是否需要建立合作关系;如果需要,那么应该建立哪个层次的合作关系。

②确定供应链合作伙伴选择应遵循的准则,并且对潜在的候选企业进行评估。

③选择合作伙伴,并且正式建立合作伙伴关系;

④维持和运作合作伙伴关系,并进一步精练合作伙伴关系,包括对合作伙伴关系的强化以及解除合作伙伴关系。

(4)建立供应链合作伙伴关系需要注意的几个问题。供应链上的企业彼此具有独立性,所有的企业都是由于合作伙伴关系而聚合在一起的,那么,如何有效管理他们之间的伙伴关系,就显得格外重要,这也是供应链运作能否成功的重要因素。为此,需注意以下几个问题。

①相互信任。供应链上合作伙伴之间相互信任是供应链持续发展的基础,彼此之间的信任关系可以有效避免供应链管理的冲突,降低供应链企业间的交易成本。而信任关系的建立,还需要对各个企业的战略、组织、企业文化等方面的差异进行融合。

②信息共享。对于供应链上的企业来说,要实现信息的共享,首先所有的企业都要建立

基于 Internet/EDI 技术的供应链管理信息系统，其次各个企业之间要开放信息共享的权限，包括企业生产程序和生产能力的相关信息、市场需求信息等。

③权责明确。权责明确对于任何主体来说都是至关重要的，作为以合作伙伴方式结合在一起的供应链，要实现完全的无缝对接，就必须对各个企业的权责进行明确的划分，在企业经营过程中，不能为了自身利益，随意的转嫁经营风险，使得整个供应链的效率不能达到最优。

④解决合作伙伴之间问题的态度。供应链在运作过程中，由于各个企业自身内在或外在的原因，总是会出现各种问题或分歧。出现了问题或分歧就必须去解决，在解决问题过程中，就需要各个企业都能够具有务实、忍耐的态度和行之有效的方法。是否能有效解决存在的问题，各个企业高层管理者的态度和重视程度起了决定性作用。

❖ 任务实训

1. 实训目的

通过案例分析，加深对企业供应链服务平台的认识。

2. 实训内容及步骤

（1）将全班同学划分为若干任务团队，各团队推选小组长负责此次实训活动。在实训伊始，团队成员阅读案例资料（象屿集团：打造一流供应链服务平台 加快数智化转型，详见二维码）。

（2）各团队根据案例材料回答以下问题：企业供应链服务平台的功能是什么？象屿集团是如何赋能中小制造企业的？

（3）各团队将问题答案上传至班级课程学习群，供全体同学讨论。

（4）课代表根据各团队上传的案例分析答案及同学们的讨论结果撰写本次实训结论。

（5）完成本次案例分析，交由授课老师批阅。

案例分析
象屿集团：打造一流供应链服务平台 加快数智化转型

3. 实训成果

实训作业——象屿集团供应链服务平台案例分析。

任务 5.2　掌握企业物流与物流管理

❖ 任务引入

有不少人认为，所谓物流，顾名思义就是物资流通，是销售活动的附属行为。也有人认为，物流就是储运，只属于流通行为。还有人认为，专业的事应该交给专业的人干，企业的物流完全可以外包给第三方物流公司，这样不仅能够降低企业成本，还可以提升企业物流的效率和管理水平。

问题：你同意上述观点吗？你是如何理解企业物流的含义的？

❖ 相关知识

1. 企业物流

1) 企业物流的含义

企业物流是指企业为了满足顾客的需求，以恰当的成本，通过运输、保管、配送等环节，实现原材料、半成品、成品及相关信息等由产地到消费地转移的计划、实施和管理全过程。按照功能的不同，企业物流可分为企业供应物流、企业生产物流、企业销售物流、企业退货物流及企业回收与废弃物物流等。

（1）企业供应物流。企业供应物流是指为企业生产顺利进行，对所需的一切物资（包括原材料、燃料及辅助材料等）的采购、进货运输、仓储、库存管理、用料管理及供应管理等活动。

（2）企业生产物流。企业生产物流活动是指在生产工艺中的物流活动。一般是指原材料、燃料、外购件投入生产后，经过下料、发料，运送到各加工点和存储点，以在制品的形态，从一个生产单位（仓库）流入另一个生产单位，按照规定的工艺过程进行加工、储存，借助一定的运输装置，在某个点内流转，又从某个点内流出，始终体现着物料实物形态的流转过程。

（3）企业销售物流。企业销售物流是企业为了取得经营利益，通过销售活动，将产品所有权转移给最终用户的物流活动。具体过程是企业将生产的产品从工厂、物流中心或外单位的仓库送到批发商、零售商或消费者的手中的运输或配送，包括将生产的产品送到外单位仓库的运输和配送。

（4）企业退货物流。企业退货物流是指企业采购后将入库验收不合格的产品向供应商退货，或者企业生产的产品在销售后因为各种原因而被退货。具体包括对已采购但验收不合格的原材料和零部件的退货，以及与已售出的产品的退货有关的运输、验收和保管的物流活动。

（5）废弃物物流。废弃物物流是指将经济活动中失去原有使用价值的物品，根据实际需要进行收集、分类、加工、包装、搬运、储存等，并分别送到专门处理场所时所形成的物品实体流动。

2) 企业物流活动的内容

物流活动涉及面广、环节复杂，物流业是一个复合型的产业，整个物流服务过程的顺利完成必须基于以往各自独立的服务单元之间的合作。企业物流服务活动通常包括运输、仓储、装卸搬运、包装、流通加工、配送以及物流信息等。

运输是物流各个环节中最主要的部分之一，是物流服务实现的关键所在。在很长一段时间里，物流的概念几乎等同于运输。运输的方式很多，主要有公路运输、铁路运输、水路运输、航空运输及管道运输等。只有通过运输，物品才能完成从生产者到顾客的转移，才能实现其使用价值。

仓储同样是物流服务得以实现的关键环节之一。企业生产的产品，在其到达最终顾客手中之前，一般都要通过储存和保养维护的过程。在整个物流过程中，产品的仓储可能出现在企业的仓库、转运过程中的仓库、销售者的仓库等各个环节（见图5-2和图5-3）。通过仓储服务，企业可以克服产品的季节性影响，消除生产者与顾客之间在时间上的间隔，实现时间效益。随着信息技术的发展，物流中的"去库存化"管理思维越发凸显。

图 5-2　现代化的仓库

图 5-3　托盘式自动仓库

装卸是指在指定地点以人力或机械将物品装入或卸下运输设备。搬运则是指在同一场所内，对物品进行以水平移动为主的物流作业。装卸搬运连接了运输、仓储、流通加工等各个物流作业环节，是连接物流各个作业环节的纽带，是物流服务得以顺利实现的保证。当前，大型物流公司装卸搬运环节的智能化程度逐步提高，未来智能设备可能替代人力和普通机械来工作。

包装通常是物流的起点，产品包装的状况在很大程度上制约着物流系统的运行状况。包装不仅影响装卸搬运、堆码存放、计量清点的效率，而且还决定着交通运输的效率和仓库的利用效率。因此，企业应按产品的数量、形状、重量、尺寸等特性进行包装。

包装一般可以分为运输包装和销售包装两类，物流包装主要是指运输包装。不同产品对运输包装的要求是不同的，如玻璃等易碎产品会有特制包装（见图 5-4）；运输包装还必须适应各种不同运输方式的要求，并便于各环节人员进行操作。例如，铸铁零件一般会使用木质托盘包装，以便于叉车搬运（见图 5-5）。此外，应注意在保证包装牢固的前提下节省费用。对于进出口产品，则还需考虑有关国家的法律规定和国外顾客的要求。

流通加工是产品从生产到消费之间的一种增值活动，流通加工通过改变物品，使其发生物理性质（如大小、形状、数量等）的变化（见图 5-6），来实现"桥梁和纽带"的作用。早在 20 世纪 60 年代，西方国家就对流通加工给予了高度的重视。在我国，随着经济发展，人民收入水平提高，顾客的需求逐渐多样化，流通加工也将会向更深层次发展。

图 5-4　U 型玻璃运输包装

图 5-5　装卸搬运

图 5-6　流通加工

配送是指在经济区域内，按照顾客的需求，对物品进行拣选、加工、包装、分割、组配等作业，并按时送达指定地点的物流活动。配送是物流活动中一种特殊的、综合的活动形式，是商流与物流的紧密结合。配送与一般的商品运送不同，配送是"配"与"送"的有机结合，配送更加注重时间性、数量性及物品的配套性。配送要求企业在送货活动之前必须依据顾客需求对其进行合理的组织与计划，从而实现现代物流要求的"低成本、快速度"地"送"。

物流信息是反映物流各种活动内容的知识、资料、图像、数据、文件的总称。物流信息是连接运输、仓储、装卸搬运、包装、流通加工等各个物流环节的纽带，只有各个物流环节之间信息沟通及时通畅，企业才能实现各个物流环节之间的无缝对接，才能提高物流活动的时间效率和管理效率，从而实现整个物流系统运作效率的提高。

知识链接

现代物流的特征

在传统物流中，由于通信及信息技术的落后，物流各环节间信息难以共享和沟通，物流运作只是一系列独立的功能性作业，如运输、仓储、装卸搬运等，且主要应用于流通领域。随着市场需求的不断发展，物流有了质的飞跃，当今的物流被称为现代物流。现代物流与传统的物流相比通常具有如下特征。

1. 物流反应快速化

激烈的市场竞争使得生产企业要求物流环节在服务水平，尤其是物流速度上再上新台阶。物流服务提供者对上下游的物流、配送需求的反应速度越来越快，前置时间及配送间隔越来越短，物流配送速度越来越快，商品周转次数也越来越多。

2. 物流功能集成化

现代物流着重于将物流与供应链的其他环节进行集成，包括物流渠道与商流渠道的集成、物流渠道之间的集成、物流功能的集成、物流环节与制造环节的集成等。物流功能的集成包含生产、管理和商务等方面，是一项综合性的系统工程。

3. 物流技术现代化

物流业的快速发展依赖于先进的技术与设备的使用和现代化管理手段的应用。计算机技术、通信技术、语音识别技术等在物流业中得到普遍应用，实现了物流系统的自动化、机械化、无纸化和智能化。此外，由于计算机信息技术的应用，如条码技术、EDI 技术、自动化技术、网络技术、智能化和柔性化技术的运用等，物流服务的需求方与供给方之间的联系愈加密切，物流过程中的库存积压、延期交货等问题大量减少，从而大大提高了物流活动的效率。运输、装卸、仓储等也普遍采用专业化、标准化、智能化的物流设施设备。这些现代技术和设施设备的应用大大提高了物流活动的效率，扩大了物流活动的领域。

4. 物流活动国际化

随着经济全球化的发展，企业面对的不再是地区的、国内的市场，而是全球的市场，在全球范围内配置资源和销售产品与服务。因此，企业物流的需求与选择也超出了国界，放眼于全球市场。

2. 企业物流管理

1）企业物流管理的含义

企业物流管理是指在企业生产经营过程中，为达到既定目标，应用管理原理和方法，对物流活动进行计划、组织、指挥、协调、控制和监督，使各项物流活动达到最佳协调与配合，降低物流成本，提高物流效率和经济效益。

企业物流管理的目标就是实现物流合理化，要在尽可能低的总成本条件下实现既定的客户服务水平，即以尽可能低的物流成本，提供让客户满意或可接受的物流服务水平，或以一定的物流成本达到尽可能高的物流服务水平，寻求服务优势和成本优势的一种平衡，并由此创造企业在竞争中的战略优势。

2）企业物流管理的主要内容

（1）物流作业管理。物流作业管理主要包括运输管理、储存管理、包装管理、装卸管理、流通加工管理、配送管理等，是现代物流管理的基础，其他层面的物流管理都是在此基础上进行的延伸。

（2）物流成本管理。物流成本主要以各种费用的支出体现。所谓物流成本管理不是管理物流成本，而是通过成本去管理物流，这对降低物流成本、提高物流活动的经济效益具有非常重要的意义。

（3）物流服务管理。满足客户需求，提升客户满意度是现代物流管理的第一目标，物流服务管理已经成为现代物流管理中的一项重要内容，现代物流强调服务功能，坚持以顾客需求为导向是其具体体现，在现代分销中发挥着极其重要的作用。

（4）物流质量管理。"向用户提供满足要求的质量服务"和"以最经济的手段来提供"是物流质量管理的目标，要使两者同时达到，必须找到一条优化途径。物流质量管理是一个全面的质量管理，既包含物流对象质量，又包含物流手段、物流方法的质量，还包含工作质量和物流服务的质量。

（5）物流信息管理。物流信息管理在现代物流管理中的作用越来越重要，因为物流信息不仅能连接整合从生产厂家、经过批发商和零售商最后到消费者的整个供应链，而且能实现企业整个供应链活动的效率化。

3）企业物流模式的选择

企业物流模式通常是指企业物流业务的具体运作方式，包括企业自营物流、第三方物流、第四方物流、绿色物流等。企业要根据自身实际情况，选择最适合的物流模式。

微课堂
企业物流模式的选择

（1）企业自营物流模式。

①自营物流的含义。企业自营物流即企业自己开展物流活动。在电子商务发展的初期，电子商务企业规模不大，从事电子商务的企业多选用自营物流的方式，它们自行组建物流配送系统，经营管理企业的整个物流运作过程。在自营物流模式下，企业会自建仓库，组建运输车队，也会向仓储企业购买仓储服务，向运输企业购买运输服务，但是这些服务都只限于一次或一系列分散的物流功能，而且是临时性的纯市场交易的服务。

②自营物流的优势。

a）掌握控制权。企业自营物流，可以对物流活动的各个环节进行有效的调节，对企业整体的物流运作系统进行全程控制；能够快速、准确地取得整个供应链以及最终顾客的第一手信息，及时解决物流活动过程中出现的问题，实现企业内部物流及外部物流的协同管理。

b）避免商业秘密的泄露。企业在正常的商业生产与运营中，都会存在一些不愿向外公开的商业秘密，如原材料的构成、生产工艺等，这些商业秘密是企业构建不同于竞争者的核心竞争力的根本。企业将物流业务外包给第三方物流供应商时，尤其是生产环节中的内部物流外包，就可能会导致商业秘密外泄，削弱企业的竞争能力。因此，很多企业为了防止商业秘密外泄，选择自营物流的模式。

c）降低交易成本。选择物流外包，企业很难全面掌握第三方物流服务提供商的完整、真实的信息。选择自营物流，企业自己完成物流业务，可以通过内部行政权力控制原材料的采购和产成品的销售，而不必与物流供应商进行运输、仓储、配送和售后服务等问题的谈判，避免了交易结果的不确定性，降低了交易风险，减少了交易费用。

d）提高企业品牌价值。企业选择自营物流，自主控制生产经营中的物流环节，可以更加紧密地与顾客接触和沟通，有助于顾客深入了解企业及企业的产品；同时，自营物流可以帮助企业掌握最新、最全面的市场信息和顾客的动向，从而及时调整经营战略方案，提高企业的竞争力。

③自营物流的劣势。

a）资源配置不合理。运输和仓储是物流活动最主要的环节，企业自营物流必须具备与生产能力相符的运输力量和仓储容量。企业为了维持物流系统的运转，需要花大量的人力、财力及物力，这必然会减少对企业其他重要环节的投入，分散了企业的资本，削弱企业的市场竞争能力，不利于企业抵御市场风险。

b）企业物流效率低下。相对于第三方物流公司提供的专业化物流服务，企业自己开展物流活动的效率较低。通常来看，由于物流并不是企业所擅长的活动，再加上缺乏专业的物流工具和技术以及物流管理水平的相对落后，企业的物流活动效率低下。

c）物流成本较高。企业自营物流，由于物流规模较小，专业化程度低，很难形成规模效应，导致物流成本过高。物流成本是产品总成本的一部分，尤其是在我国的企业中，物流成本居高不下导致产品成本升高，市场竞争力降低是很常见的现象。

(2) 第三方物流模式。

①第三方物流的含义。第三方物流是相对于"第一方"发货人和"第二方"收货人而言的，是指由发货人和收货人之外的第三方来完成物流服务活动，满足物流服务需求的物流运作模式。第三方物流提供商通过与第一方或第二方的合作来提供专业化的物流服务，它不拥有商品所有权，不参与买卖过程。

> **问题讨论：**
>
> 　　近年来第三方物流迅猛发展的原因是什么？它会最终取代企业自营物流吗？请谈谈你的观点。

②第三方物流服务的内容。第三方物流企业根据客户的需要为其提供各种不同类型、不同层次的物流服务。既可以是单一的货品存储、运输等服务，也可以是复杂到设计、实施和运作一个企业的整个物流系统。

a）基本业务。第三方物流企业通过自建或整合外部物流资源，向客户提供诸如仓储、运输、装卸搬运、配送等基本物流服务，这类服务是第三方物流企业的基本业务。

b）附加值业务。除基本业务外，第三方物流企业还可为客户提供增值服务。其增值服务主要是对仓储、运输、配送等基本物流服务的延伸，如在提供仓储服务的基础上增加商品质检、自动补货等服务；在提供配送服务的基础上增加集货、分拣包装、贴标签等服务；在提供运输服务的基础上增加运输方式和运输路线选择、配载、运输过程中的监控、跟踪等服务。

c）高级物流服务。随着市场对物流需求的变化，第三方物流企业还可为客户从供应链角度对物流进行一体化整合和集成，如库存管理与控制、采购与订单处理、构建物流信息系统、物流系统的规划与设计、物流系统的诊断与优化等。

延伸阅读

第三方物流与第四方物流的特征

1. 第三方物流的特征

（1）个性化服务。每个物流服务需求者对物流服务的需求都是独特的，这就要求物流企业为其提供个性化的物流服务。例如，从客户的具体需求出发，选择和组合仓储、运输、包装、配送、信息处理、流通加工等物流活动；并根据所运输产品的特点选择运输工具、运输路线、堆放方式、包装方法等。

（2）专业化服务。第三方物流企业是专门从事物流服务的生产与经营，为客户提供专业化的物流服务的企业。其服务的专业化表现在物流设施的专业化，物流技术的专业化，物流管理的专业化及物流人才的专业化等方面。这既是物流客户的需求，也是第三方物流自身发展的基本要求。

（3）系统化服务。物流服务是复合型服务，只能提供运输、仓储等单一性服务的企业不能称为物流企业。第三方物流企业必须能为物流服务的需求者提供包括基本业务、附加值业务乃至高级物流服务在内的各种服务。

（4）信息化服务。信息技术是第三方物流发展的基础。在物流服务过程中，信息技术的发展实现了数据的快速、准确传递，也提高了仓库管理、装卸运输、采购、订货、配送发运、订单处理的自动化水平，极大地提高了物流效率。第三方物流企业常见的信息技术有EDI技术、EFT技术、条码技术等。

2. 第四方物流的特征

（1）资源集成。第四方物流的出现弥补了物流发展过程中的缺陷，采用供应链集成模式，依靠包括技术、管理咨询和第三方物流等企业，整合相关物流资源，为物流服务的需求方提供整套的有针对性的供应链物流解决方案。

（2）价值增值。物流运营成本是企业运营成本的重要组成部分，第四方物流企业通过整合供应链，提高物流运作效率，降低物流运营成本，能够为整条供应链的所有客户都带来利益，增加价值。

（3）标准化运营。物流是一个系统，标准化的运营能大大提高系统内部的运营效率，降低运营成本。第四方物流的发展应注重技术标准、工作标准的统一，以系统为出发点，研究各分系统与分领域中技术标准与工作标准的配合性，以实现提高效率、降低成本的目标。

（3）新型物流模式。

①第四方物流。

a）第四方物流的含义。1998年，美国埃森哲咨询公司提出了第四方物流的概念。第四方物流企业与第一方物流、第二方物流及第三方物流供应商的最大不同在于,它本身不承担具体的物流活动,它是一个供应链的集成商,通过调配和管理企业自身,以及具有互补性的服务供应商的资源、能力和技术,为客户提供一整套综合的供应链解决方案。

b) 第四方物流的运作模式。协助第三方物流企业提高运营效率,以这种模式运营的第四方物流企业是为第三方物流企业提供服务的,它为第三方物流企业提供其缺少的技术和战略技能。

协助物流服务需求方设计物流方案,以这种模式运营的第四方物流企业主要是为物流服务需求方提供服务的,它与第三方物流企业及其他物流服务提供商联系,为物流服务需求者设计合理的物流方案,提高物流运作效率。

协助供应链成员运作供应链,实现产业革新。第四方物流企业通过整合技术、管理咨询和第三方物流等企业,为众多的产业成员运作供应链。

c) 第四方物流与第三方物流的主要区别。第三方物流发展历史悠久,理论与实践经验比较成熟,第四方物流则发展历史较短。第三方物流企业一般拥有提供物流服务所必需的固定资产和设备。第三方物流企业为客户提供所有的或一部分供应链物流服务。第三方物流企业提供的服务既可以是帮助客户安排一批货物的运输,也可以是复杂到设计、实施和运作一个企业的整个分销和物流系统。第四方物流企业是供应链的集成者,通过对整个供应链的优化和集成来降低企业的运营成本。

②物流联盟。物流联盟是以物流为合作基础的企业战略联盟,它是两个或多个企业之间,为了实现自身的物流战略目标,通过各种协议、契约而结成的优势互补、风险共担、利益共享的松散型网络组织。其目的是实现联盟参与方的共赢,具有相互依赖、核心专业化、强调合作的特点。物流联盟是介于自营物流和第三方物流之间的物流组建模式,可以降低前两种模式的风险,且更易操作。

③绿色物流。

a) 绿色物流的定义及内涵。绿色物流是指从环境保护和可持续发展的角度开展物流活动。具体含义为在开展物流活动时以降低对环境的污染、减少资源消耗为目标,利用先进物流技术规划和实施运输、仓储、装卸搬运、流通加工、配送、包装等物流活动。

从以上对绿色物流的定义可以看出,绿色物流具有其独特的内涵。

绿色物流是环境共生型物流。绿色物流注重环境保护和可持续发展,力求环境与经济发展的共存,改变了以往经济发展与物流、消费与物流的单向作用关系,形成了一种既能促进经济的发展,又能抑制环境危害的绿色物流过程。

绿色物流是资源节约型物流。绿色物流强调对资源的节约,在物流过程中,充分利用先进技术及各种市场信息,提高物流管理水平,最大限度地减少资源的浪费。

绿色物流是循环型物流。传统物流关注的焦点集中于"正向物流",而绿色物流除了关注"正向物流",也关注废旧物品的回收、再生资源的利用等形成的"逆向物流",实现经济活动的闭环式流程。

b) 绿色物流的管理。物流过程的绿色管理,即将环境保护及可持续发展的理念导入物流的全过程中。

(a) 选择绿色包装。绿色包装指对生态环境和人类健康无害,能重复使用和再生,符合可持续发展要求的包装。绿色包装是在绿色浪潮冲击下对包装行业实施的一种革命性的改变，绿色包装一方面可保护环境，另一方面可节约资源，二者相辅相成，不可分割。它不仅要求对现有包装的不乱丢弃，而且要求对现有包装不符合环保要求的要进行回收和处理，更要求按照绿色环保标准采用新包装和新技术。

(b) 绿色运输管理。绿色运输是指以节约能源使用、减少环境污染为目标开展的运输活动。绿色运输管理实施的途径主要包括：合理选择运输方式和运输工具；合理安排运输路线，克服迂回运输和重复运输，以实现节能减排的目标；建立高效的物流运输网络；选择绿色货运组织形式；等等。

(c) 绿色储存管理。储存是物流的中心环节之一，在物流系统中起着缓冲、调节和平衡的作用。仓库是储存的主要设施，仓库布局过于密集，会增加运输的次数；仓库布局过于松散，则会降低运输的效率。绿色仓储要求仓库布局合理，以节约运输成本。实现绿色储存还应注意现代储存技术的采用，如气幕隔潮、气调储存和塑料薄膜封闭等技术。

(d) 绿色流通加工管理。流通加工是在流通过程中继续对产品进行生产性加工，包括包装、分割、计量、分拣、组装、价格贴付、标签贴付、商品检验等简单作业。绿色流通加工的途径主要有两个：①变用户分散加工为专业集中加工，以规模作业方式提高资源利用效率；②集中处理用户加工中产生的边角废料，以减少用户分散加工所造成的废弃物污染。

c) 绿色物流的实施。第一，树立绿色物流观念。绿色经济要求物流企业综合考虑社会的近期需求和长远利益、企业利益和社会利益，策划绿色物流活动。这就要求企业管理者尽快提高认识、转变观念，把绿色物流作为绿色革命的重要组成部分，确认绿色物流的未来。

第二，开发绿色物流技术。绿色物流的发展离不开绿色物流技术的应用和开发，没有先进绿色物流技术的发展，就没有绿色物流的立身之地。目前，我国物流技术与绿色物流的发展要求有较大的差距，因此需要物流企业提高自主创新能力，大力开发新型能源、新型材料、新型物流信息技术等绿色物流技术，加快物流技术创新。

第三，制定绿色物流政策和法规。制定绿色物流政策和法规，便于物流企业管理者进行分析研究，明确方向，克服障碍，推动绿色物流的顺利发展。

第四，加强对绿色物流人才的培养。要实现绿色物流的目标，熟悉绿色理论和实务的物流人才是关键，因此培养绿色物流人才是当务之急。企业应有针对性地开展绿色物流人才的培养和训练活动，为绿色物流业培养更多合格人才；还可以通过产学研的结合，使大学与科研机构的研究成果能转化为指导实践的基础，提高企业物流从业人员的理论业务水平。

❖ 任务实训

1. 实训目的

通过实训，加深对企业物流管理的认识。

2. 实训内容及步骤

(1) 以小组为单位成立任务实训团队，由小组负责人完成任务分配。

(2) 各实训团队选取一家当地企业，实地走访该企业相关部门，了解其企业情况及物流管理现状。

(3) 各团队分析该企业在物流管理中存在的问题，并讨论该如何改进。

(4)根据分析和讨论结果,撰写实训作业"某企业物流管理存在的问题及改进建议"。

(5)提交实训作业到班级学习群,由课代表组织同学们在线讨论。

3. 实训成果

实训小作业——某企业物流管理存在的问题及改进建议。

思考题

一、单选题

1. 按照供应链的运作范围划分,供应链可分为（　　）。
   A. 内部供应链企业和外部供应链　　　B. 稳定供应链和动态供应链
   C. 平衡的供应链和倾斜的供应链　　　D. 效率性供应链和响应性供应链
2. 供应链管理是以提高企业个体和供应链整体的（　　）效益为目标。
   A. 近期　　　　B. 远期　　　　C. 长期　　　　D. 短期
3. 供应链是由供应商、制造商、分销商及客户等组成的（　　）。
   A. 网状结构　　B. 环状结构　　C. 线性结构　　D. 以上均不正确
4. （　　）以增强企业对市场需求的适应能力为导向,着眼于动态联盟的快速重构,致力于支持供应链的迅速结盟、优化联盟运行和联盟平稳解体。
   A. 敏捷化供应链管理　　　　　　B. 绿色供应链管理
   C. 柔性供应链管理　　　　　　　D. 全球化供应链管理
5. （　　）是指由供方与需方以外的物流企业提供物流服务的业务模式。
   A. 第一方物流　B. 第二方物流　C. 第三方物流　D. 第四方物流

二、多选题

1. 以下属于供应链的特征的有（　　）。
   A. 复杂性　　　B. 动态性　　　C. 确定性　　　D. 不确定性
   E. 增值性
2. 按照供应链的运作范围划分,供应链可分为（　　）。
   A. 平衡的供应链　　　　　　　　B. 倾斜的供应链
   C. 企业内部供应链　　　　　　　D. 企业外部供应链
   E. 动态供应链
3. 现代物流业与传统的物流业相比通常具有的特征有（　　）。
   A. 物流反应快速化　　　　　　　B. 物流功能集成化
   C. 物流技术现代化　　　　　　　D. 物流活动国际化
   E. 成本高
4. 下列活动属于企业物流的有（　　）。
   A. 物流供应物流　　　　　　　　B. 物流生产物流
   C. 物流销售物流　　　　　　　　D. 物流退货物流
   E. 废弃物物流

5. 企业物流管理的主要内容包括（　　）。
   A. 物流作业管理　　　　　　B. 物流成本管理
   C. 物流服务管理　　　　　　D. 物流质量管理
   E. 物流信息管理

三、名词解释

1. 供应链　　2. 供应链管理　　3. 绿色供应链管理　　4. 企业物流管理
5. 物流联盟

四、简答题

1. 供应链管理的主要内容有哪些？
2. 建立供应链合作伙伴关系需要注意哪些问题？
3. 现代企业物流管理的目标是什么？
4. 试论述企业自营物流的优势和劣势。
5. 试论述绿色物流的实施过程。

案例讨论

小米强势赋能供应链

2021年12月28日，小米集团在北京小米科技园发布年度高端旗舰小米12、小米12 Pro以及准旗舰小米12X。在备受瞩目、历经三代打磨的小米12高端系列产品的带动下，小米顺理成章地登上了行业热搜榜首。而在新品发布会前后，小米在创新与供应链层面所取得的突破同样获得了空前关注。

评价小米的价值，除了看小米在行业中的显性地位，还要看小米崛起背后所引领的趋势与联动效应。

在小米发布的小米12系列旗舰新品中，其核心器件国产化水平超越以往，国产供应链合作伙伴数量接近60家。其中，小米12的屏幕由TCL华星光电定制研发而来。这款屏幕不仅通过了国际评测机构DisplayMate A+最高等级认证，更一举创造了15项屏幕新纪录，成为全球第二家、国内首家通过该认证的屏幕厂商。某种程度上这意味着，手机高端屏幕市场不再是三星一家独大。

事实上，这已经不是小米首次采用华星光电的屏幕了。在小米十周年发布的被誉为小米梦幻之作的小米10至尊纪念版的屏幕，就是由华星光电生产的。据悉，为了实现对国产显示技术的攻关和突破，小米与华星光电还专门成立了联合实验室。

在智能制造领域，小米则通过与蓝思科技成立联合研发中心的方式，将亦庄智能工厂的新材料、新工艺、先进制造技术等输出给对方，以助力其打造全球领先的消费电子智能工厂。

从与华星光电和蓝思科技的合作，不难看出小米对行业核心高端供应链企业赋能的侧重。随着小米逐步成为中国智造企业高质量崛起的代表，其以十余年时间摸索出一条中国高端品牌的突破路径也值得推崇和借鉴。具体而言，就是始终坚持技术为本，以实打实的硬投入死磕技术创新，同时进行横向能力输出，反哺国产供应链的成长。

截至2022年3月31日，小米共投资超过400家公司，总账面价值人民币591亿元。小米设立专门的产业投资团队,通过产业基金投资了约100家创新科技企业,针对通信技术、模拟半导体、触控显示、传感器、综合电子、电池、工业自动化、精密制造及材料等上游产业链投资建设,为其创新研发提供资金、人才、供应链资源和商品化、市场化辅导等系统支持。与此同时,小米也在自身的手机和AIoT的产品矩阵中不断提升产品的国产化率。

与此同时,小米走出了产业投资布局的赋能新模式,以产业投资的方式支持创新技术的导入,赋能先进制造业,实现产业协同发展与良性循环。

问题讨论
1. 小米为何要赋能供应链?具体的措施有哪些?
2. 小米的供应链管理给了我们哪些启示。

项目6 生产管理与质量管理

学习目标

【知识目标】

(1) 理解生产管理与质量管理的概念。
(2) 掌握生产管理的内容与基本原则。
(3) 熟悉市场系统的概念与分类。
(4) 掌握质量的特性与标准。
(5) 掌握全面质量管理的概念与内容。

【技能目标】

(1) 能够为企业编制生产计划。
(2) 能够为企业生产过程合理组织提供专业化建议。
(3) 能够为企业的质量管理体系建立提供决策咨询。
(4) 能够为企业实施全面质量管理提供解决方案。

【素质目标】

(1) 树立现代企业生产管理理念。
(2) 培养"质量第一,客户至上"的经营理念。
(3) 建立全面质量管理的新思维。

❖ 项目情境导入

2022年《财富》世界500强企业安徽海螺集团有限责任公司围绕水泥生产核心业务,利用自身在长期生产经营过程中积累的生产制造、设备运维和经营管理知识,基于移动通信网络、数据传感监测、信息交互集成及自适应控制等关键技术,创新应用了数字化矿山管理系统、专家自动操作系统和智能质量控制系统等涵盖水泥生产全过程的智能化控制及管理系统,实现了工厂运行自动化、管理可视化、故障预控化、全要素协同化和决策智慧化,形成了"以智能生产为核心""以运行维护做保障""以智慧管理促经营"的水泥生产智能化模式。

集团以企业实际需求为导向,针对原料来源多、质量波动大、质量检测及时性和准确性不足、生产操作依赖人工经验、产品发运环节劳动强度大等痛点问题,深入分析行业生产管理现状,通过聚焦生产管控、设备管理、安全环保和营销物流等核心业务,建成了行业首个水泥生产全流程智能工厂示范项目,并快速推广应用,初步形成了水泥智能工厂集群。

海螺集团生产智能制造模式的成功,为我国传统产业的转型升级和高质量发展起到了良好的示范引领作用。

问题:我国的传统制造企业可以从海螺集团的"生产智能制造模式"中得到哪些启示?

❖ 项目分析

18世纪70年代西方工业革命出现之后,企业的生产方式发生了根本性的改变。手工作坊被工厂代替,人力被机器代替,生产规模越来越大,相应的管理实践也越来越复杂,生产管理理论的研究与实践也越来越被重视。

现代企业的内部分工越来越精细化,任何一个生产环节出现失误都可能导致整个生产过程无法进行。随着市场竞争的加剧,为了适应变化多端的市场需求,提升产品的综合竞争力,企业就需要采用先进的制造技术和先进的生产制造模式,提高劳动生产率,因而提高生产管理水平已势在必行。

另外,企业之间的竞争,归根结底是产品和服务质量的竞争。在当前同类产品日益丰富、顾客居于主导地位的买方市场环境下,企业更应把提高产品质量、加强质量管理作为重要的运营战略。

那么,什么是生产管理与生产系统?生产管理包括哪些具体内容?如何编制生产计划?合理组织生产过程有哪些要求?如何建立与实施生产管理体系?如何开展全面质量管理?本项目将对以上问题进行解答。

任务6.1 熟悉生产管理

❖ 任务引入

生产活动是人类最基本的活动。开展生产活动,就必须有生产管理。人类最早的管理实践其实就是对生产活动的管理,而科学管理理论的建立也是基于生产管理的实践。近现代服务业的兴起,使得生产活动的范围扩大到服务领域,生产管理的概念和范畴也随之扩展。

问题:你是如何理解生产管理的概念的?生产管理与一般管理有何不同?

❖ 相关知识

1. 生产管理与生产系统

1)生产管理的含义

企业的生产活动是将一定的资源输入,经过价值转化,把输入的资源转化为产品或服务的过程。生产管理是指为保证满足顾客需求及实现企业价值,对资源投入转化为产品或服务的过程的管理,具体内容包括对企业全部生产系统进行计划、组织、控制等。

为适应市场需求,生产管理应该合理地利用资源,如资金、技术、人力、材料及设备等,在适当的时候,以适合的品种、适合的价格,向顾客提供适当质量的产品或服务,不断满足顾客需求,降低生产成本,提高顾客和社会满意度,提高企业竞争力、提高经济效益与社会效益。简单概括为一句话，生产管理的目标即为"四适"（在适当的时候，以适合的品种、适合的价格、向顾客提供适当质量的产品或服务），"三提高"（提高顾客和社会满意度、提高企业竞争力、提高经济效益和社会效益）。

2）生产管理的内容

按照管理的职能划分，生产管理主要包括战略、计划、组织和控制四个方面（见图6-1）。

（1）战略方面。根据企业的目标和总体战略目标对生产与运作管理系统进行全局性和长远性的规划，确定生产与运作管理所应遵循的计划、内容和程序，形成企业的生产与运作管理模式。

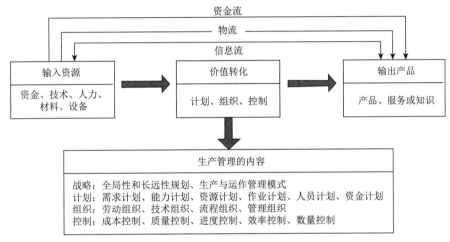

图6-1 企业生产活动与生产管理的关系

（2）计划方面。主要包括根据市场预测和企业经营计划来制订需求计划、能力计划、资源计划、作业计划、人员计划和资金计划等，为企业生产做出计划，明确生产目标。

（3）组织方面。主要包括生产的劳动组织、技术组织、流程组织与管理组织，为企业组织生产搭架子。例如，生产工艺路线和工艺方法的制定、选址问题、工厂的布置等工作。

（4）控制方面。是指围绕完成计划任务所进行的管理工作，即落实计划，主要包括对成本、质量、进度、效率和数量等方面的控制。

对于不同的企业生产形式，生产管理的内容也有所不同，并且会不断变化。当今社会科学技术迅速发展，生产管理也必然会被不断地赋予新的工作内容。

3）生产管理的基本原则

为了做好生产管理工作，完成生产管理的基本任务，达到"四适""三提高"的管理目标，企业在生产管理中应遵循以下基本原则。

（1）以市场竞争为导向。在市场经济条件下，坚持以市场竞争为导向的原则是企业必须遵守的首要原则。该原则要求企业必须有强烈的市场意识，在对市场进行调研的基础上，根据社会需求、市场占有率等来组织生产经营活动，把市场作为企业生产经营的出发点和落脚点。

（2）坚持科学管理。开展生产管理必须坚持科学管理原则。所谓科学管理是指企业在生产过程中必须运用符合现代工业生产要求的管理制度和管理方法进行科学生产。对于现代企业来说，实行科学管理必须建立统一的生产指挥系统，进行组织、计划、控制，保证生产过程正常进行；必须建立和贯彻各项规章制度、建立和实行各种标准、加强信息管理等等；必须加强职工培训，不断增加他们的科学技术知识和科学管理知识，同时要教育他们树立适应大生产和科学管理要求的工作作风。

（3）坚持安全生产。安全是企业生产运营管理的重中之重，生产必须安全。企业不能保证生产安全，不仅会危害生产者的人身安全，造成企业损失，而且可能对社会造成较大的影响。企业在组织劳动生产、经营运转的过程中务必将安全放到首要位置，加强安全技术措施和劳动保护，防止人身事故等安全隐患，确保企业员工人身安全和企业财产不受损失，确保不给社会造成危害。

（4）讲求经济效益。经济效益是投入与产出之比。讲求经济效益，是指以最少的劳动消耗和资金占用，生产尽可能多和尽可能好的适销对路的产品，具体体现在生产管理的目标上，就是要做到数量多、质量好、交货及时、成本低等。纵观我国企业生产经营的历史，经济增长主要依靠生产要素数量的增加，走的是一条粗放型的道路，造成了大量资源浪费，投入大，产出少，结果速度提高了，效益不理想，消耗指标上升了，利润下降了。经济效益问题始终是阻碍企业的一个重要问题，因此，企业必须高度重视经济效益问题，从大局出发，从小处着手，以市场为导向，合理地配置有限的资源，提高企业的经济效益。

（5）追求社会效益。除了在生产管理中讲求经济效益，企业还应积极履行社会责任，实现经济效益和社会效益双丰收。企业不能将利润建立在破坏和污染环境的基础之上。近年来绿色制造的兴起，便是企业追求社会效益的充分体现。

知识链接

绿色制造

绿色制造又被称为面向环境的制造、环境意识制造，是需要综合考虑环境影响和资源有效利用效率的现代制造模式。其目标是使产品从设计、原材料、加工、包装、运输、使用到报废处理的整个产品生命周期中资源最节约、环境污染最少，简言之，就是维护自然生态的制造模式。

绿色制造的实现方式主要有以下两个。

（1）降低资源消耗。即降低产品在制造过程中和使用过程中的资源消耗。要想做到这一点，企业就要进行产品精细化生产，并且不断研发和采用降低资源消耗的技术，如3D打印技术、纳米技术、近净成形技术（指零件成形后，仅需少量加工或不再加工，就可用作机械构件的成形技术）等。

（2）资源循环利用。即在制造产品、使用产品和报废处理的各个阶段进行资源循环利用，回收和利用产品制造、使用和报废过程中所产生的废水、废气和废渣等，将所耗费的资源循环利用。

绿色制造的实施需要全社会的共同努力，自然界提供的资源是有限的，要倡导大家环保的消费观，同时还需要各国政府的大力支持。例如，新能源汽车补贴就是我国对培训战略性新兴产业和加强节能减排工作安排的专项资金，支持私人购买新能源汽车。另外，很多城市纷纷推出了新能源汽车不限号的优惠政策，以上政策大大提高了新能源汽车的销量，促进了汽车的"绿色制造"。

4）生产系统

企业生产系统是指企业将输入的生产要素（人、财、物、时间、信息等）转换成特定的输出产品（产品、服务或知识）的过程，如图6-2所示。虽然企业生产活动的基本任务都是将输入转化为产品的输出，但不同的生产类型的特点不同，直接影响企业生产过程的组织及生产系统的设计。根据不同的划分方法，制造业的生产系统可以分为多种类型，比较常见的划分方法有：按照工艺特征划分、按照生产的稳定性和重复性划分以及按照产品需求特征划分等，下面将分别予以介绍。

微课堂
生产系统的类型

图6-2 生产系统构成

（1）按照工艺特征分类。按照产品的工艺特征不同，可以把生产系统划分为连续生产和间断生产。

①连续生产。连续生产的特点是长时间连续不断地按照产品加工的工艺路线组织生产一种或几种产品，工序之间没有在制品储存，所使用的生产设备等也都是固定的、标准化的，一般适用于生产批量大、产品种类少的产品。例如，化工产品、石油产品、纺织产品、钢铁产品等的生产都属于这一类型。

②间断生产。间断生产的特点是由于一些产品需要由多种零部件加工装配，而这些零部件的加工过程是彼此独立的，因此，整个产品所需要的零部件要间断地投入，各工序之间需要有一定的在制品储备，将所有的零部件装配完全后才组装成产品。例如，电子产品、机械产品、玩具产品等的生产都属于这一类型。

（2）按照生产的稳定性和重复性分类。根据企业生产产品的种类多少、产量大小和专业化水平的高低、重复性和稳定程度的不同，可将生产系统划分为单件小批式生产、批量式生产和大量生产这三种基本生产类型。

①单件小批式生产。单件小批式生产的特点是生产的产品种类多，数量少，甚至只生产单件产品，生产专业化程度较低，一般依据订货合同确定产品的种类、质量、价格、数量等。例如，生日蛋糕的制作就是典型的单件小批式生产。另外，一些大型的工业设备的生产也属于该种生产类型，如大型机电设备、造船等。

②批量式生产。批量式生产的特点是生产的产品种类较多，各种产品的数量不等，生产具有重复性，介于大量生产与单件小批式生产之间。根据产量的多少及生产的专业化程度的高低，批量式生产又可细分为大批生产、中批生产和小批生产。由于大批生产与大量生产的特点极其相近，人们习惯将两者合称为大量大批生产。同样，小批生产与单件小批式生产的特点相近，人们习惯上将它们合称为单件小批式生产。但是有部分企业，生产的产品品种较多，批量生产的差异较大，人们习惯上称其为多品种中小批量生产，如电机、机床等产品的生产多属于这一生产类型。

③大量生产。大量生产的特点是生产的产品品种单一，产量较大，生产的重复程度和专

业化程度高。一般来说，市场需求量大、通用性强、用途广泛的产品较为适合大量生产方式，如福特公司在最开始引入生产线进行生产时，只生产单一品种的汽车，并且对汽车的各种部件都采用标准化方式进行生产，那么这些标准件的生产就是典型的大量生产的例子。

（3）按照产品需求特征分类。根据产品需求特征的不同，可以将生产系统划分为订货式生产和存货式生产。

①订货式生产。订货式生产，是指完全根据用户提出的订货要求进行生产，即没有订单就不组织生产，企业基本上没有成品库存，如图 6-3 所示。生产管理的重点是交货期，按"期"维持生产过程各环节的衔接平衡，保证产品如期完成。

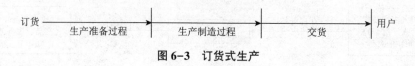

图 6-3　订货式生产

②存货式生产。存货式生产，是指企业以一定的订单和科学的市场预测为基础，有计划地、连续均衡地进行生产。这种方式的生产过程将伴随着库存的出现，所以管理的重点是抓好供、产、销之间的衔接问题，防止库存积压和脱销，要按"量"维持生产过程中各环节之间的平衡，以保证计划的顺利完成。

2. 生产计划

生产计划是生产管理的首要环节，也是组织和控制企业生产活动的基本依据。因此，预先制订生产计划尤为重要。

1）生产计划的含义

生产计划是企业依据公司战略、市场需求调查和预测等，制订的企业在一定时期内应当生产的产品种类、数量、质量和出货期等指标。企业的生产计划一般分为长期生产计划、中期生产计划和短期作业计划，如图 6-4 所示。

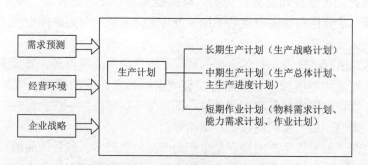

图 6-4　企业生产计划系统

长期生产计划主要是对企业产品、生产能力以及确立何种竞争优势进行决策，一般时间较长，要由高层领导者负责，如企业的生产战略计划；中期生产计划将已知的或预测的市场需求细化为企业的生产指标和产品任务计划，要求企业能充分利用现有资源以及生产能力，合理地控制库存水平，最大限度地满足市场需求并取得最佳的经济效益，一般应由企业主管生产的部门负责，如生产总体计划、主生产进度计划等；短期作业计划要求企业在掌握顾客订单的情况下,合理地安排生产活动的每个细节,使它们能够紧密衔接,从而保证按期保质保量交货,如物料需求计划、能力需求计划、作业计划等。

2)生产计划的主要指标

企业生产计划的主要内容之一就是确定生产计划指标。企业生产计划指标主要有产品品种指标、产品产量指标、产品质量指标、产品产值指标和产品出产期指标。这些指标从不同的层面反映了对企业生产产品的要求。

(1)产品品种指标。产品品种指标是指企业在计划期内应该生产的产品的品种、规格、型号及其种类。产品品种反映企业适应市场需求的能力,企业生产的产品品种越多,往往就越能满足不同顾客的需求。产品品种还反映了企业开发新产品的能力和管理水平。

(2)产品产量指标。产品产量指标是指企业在计划期内生产的符合产品或服务质量要求的产品实物数量及劳务数量。产品产量指标反映的是企业生产的能力和规模。

(3)产品质量指标。产品质量指标是指企业在计划期内生产的产品应达到的质量标准。产品质量是衡量一家企业市场竞争实力的重要标志。产品质量包括内在质量和外在质量两个方面。内在质量是指产品的性能、使用寿命、工作精度、安全性、可靠性和可维修性等因素;外在质量是指产品的颜色、式样、包装等因素。在我国,产品的质量标准被分为四个层次,分别是国际标准、国家标准、行业标准和企业标准。

(4)产品产值指标。产品产值指标是指用货币形式来表示产品数量的指标。产品产值指标能够综合反映企业生产经营活动的成果,通常用于评价企业生产运作的水平。企业的产品产值有商品产值、总产值和净产值这三种存在形式。

(5)产品出产期指标。产品出产期指标是指企业为满足顾客需求而确定的按期交货的出产期限。产品出产期指标反映的是企业在生产方面对市场需求的快速响应能力。

3)生产计划的编制

(1)生产计划的编制程序。生产计划的编制分为四个阶段,按先后次序分别为做好制订生产计划的准备工作、确定生产计划指标、安排产品的生产进度和检查生产计划,如图6-5所示。

图6-5 生产计划的编制程序

①做好制订生产计划的准备工作。即对计划期内的市场需求进行预测以及对企业自身的生产能力进行核定,为生产计划的确定提供依据。

②确定生产计划指标。即根据市场需求情况和企业生产能力,在综合平衡的基础上,确定和优化企业生产计划指标,常用的可参考方法有波士顿组合矩阵法、盈亏平衡分析法以及线性规划计划模型等。

③安排产品的生产进度。在编制完成生产计划,并确定了全年总的产量任务后,企业还需要进一步将全年的生产任务细分到各个季度和各个月份,完成对产品生产进度的安排。安排产品的生产进度的总原则:保证按时交货,实现均衡生产,注意和企业技术准备工作及各项技术组织措施的衔接。企业类型不同,其生产特点也不同,则对产品生产进度的安排方法也会不同。

a）大量大批生产企业产品生产进度的安排。大量大批生产企业，由于其产品品种单一、产量大、生产稳定，在进行产品生产进度安排时，主要是将全年生产任务均衡地按季、按月进行分配。所谓均衡分配，并不是要求企业使各季或各月的平均日产量绝对相等，而是可以采用平均分配、分期递增、小幅度连续递增、抛物线形递增等几种分配形式。

b）批量式生产企业产品生产进度的安排。批量式生产企业由于产品品种多，并且各种产品交替生产，所以在进行生产进度安排时，既要合理地分配产品产量，也要合理地组织在不同时期各种产品的搭配生产，这是对产品生产进度进行安排的关键。在做具体安排时，企业对于产量较大的产品可采用"细水长流"法，而对于产量分淡、旺季或同系列产品可采取集中生产或集中轮番生产，需要合理搭配新产品和老产品的生产，尽可能使各季、各月的产品产值同该产品生产的批量相等或成整数倍，从而简化计划组织工作。

c）单件小批生产企业产品生产进度的安排。单件小批生产企业的产品品种繁多，并且每种产品的产量很少甚至是一次性生产；技术准备工作量较大且较为复杂；大多数的订单来得迟、要得急、变动多。那么，这类企业在进行产品进度安排时，要先安排已经明确的订货任务，对于新产品和需要关键设备加工的产品应尽可能交错安排，并集中轮番生产小批生产的产品。

④检查生产计划。生产计划还必须包括如何保证生产目标及生产进度的实现这部分内容。在生产计划的编制过程中，企业必须有保证生产计划实现的方法、途径、措施等内容，如劳动组织措施、跟踪检查计划执行等。

（2）生产计划编制需注意的问题。企业编制生产计划要以经营目标为中心，遵循以销定产的基本原则，对企业在计划年度内生产的品种、质量、产量、产值和产品的出产期限等指标进行合理安排。企业编制生产计划要受到企业的销售能力以及市场占有率、新产品开发速度和各项生产技术准备工作的进度、本企业的生产能力和外部的生产协作条件、劳动力资源、物资供应等因素的影响。而生产计划又是编制物资供应计划、辅助生产计划、成本计划、财务计划等的重要依据。生产计划的实施，还需要企业技术改造计划、设备更新改造计划和技术组织措施计划的支持与保证。所以，企业在编制生产计划时，需要协调、平衡企业经营计划的其他各项计划。一般通过试编，再反复修改、协调，最后能够达到综合平衡。

3. 生产过程合理组织

对生产过程进行合理组织，有助于企业顺利完成生产计划，并实现最终的生产目标。

1）生产过程合理组织的基本要求

产品的生产过程是指从投入原材料开始，通过对原材料的一系列加工，最终获得产品的全部过程。根据生产作用的不同，企业的整个生产过程可分为基本生产、辅助生产、生产服务、生产技术准备四个部分，其中，前两个部分由若干相互联系的工艺阶段组成。

生产过程合理组织是指要合理安排各个工艺阶段的工作，以最短的行程、最快的速度、最少的耗费、最佳的质量完成产品的生产，充分利用企业的人、财、物。生产过程合理组织需要做到以下几点：

（1）连续性。连续性是指企业产品生产过程的各个工艺阶段、各个环节、各个工序之间应相互衔接，连续进行，不发生或很少发生中断现象。

（2）比例性。比例性又称协调性。它要求生产过程各基本生产与辅助生产之间、各工艺阶段、各生产阶段和各工作地之间，在设备生产能力、劳动力配备和物料、动力、工具等供应方面保持一定的比例关系，使之能够平衡协调地按比例生产。

（3）均衡性。均衡性又称节奏性。它要求生产过程的各个环节，从原材料的投入开始到最后成品完成为止，每个工作地的负荷保持均匀，避免时紧时松、前松后紧等现象，保证企业能够均衡生产。

（4）平行性。平行性要求企业生产过程的各个组成部分、各工艺阶段和各个工序在时间上实行平行作业，使产品的各个零部件的生产能在不同的空间同时进行，以大大缩短产品的生产周期。平行性是生产过程连续性的前提。

（5）适应性。适应性要求企业生产过程的组织设计能较好适应市场的变化，能根据市场需求多变的特点灵活地改变生产组织形式，增强企业的适应能力，并能及时满足复杂多变的市场需求，即促使企业朝着多品种、小批量、具有一定柔性、应急应变能力强的方向发展。

阅读资料

反复问"为什么"——丰田生产方式产生的缘由

丰田生产方式是由日本丰田汽车公司的副社长大野耐一创建的一种独具特色的现代化生产方式。它以实现企业对员工、社会和产品负责为目的，以杜绝浪费的思想为目标，在连续改善的基础上，采用准时化与自主化的方式与方法，追求制造产品合理性的。

丰田生产方式的产生，源自其在内部反复地问"为什么"。例如，一台机器不转动了，你就要问：为什么机器停了？因为超负荷运转保险丝断了。为什么会超负荷运转？因为轴承部分的润滑油不够。为什么润滑油不够？因为油泵吸不上来油。为什么油泵吸不上来油？因为油泵轴磨损松动了。为什么会发生磨损？因为没有安装过滤器，混进了铁屑。反复追问"为什么"，你就会发现机器不转动是因为需要安装过滤器。如果没有问到底，换上保险丝或者换上油泵轴就了事，那么几个月以后就会再次发生同样的故障。所以说，丰田生产方式也不妨说是丰田人通过反复问"为什么"，积累并发扬科学的认知态度才创造出来的。

2）生产过程合理组织的基本内容

生产过程合理组织主要包括空间组织和时间组织两项基本内容。

（1）生产过程的空间组织。生产过程的空间组织是指在一定的空间内，对企业的各基本生产单位进行合理的设置，使企业的生产活动能高效顺利进行。下面主要从生产单位的设备布置角度加以说明。

①工艺专业化形式。工艺专业化形式又称工艺原则，就是按照生产过程中各生产工艺的特点来设置生产单位。在工艺专业化的各个生产单位内，同种类型的生产设备和同工种的工人被集中在一起，每个生产单位完成同一工艺阶段的生产，即加工对象是多样的，但采用的工艺方法是相同的。每个生产单位只完成产品生产过程中的部分工艺阶段和部分工序的加工任务，众多生产单位需要协同努力才能完成对产品的制造。例如，机械制造业中的铸造车间、热处理车间及车间中的车工段、铣工段等，都属于工艺专业化生产单位。

工艺专业化形式具有以下优点：适应性强，可以充分利用设备；能够适应不同产品的加工要求，适应分工的要求；有利于工艺管理和提高技术水平；便于加强专业管理和进行专业技术指导；可替代性强，个别设备出现故障或进行维修时，基本不影响整个产品的生产制造。工艺专业化形式有以下缺点：产品加工过程中的加工路线长，运输量大；需经过多个车间才能完成生产，增加了交接等待时间，延长了生产周期；生产车间之间的协作较复杂，加大了管理的工作量，也增加了计划管理和在制品管理的工作难度。

工艺专业化形式适用于企业产品品种众多、变化较大、产品制造工艺不确定的单件小批生产企业，一般按订货要求组织生产，特别适用于对新产品的开发试制。

②对象专业化形式。对象专业化形式又称对象原则，是指按照产品的不同来设置生产单位，每个生产车间能独立完成产品、零件、部件的全部或大部分工艺过程，整个工艺过程是封闭的。对象专业化生产单位集中了各种类型的机器设备、不同工种的工人，通过对同类产品进行不同的工艺加工，能在本生产单位内完成产品的全部或部分的工艺过程，不需要跨越其他生产单位。

对象专业化有两种主要的形式：以成品或部件为对象的专业化形式和以同类零件为对象的专业化形式。对象专业化形式具有以下优点：生产较为集中，加工路线短，运输量小；有利于强化质量责任和成本责任，为采用先进的生产组织形式（流水线、自动化）创造条件，提高生产效率；在制品较少，资金周转速度较快，同时车间之间协作关系较少，便于生产的组织。对象专业化形式有以下缺点：对产品变动的应变能力差，对市场需求变化的适应性差；设备投资多，但利用率低；不利于开展专业化技术管理，工人之间的技术交流较少，不利于工人技术水平的提高。

对象专业化形式适用于企业的产品品种及工艺稳定的大量大批生产，如家电、汽车、石油化工产品的生产。

在实际生产过程中，工艺专业化形式与对象专业化形式往往被结合起来应用。根据它们所占比重的不同，专业化形式又可细分为：在对象专业化形式基础上，局部采用工艺专业化形式；在工艺专业化形式基础上，局部采用对象专业化形式。

（2）生产过程的时间组织。生产过程的合理组织既要求生产单位在空间上紧密配合，又要求劳动对象和机器设备在时间上紧密衔接，使得企业生产能够连续进行，进而达到提高劳动生产效率以及设备利用率、减少资金占用量、缩短生产周期的目的。

生产过程的时间组织是指使劳动对象在生产过程的各生产单位之间和各工序之间在时间上衔接和相互配合。企业生产过程的时间组织同生产进度的安排、生产作业计划、生产调度等密切关联。劳动对象在生产过程中的移动方式体现了生产过程在时间上的衔接程度。劳动对象的移动方式，与企业生产中一次投入生产的劳动对象的数量有关。以加工零件为例，当一次生产只生产一个零件时，零件在各道工序之间只能顺序移动；当一次生产两个或两个以上零件时，零件在各道工序间的移动方式就会有三种：顺序移动、平行移动、平行顺序移动，使用不同的移动方式，零件的加工周期也会不同。

在企业中，生产过程的组织，其实质是对生产过程中的空间组织与时间组织的一种结合。企业必须依据其生产目的和企业具有的条件，对生产过程的空间组织与时间组织进行有机结合，按照适合企业自身特点的生产组织形式进行生产过程组织。

❖ 任务实训

1. 实训目的

通过实训,熟悉企业的生产运作系统。

2. 实训内容及步骤

(1) 以小组为单位成立任务实训团队,实行组长负责制。
(2) 各实训团队联系一家当地的生产型企业,实地采访生产部门负责人。
(3) 在出发前拟定访谈提纲,确定所要了解的问题。
(4) 实地访谈,由组长主谈,其他成员适时补充,安排专人做好访谈记录。
(5) 整理访谈记录,提交实训作业。

3. 实训成果

实训小作业——某企业生产运作系统调查。

任务6.2 掌握质量管理

❖ 任务引入

1985年海尔生产的第一批冰箱被消费者投诉有质量问题。海尔在给客户换货后,对全厂冰箱进行了检查,发现库存的76台冰箱虽然不影响冰箱的制冷功能,但外观有划痕。张瑞敏做出决定,把这些缺陷的76台冰箱拿出来,砸掉了。

通过这件事,使得海尔全员的质量意识得以大大提高,在1988年12月就获得全国同行业质量奖第一块金牌。拿到金牌之后,张瑞敏又对他的员工说,我们拿到的是一块全运会的金牌,下一步我们就要拿奥运会金牌。所以海尔的员工就树立起严格的质量观。所有的员工都知道,我们要拿奥运会金牌,我们要以质量使我们的产品走向全球,质量创名牌。

问题:为什么张瑞敏如此重视产品质量?企业该如何开展质量管理工作?

❖ 相关知识

1. 质量与质量标准

1) 质量及质量的特性

质量是指产品、过程或体系与要求有关的一些固有的特性。"固有的"就是指在某事或某物中本来就有的,尤其是那种永久的特性。关于产品或服务质量的特性,通常可以从六个方面来描述,即性能、可信性、安全性、适应性、经济性、时效性。它们分别反映了产品的使用性能和外观性能,可靠、安全、及时和灵活的程度。

2) 质量标准

质量标准是评价和衡量产品质量或服务质量(包括工作质量、工序质量、经营质量等)的标尺,是企业进行产品质量设计和产品质量检验控制的依据。质量标准集中体现用户需要,是产品设计制造、服务质量策划的依据和企业推行质量管理的出发点。没有各类质量标准,企业就无从进行质量控制。

合理地确定产品或服务的质量标准,是一项十分复杂的工作,企业需要考虑多方面的因素。既要考虑产品技术或服务内容的先进性,又要顾及工艺、实施过程等的可能性和经济的合理性,还要考虑市场需求和竞争情况。因此,在制定或改变质量标准的工作中,企业一方面要采取积极的态度,另一方面要采取慎重的步骤。除此之外,正确对待已制定的标准,也是提高质量所不可或缺的方面。

现代市场经济环境对制定质量标准最大的挑战是,产品更新换代速度快,因而标准制定、修改的速度完全赶不上产品更新换代的速度。出现一种新产品,当为它确定质量标准的工作尚未结束之时,这种产品可能已经过时了。这种实际的挑战迫使我们一方面要适时地、迅速地修改既定的质量标准,以便使质量标准更加适合用户的要求和社会的需要,并能得到更广泛的认同和应用。另一方面要尽可能简化标准的制定过程,只规定与产品或服务有关的较为普遍的质量特性;事无巨细代替最终使用者去一一确定"适用性"的各种特性和特征不仅是徒劳的,而且也是不经济的。

> **问题讨论:**
>
> 　　某生产车间制订了严格的质量管理制度,但产品质量问题仍然层出不穷。你觉得问题出在哪里?该如何解决?

2. 质量管理体系

1) 质量管理体系的含义

质量管理体系的概念。质量管理可简单理解为,企业通过确定质量方针、目标和职责,并通过管理体系中的质量策划、控制、保证和改进来实现既定质量目标的一系列活动。而质量管理体系(Quality management system,QMS)则是指组织内部建立的、为实现质量目标所必需的、系统的质量管理模式。企业的质量管理工作需要通过质量管理体系的有效运作来实现。为了提高企业产品与服务质量,更好地满足顾客需求,促进企业间竞争及组织内部工作的持续改进,国际标准化组织成立了质量管理和质量保证技术委员会(ISO/TC 176),致力于建立和完善质量管理体系标准。目前,该委员会已制定了数十个质量标准,这些标准被定义为"ISO 9000"族。

阅读资料
ISO9000
系列标准

质量管理体系体现了现代企业的质量决策理念,是企业拟定细化质量文件的基础,是让企业对更为广泛的质量活动得以切实管理的基础,也是将企业主要质量活动按重要性顺序有计划、有步骤地进行改善的基础。

📖 **阅读资料**

2000家优秀企业发出倡议:坚持质量第一　建设质量强国

据中国经济网报道,包括中国航天科技集团、重庆红九九食品、全友家私、名臣健康用品、海尔、格力等2 000余家优秀标杆企业,作为各行业、各区域质量管理水平较高并在质量提升方面具有良好示范带头作用的代表,以"坚持质量第一,抓好质量提升;共筑质量诚信,建设质量强国"为主题,联合发出《2022年全国"质量月"企业质量诚信倡议书》。

倡议企业在《倡议书》中专门倡议,全社会要努力做到:大力抓好质量提升,助推中国经济高质量发展;发挥质量社会共治,唱响中国质量精神;推进建设质量强国,共创中国质量辉煌。

2)质量管理体系的建立与实施

企业质量管理体系的建立与实施分为四个阶段:前期准备阶段、体系策划阶段、体系建立阶段、体系试运行阶段。

(1)前期准备阶段。首先是思想准备。组织的各级领导要在贯彻ISO 9000族标准(统称贯标)上统一思想认识,只有统一了思想认识,才能自觉而积极地推动贯标工作,保证组织活动或过程科学、规范地进行,从而提高产品或服务的质量,更好地满足顾客的需求。

其次是组织培训。及时对组织活动过程中所有有关部门负责人进行GB/T 19000-ISO 9000系列标准基础知识培训,充分理解贯彻ISO 9000族标准的要求和建立质量管理体系的方法与步骤。

再次是建立贯彻标准运行机构。由最高管理者担任贯彻标准运行机构负责人,负责策划和领导工作,包括制定质量方针和质量目标,审核体系文件,协调处理体系运行中的问题;确定管理者代表和质量管理工作主管部门,明确其职责权限,使其代表最高管理者承担质量管理方面的职责,行使质量管理方面的权力;成立质量管理体系文件编写小组。

最后是分析评价现有质量管理体系。贯彻ISO 9000族标准的目的就是改造、整合、完善现有的体系,使之更加规范和符合ISO 9000族标准的要求,因此分析评价已有体系是建立完善新体系的前提和基础。

(2)体系策划阶段。首先是制定质量方针。质量方针是组织的质量宗旨和质量方向,是质量管理体系的纲领,要体现本组织的目标及顾客的期望和需要。

其次是确定质量目标。质量目标是质量方针的具体化,是在质量方面所追求的目的。

再次是设计组织机构及其职责。质量管理体系是依托组织机构来协调和运行的。质量管理体系的运行涉及内部质量管理体系所覆盖的所有部门的各项活动,这些活动的分工、顺序、途径和接口都是通过组织机构和职责分工来确定的,所以组织必须建立一个与质量管理体系相适应的组织结构。

最后是配置资源。资源是质量管理体系有效实施的保证,配置资源包括依据标准要求配置各类人员和基础设施,策划与规定质量活动的程序和方法,规定工作信息获得、传递与管理的程序和方法,等等。

(3)体系建立阶段。该阶段的重点是编制、发布质量管理体系文件。质量管理体系的实施和运行是通过建立贯彻质量管理体系的文件来实现的。企业通过质量管理体系文件来贯彻质量方针,保持质量管理体系及其要求的一致性和连续性,为内部审核和外部审核提供证据;还可用以展示质量管理体系,证明其与顾客及第三方要求的一致性。

质量管理体系文件的审核、批准与发布规定如下:质量手册应由最高层次的管理者审批,程序文件应由管理者代表批准,作业指导书一般由该文件业务主管部门负责人审批,跨部门或多专业的文件由管理者代表审批。

（4）体系试运行阶段。企业通过不断协调、质量监控、信息管理、质量管理体系审核和管理评审，实现质量管理体系的有效运行。

内部质量审核（以下简称内审）和管理评审是验证质量管理体系适宜性、充分性和有效性的重要手段。内审和管理评审可以帮助企业发现质量管理体系中不符合标准或操作性不强的问题，解决这些问题一方面要纠正体系中的不合格项，另一方面要修改文件。

质量管理体系资格认证的准备工作主要有：模拟审核，由咨询专家独立对本组织的质量管理体系进行全面审核，明确提出不合格项，并做出结论性评价；针对不合格项举一反三，以点带面地制订纠正措施计划，限期整改；提出资格认证申请，提交质量管理手册，确定资格认证时间；咨询专家让其指导资格认证前的各项准备工作，如质量体系运行的相关见证材料、质量管理体系内部审核和管理评审计划、内部会议记录、抽取典型职业技能鉴定档案等。

思政园地

重庆红九九——高举调味品市场的质量大旗

重庆红九九食品有限公司成立于 1993 年，是全国火锅底料生产行业中享有盛誉的专业化、产业化、现代化、科学化的龙头型生产企业。红九九采用国际先进的 ISO 9001：2015 质量管理体系及 ISO 22000：2018 食品安全管理体系，以专业铸就品牌；牢记生产优质产品是红九九人应尽的社会责任和义务，以保障公众身体健康为宗旨，做到科学合理、安全可靠。

"红九九"作为调味品，它的主要成分无非就是牛油、辣椒、花椒、豆瓣、盐……这些普通的调味元素，经过精心配比，就演绎出红九九火锅底料这个餐桌上的美味传奇。以产品主原料牛油、豆瓣为例，在国家标准体系之外，"红九九"针对牛油等产品的验收标准，根据国标做出了更细致、更严密、更全面的细则要求，对豆瓣酱的质量要求指标更是多达 17 项，对辣椒、花椒的质量管理甚至从种植土壤、海拔、纬度、品种的要求抓起，所有这一切，尽管加大了成本，却有效保证了原料的质量。

自成立以来，"红九九"始终坚持生产"高品质、高品位、零缺陷"产品，以工作现场严格的质量控制、监督、检查质量管理来保障食品安全卫生。"红九九"狠抓质量管理的努力，为"舌尖上的安全"这一牵涉千家万户的民生工程做出了自己的积极努力。

3. 全面质量管理

1）全面质量管理的含义

根据国际标准化组织的定义，全面质量管理（total quality management，TQM）是指一个组织以质量为中心，以全员参与为基础，目的在于通过让顾客满意和本组织所有成员及社会受益而达到长期成功的管理途径。根据上述定义可以看出，质量管理具有全员参与和追求长期的经济效益和社会效益两个特点。

全面质量管理与 ISO 9000 两者之间既有相同点，也有不同点，具体如下。

（1）ISO 9000 与 TQM 的相同点。首先，两者的管理理论和统计理论基础一致。两者均认为产品质量形成于产品全过程，都要求质量体系贯穿于质量形成的全过程；在实现方法上，两者都使用了 PDCA 质量环运行模式。其次，两者都要求对质量实施系统化的管理，都强调"一把手"对质量的管理。最后，两者的最终目的一致，都是为了提高产品质量，满足顾客的需要，都强调任何一个过程都是可以不断改进，不断完善的。

（2）ISO 9000 与 TQM 的不同点。首先，其间目标不一致。TQM 质量计划管理活动的目标是改变现状。其作业只限于一次，目标实现后，管理活动也就结束了，下一次计划管理活动，虽然是在上一次计划管理活动的结果的基础上进行的，但绝不是重复与上次相同的作业。而 ISO 9000 质量管理活动的目标是维持标准现状。其目标值为定值。其管理活动是重复相同的方法和作业，使实际工作结果与标准值的偏差量尽量减少。其次，工作中心不同。TQM 是以人为中心，ISO 9000 是以标准为中心。最后，两者执行标准及检查方式不同。TQM 的执行标准由企业制定，属于自我约束标准；对 TQM 实施情况的检查由企业内部人员来完成。而 ISO 9000 系列标准是国际公认的质量管理体系标准，它是供世界各国共同遵守的准则。贯彻该标准强调的是由公正的第三方对质量体系进行认证，并接受认证机构的监督和检查。

2）全面质量管理的内容

全面质量管理以组织中系统和过程的持续改进为中心，主要包括产品设计过程的质量管理、生产制造过程的质量管理、辅助过程的质量管理、产品使用过程的质量管理。

（1）产品设计过程的质量管理。产品设计过程的质量管理是全面质量管理的首要环节。主要包括市场调查、产品设计、工艺准备、试制和鉴定等过程。设计过程是企业生产活动中最基本的一个环节，它以保证产品设计质量为目标。产品质量满足使用要求的程度，主要取决于这一过程。如果设计有问题，一切工艺和生产的努力都将是徒劳的。因此设计过程是全面质量管理的起点。企业要加强对设计过程的质量管理，一般要抓好以下几个方面的工作。

①制定产品质量目标。即通过市场、客户需求调查，根据客户"明示的"或"潜在的"需求及科技信息与企业的经营目标，制定产品质量目标。

②优化质量设计方案。组织由研发、设计、工艺、生产、质管和销售等部门参加的产品质量设计技术经济分析和审查、评估、验证工作，确定适宜的或优化的质量设计方案。不同的质量设计方案，反映着同一产品的不同的质量水平或设计等级。如果设计质量好，销售额将会增加；但若是设计质量无限提高，就会带来价格的不断提高，引起销售额的下降。反之，设计质量很差的产品，顾客也不会购买，就无销售额可谈。

③加强设计工作中的试验研究工作。试验研究工作是设计过程质量管理的重要环节，做好试验研究工作，可以保证产品顺利投产。为做好这项工作，企业应建立一个科学实验基地，建立一支科学实验队伍，运用先进的测试手段，高效率地开展试验研究工作。

④进行设计审查和工艺验证。为了保证设计工作的质量，实现预期的质量目标，在设计的各个阶段（设计任务、技术设计、工作图设计、工艺设计等），都要组织有关人员进行评议和审查。

⑤产品试制与质量鉴定。研制的新产品或改进的老产品，在完成设计后，都必须通过试制，并被加以鉴定后，才可正式批量生产。试制是对设计的验证，只有通过试制，做出样品、样机，并经过试验和使用验证，企业才能确定设计的正确程度，发现设计中意想不到的问题和缺陷，对设计进行必要的修改和校正。

⑥保证技术文件的质量。技术文件是设计的成果,它既是生产制造过程技术活动的依据,也是质量管理控制的依据,这就要求技术文件本身也有质量保证。技术文件要求正确、完整、统一、清晰。为了保证技术文件的质量,技术文件的登记、保管、复制、发放、收回、修改和注销等工作,都应按规定的程序和制度办理,此外企业必须把技术文件的修改权集中起来,建立严格的修改审批和会签制度;应当建立技术的科学分类和保管制度;对交付使用的技术文件实行"借用制"和以旧换新制。

⑦做好标准化的审查工作。产品设计的标准化、通用化、系列化,不但有利于减少零部件的种类,提高生产批量和制造过程的质量,保证产品质量;而且有利于简化生产技术准备工作。因此,做好标准化的审查,是设计过程质量管理的一项重要内容,也是全面质量管理的基础工作之一。

(2) 生产制造过程的质量管理。生产制造过程是对产品直接进行加工的过程,产品质量在很大程度上取决于生产制造过程的质量管理水平,以及工序的加工技术能力。它是产品质量形成的基础和保证产品质量的关键,是质量管理的"中心环节"。企业要加强对生产制造过程的质量管理,一般要做好以下几个方面的工作。

①严格贯彻执行工艺规程,保证工艺质量。在生产制造过程中,影响产品质量的因素是多种多样的,但概括起来,不外乎以下五个,即操作者、原材料、机器设备、工艺方法和生产环境。企业要加强对生产制造过程的质量管理,就要研究掌握和运用这五个因素,据以改善各个因素及其组织水平,不断提高生产制造过程质量。

②按照 5S 标准,组织和促进文明生产。5S 理论兴起于日本企业,因其内容的日文罗马标注发音都以"S"开头而被称为"5S",即整理(seiri)、整顿(seiton)、清扫(seiso)、清洁(seiketsu)和素养(shitsuke)。5S 活动的对象是现场的环境,它对生产现场环境全局进行综合考虑,并制订切实可行的计划与措施,从而达到规范化管理。5S 的具体要求包括:应按合理组织生产过程的客观规律,提高生产的节奏性,实现均衡生产;应有严明的工艺纪律,养成自觉遵守的习惯;在制品码放整齐,储运安全;设备整洁完好;工具存放井然有序;工作地布置合理,空气清新,照明良好,四周颜色明快和谐,噪声适度。

近年来,随着人们对这一活动认识的不断深入,又添加了安全(safety)、节约(save)、学习(study)等内容,分别被称为 6S、7S、8S。

③组织好质量检验工作,把好各工序的质量关。推行全面质量管理,并不意味着可以减少或取消质量检验工作,相反更要重视这项工作。质量检验工作要求严格把好各工序的质量关,保证按质量标准进行生产,防止不合格品转入下一道工序和出产。

④组织质量分析。分析应包括废品(或不合格品)分析和成品分析。分析废品,是为找出产出废品的原因和责任,发现和掌握产出废品的规律性,以便采取措施,防止和消除废品的产出。分析成品,是为了全面掌握产品达到质量标准的动态,以便改进和提高产品质量。质量分析,一般可以从规定的某些质量指标入手,逐步深入。这些指标有两类:一类是产品质量指标,如产品等级率、产品寿命等;另一类是工作质量指标,如废品率、不合格品率等。

⑤掌握质量动态。为了充分发挥制造过程质量管理的预防作用,企业必须系统地、经常地、准确地掌握企业在一定时间内产品质量或工作质量的现状及发展动态。统计质量分析是企业掌握质量动态的有效工具。

⑥组织工序质量控制，建立质量控制点。工序质量控制是保证制造过程中产品质量稳定性的重要手段。它要求不合格品在出现之前，就能被发现和预报，并能被及时地加以处理和控制，以有效地减少和防止不合格品的产生。企业对管理点应使用各种必要的手段和方法加强管理。管理点是指在对生产过程各工序进行全面分析的基础上，把在一定时期内、一定条件下，需要特别加强和控制的重点工序或重点部位，明确为质量管理的重点对象。

（3）辅助过程的质量管理。辅助过程指为保证制造过程正常运行而提供各种物资技术条件的过程。辅助过程质量管理的基本任务是提供优质服务和良好的物资技术条件，以保证和提高产品质量。主要内容有：做好物资采购供应的质量管理，保证采购质量，严格对入库物资的检查验收，按质、按量、按期提供生产所需要的各种物资；组织好设备维修工作，保持设备良好的技术状态；做好工具制造和供应的质量管理工作；等等。

此外，企业物资采购的质量管理也是十分重要的，因为原材料、外购件的质量状况，明显地影响本企业的产品质量。

（4）产品使用过程的质量管理。使用过程是考验产品实际质量的过程，它是企业内部质量管理的继续，也是全面质量管理的出发点和落脚点。这一过程质量管理的基本任务是提高服务质量（包括售前服务和售后服务），保证产品的实际使用效果，不断促使企业研究和改进产品质量。它的主要工作内容有：开展技术服务工作，处理出厂产品质量问题；调查产品使用效果和用户要求。

①开展技术服务工作。为了提高产品在市场上的竞争能力，国内外一些企业从过去的"货物出门，概不退换"变成了现在的"货物出门，服务到家"。为了突出服务质量，企业纷纷更新理念和说法。例如，过去说"我卖给你"，现在变成了"我为你生产"；甚至提出"一切为了用户""用户是上帝"的口号。

②处理出厂产品质量问题。当用户对本企业的产品质量提出异议时，不少企业不是推脱，而是认真及时地处理，这样既可以消除用户的不满情绪，又可以挽回由此产生的负面影响。对用户提出的产品质量问题，这些企业首先是热情对待，及时进行调查，如果属于不会使用或使用不当所造成的，则耐心帮助用户掌握使用技术和操作要领；如属于制造原因造成的，则及时维修，包换或包退。

③调查产品使用效果和用户要求。调查的目的在于了解和收集下列信息：经过检验合格出厂的产品，在实际使用中是否真正达到规定的质量标准。在实际使用中达到质量标准的产品，是否实现了设计所预期的质量目标。除了原先预期达到的质量目标，在产品实际使用中还发现了哪些原先没有考虑到的需求。随着经济的发展和人们生活质量的不断提高，预计消费者今后可能提出哪些新的要求。

❖ 任务实训

1. 实训目的

通过实训，加深对企业质量管理重要性的认识。

2. 实训内容及步骤

（1）要求班级全体同学均须参加，每位同学单独完成实训作业。在实训伊始，同学们阅读以下材料。

2008年9月初，不断有媒体报道婴幼儿患肾结石的病例且多数患病婴幼儿食用过××集团的奶粉，××集团被怀疑与婴幼儿患肾结石有关。2008年9月11日晚，××集团声明其2008年8月6日前出厂的婴幼儿奶粉受到污染（市场上大约有700 t），并决定召回受污染的奶粉。这是××集团首次公开承认自己的奶粉有问题，"××集团问题奶粉"事件由此开端。2008年9月16日，22家婴幼儿奶粉厂家69个批次的产品被检出三聚氰胺，至2008年9月19日9时，下架退市的问题奶粉已达3215.1 t。至此，"××集团问题奶粉"事件波及整个乳制品行业。

"××集团问题奶粉"事件共造成××29.4万名患儿致病，至少有6 643名重患婴幼儿，3名婴幼儿因此死亡。××集团因此破产，问题奶粉所造成的经济损失巨大，行业遭受的经济损失和信誉损失难以估量。其一期的损害赔偿数额巨大，重患婴幼儿的后遗症问题仍难以确定。受"××集团问题奶粉"事件的影响，××集团所在国2008年10月乳制品出口量锐减90%，其中奶粉更是成为乳制品中出口下降幅度最大的品种，10月出口量同比下降99.2%。

（2）同学们根据材料，从质量管理的角度撰写"对××集团奶粉事件的深刻反思"。
（3）同学们将作业上传至班级课程学习群，并由课代表组织大家在线讨论。
（4）授课老师在课堂上讲解质量管理的重要性，并点评同学们的作业情况。
（5）完成本次实训，作业成绩记为平时分一次。

3. 实训成果

实训作业——对××集团奶粉事件的深刻反思。

思考题

一、单选题

1. 最早实现大规模流水线作业的汽车企业是（　　）。
　　A. 丰田汽车公司　　B. 福特公司　　C. 通用汽车公司　　D. 大众汽车公司
2. 企业（　　）是指企业将输入的生产要素（人、财、物、时间、信息等）转换成特定的输出（产品）的过程。
　　A. 生产系统　　B. 管理系统　　C. 财务系统　　D. 营销系统
3. （　　）是指企业在计划期内应该生产的产品的品种、规格、型号及其种类。
　　A. 产品产量指标　　B. 产品品种指标　　C. 产品质量指标　　D. 产品产值指标
4. （　　）是指完全根据用户提出的订货要求进行生产，即没有订单就不组织生产，企业基本上没有成品库存。
　　A. 订货式生产　　B. 存货式生产　　C. 批量式生产　　D. 大量生产
5. 全面质量管理是指一个组织以质量为中心，以（　　）为基础，目的在于通过让顾客满意和本组织所有成员及社会受益而达到长期成功的管理途径。
　　A. 领导重视　　B. 全员参与　　C. 中层努力　　D. 基层奋进

二、多选题

1. 按照管理的职能划分，生产管理主要包括（　　　）四个方面。
   A. 战略　　　　　　B. 计划　　　　　　C. 组织　　　　　　D. 领导
   E. 控制

2. 根据企业生产产品的种类多少、产量大小和专业化水平的高低、重复性和稳定程度的不同，可将生产系统划分为（　　　）。
   A. 订货式生产　　　B. 间接生产　　　　C. 单件小批式生产　　D. 批量式生产
   E. 大量生产

3. 生产计划的主要指标有产品（　　　）。
   A. 品种　　　　　　B. 产量　　　　　　C. 质量　　　　　　D. 产值
   E. 价格

4. 产品或服务质量的特性包括（　　　）。
   A. 性能　　　　　　B. 可信性　　　　　C. 安全性　　　　　D. 适应性
   E. 经济性

5. 产品设计过程的质量管理是全面质量管理的首要环节。主要包括市场调查、产品设计、工艺准备、试制和鉴定（　　　）等过程。
   A. 市场调查　　　　B. 产品设计　　　　C. 敏捷制造　　　　D. 工艺制备
   E. 试制和鉴定

三、名词解释

1. 生产管理　　2. 企业生产系统　　3. 订货式生产　　4. 质量管理
5. 全面质量管理

四、简答及论述题

1. 生产管理的基本原则是什么？
2. 生产过程的编制应分为哪四个阶段？
3. 在企业质量管理体系的策划阶段要做好哪些工作？
4. 试论述生产过程合理组织的基本要求。
5. 试论述产品使用过程的质量管理。

案例讨论

国产圣元奶粉的质量管理

婴幼儿奶粉作为宝宝成长中的重要口粮，关系到宝宝的发育和成长，守住安全底线是任何一个奶粉企业首先要担当的社会责任。圣元是按照"制药级"的标准打造奶粉生产车间，这是国内第一条按 30 万级 GMP 制药标准建设的现代化智能生产线，整个生产过程实现了全自动化运行，密闭生产，工作人员出入要求身穿隔离服，每个小时就要洗一次手，车间消毒非常彻底，就连天花板都要消毒，最大限度地避免二次污染。整个生产过程采用的是干法加工，全程没有一滴水。遵循美国质量管理大师威廉·戴明博士提出的"产品质量是生产出来的，不是检验出来的"理念，在奶粉的生产过程中，圣元就已经打造了坚实的安全堡垒。

同样，在奶粉安全检测方面圣元毫不手软，对于事关奶粉安全生命线的检测工作，丝毫不敢懈怠，从奶源筛选到生产过程的层层质检，到物流再到销售，整个环节共设置了1 126项质量控制点。

为了保证送到消费者手中的每罐奶粉都健康安全，圣元斥巨资建立了现代化高配备的检测中心，从原料进厂的检验，到生产过程的监控，再到成品出厂的质量把关，做到全流程监控，扫除生产过程中的全部死角。经过全自动生产系统加工的奶粉，在出厂前会进入检测中心，按照国家要求的64项检验指标进行检测，还要额外进行企业自己设置的32项风险预警指标检测，确保生产的每听/袋产品质量都可控、可追溯。

自奶粉配方注册制推行以来，国内奶粉行业经历一场彻底的大洗牌，头部品牌进一步抢占市场，中小奶粉品牌岌岌可危，奶粉市场加速整合。对于头部奶粉企业来说，在激烈的奶粉竞争中，品质安全已经成为基本标准，而适应性更好的配方才是制胜的关键。

为了打造更适合宝宝的婴儿奶粉，圣元成立了营养研究中心，与美国儿科学会、中华医学会儿科学分会、中国营养学会、中华预防医学会建立了长期合作机制，汇聚国内外著名专家学者对婴幼儿、孕妇和哺乳母亲营养品进行研发创新，打造了优博系列奶粉，为宝宝、孕妈和宝妈带来了有针对性的营养补充，满足不同宝宝体质、不同人群的营养需求，在市场上获得了广泛好评。圣元奶粉也因此荣获"2021年度产品质量管控卓越奖"。

自创建以来，圣元勤修内功，夯实品质基础，不但在生产过程中和质量检测方面下足了功夫，在奶源甄选方面也是精益求精，不惜远赴法国建厂，直取当地优质奶源，从源头上把控品质，把精品优质的奶粉品牌形象带到国外，刷新国际市场上对中国奶粉品牌的认知。

问题讨论

1. 如何理解戴明提出的"产品质量是生产出来的，不是检验出来的"这一质量管理理念？
2. 圣元奶粉的质量管理给我们哪些启示？对我国企业有何借鉴意义？

项目7 物资与设备管理

学习目标

【知识目标】

(1) 理解物资管理与设备管理的概念。
(2) 熟悉物资需求计划、物资储备定额。
(3) 掌握物资仓储管理、物资节约使用管理。
(4) 熟悉物资管理的分类。
(5) 掌握设备的备件管理。

【技能目标】

(1) 能够为企业提供物资采购管理建议。
(2) 能够为企业制订物资管理方案。
(3) 能够为企业提供物资仓储管理思路。
(4) 能够为企业实施设备管理提供策略建议。

【素质目标】

(1) 培养学习物资管理与设备管理的兴趣。
(2) 树立先进的现代物资管理理念。
(3) 确立预防性维修的设备管理意识。

❖ 项目情境导入

消除一块管理中的"短板",半年内减少了1 000多万元的物资流失,这是一家供电公司实施积余物资规范管理半年来取得的成果。该公司半年间清理价值1 100万元的工程积余物资,重新投入使用的物资价值达351万元。

随着工程建设项目的逐渐增多,该公司开始注重严把物资预算"关口",希望从源头上堵住效益流失的缺口。然而预算的关口把得再严,因预测精度等问题使得预算物资数量与实际使用量之间存在较大的误差,几乎每项工程的物资都会有结余,有些项目甚至会因施工计划的变化而大量结余。以往结余物资堆放在仓库里,需要时拿了就用,也不登记入账,久而久之,这些物资成了一笔谁也说不清的"糊涂账"。

直到一天,两名参与该公司工程施工的外包单位人员盗卖施工材料事件败露,这才引起了该公司领导的警觉,并下决心将加强工程结余物资管理作为降本增效的突破点。

他们通过建立相关制度，专题协调，对工程结余物资进行清理，在此基础上建立了动态管理共享数据库。器材公司作为物资主管单位汇总各工程公司结余物资月报表，专人负责，统一调配。

强化物资管理的措施实施之后的半年来，该公司工程结余物资流失现象得到了有效遏制，员工节约成本意识增强。同时，企业的经济效益和管理水平也得到了提升。

问题：结合本案例，请谈谈物资管理对企业的重要意义。

❖ 项目分析

"质量第一，信誉至上"几乎是每个企业所追求的经营宗旨，甚至可以说质量就是企业的生命。

在生产过程中，原材料、包装材料、辅助材料、燃料等资源的优劣直接决定了产品的品质。如果原材料等物资质量、数量不符合要求，就会直接影响企业生产及销售活动的正常运行。可见物资管理不仅关系企业的兴衰，而且"上涉国计，下关民生"，可谓至关重要。

"工欲善其事，必先利其器。"设备是企业生产活动不可或缺的基本要素，是保障生产顺利进行的物质技术基础。搞好设备管理，对于保证企业正常运营，推动企业技术改革，提高企业产品质量、提升企业经济效益和企业的市场竞争力具有重要意义。

那么，什么是物资？什么是物资管理？物资管理都包括哪些方面的内容？什么是设备？什么是设备管理？如何开展设备管理工作？本项目将对以上问题进行解答。

任务 7.1　掌握物资管理

❖ 任务引入

我们都知道，库存管理目的是维持库存中每种物品的质量和数量，并方便存取以满足生产的需求。在早期人们普遍认为库存量越大，表明企业实力越强，越有市场竞争力。而如今实现零库存才是企业所追求的目标。

问题：为什么现代企业的库存观念发生了变化？企业该如何实现零库存？

❖ 相关知识

1. 物资管理的概念与基本职能

1）物资管理的概念

通常的物资泛指生产和生活上所需的物资资料，即生产资料和生活资料的总称。企业的物资是指用于企业生产，在生产过程中所消耗的生产资料，包括原料、材料、染料、辅助材料、工具和设备等。企业的生产过程通常也是各种物资的使用和消耗的过程。

物资管理是对企业生产过程中所需各种物资进行有计划的采购、储备、供应、保管、使用等一系列管理工作的总称。物资管理的好坏关系到企业的生存和发展，加强物资管理，可以有效降低企业的生产经营成本，加快资金的周转速度，提高企业的经济效益和市场竞争力。企业物资管理的基本任务包括五个，如表 7-1 所示。

表 7-1　企业物资管理的基本任务

基本任务	任务描述
掌握供求情况	掌握企业内部生产经营活动对各种物资需要的品种、数量及时间等,以及所需物资的市场价格、渠道及供货条件等情况
及时采购	做好物资的供应计划,在保证产品质量的前提下,尽可能地降低采购及运输费用;及时采购,满足企业生产经营活动的需求
及时供应物资	按时、按质、按量地供应企业所需要的各种物资,保证企业生产经营的顺利进行
加强仓库管理	加强仓库管理,科学合理地控制库存,减少流动资金的占用
合理使用	做好物资的合理使用,提高物资利用率,降低物耗成本;采用新材料、新工艺和新装备,创新物资管理模式,降低企业物资管理成本

2) 物资管理的基本职能

物资管理不善容易造成停工待料、物料积压,直接影响企业的生产计划,打乱全局。因此,企业的物资管理应该遵循"适时、适质、适量、适价、适地"的原则,并履行以下基本职能,如表 7-2 所示。

表 7-2　物资管理的基本职能

物资管理的基本职能	准确地分析及制订生产所需要的物料计划
	控制好所采购物料的品质、交期和数量
	准确地控制物料的进出及存量,确保不断料和不积压
	管理好库存,保证数量准确、品质不变异,并且保证合理库存,减少资金的积压
	创造合理使用物质的条件,监督和促进生产过程中合理使用物资,降低物资消耗
	节省采购、运输、仓促及其他物资管理费用的支出
	遵守国家政策和法令,严格执行企业的物资管理制度

2. 物资管理的内容

1) 物资消耗定额管理

俗话说"兵马未动,粮草先行",企业需要提前预测各类物资需求量,为物资需求计划制订、采购、供应等活动提供依据和支持。由于生产过程是连续进行的,企业不断消耗各种物料,而物料的供应是间断、分批进行的,企业在制订物资需求计划前,不仅要正确预测完成生产任务所需要的各种物料的需求量,而且要保证维持生产正常进行所必需的一定的物资储备量(见图 7-1),以保证生产活动的正常进行。

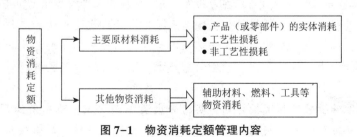

图 7-1　物资消耗定额管理内容

（1）物资消耗定额的概念。物资消耗定额是指在一定的技术经济条件下，企业单位产品或单位工作量所必须消耗某种物资的数量标准。物资消耗定额的构成包括主要原材料消耗以及辅助材料、燃料、工具等其他物资消耗，其中主要原材料消耗又可分为产品（或零部件）的实体消耗、工艺性损耗和非工艺性损耗这三类，如表7-3所示。

表7-3 物资主要原材料消耗的类型

类　型	描　述
产品（或零部件）的实体消耗	生产产品的物资有效消耗部分，如酿酒用的原料，生产沙发用的皮革等
工艺性损耗	在生产过程中，不可避免和不可克服的物资消耗，这部分消耗不能转移到产品上。如金属材料加工过程总共产生的边角料等
非工艺性损耗	非工艺性损耗主要是指材料在采购和储运阶段的损耗。如物资在运输过程中的自然损耗等

（2）物资消耗定额的制定方法。物资消耗定额的制定主要分为"定质"和"定量"，即企业使用物资不仅要确定物资的品质、规格和质量，还要计算所需物资的数量标准。物资消耗定额的制定方法主要包括技术计算方法、统计分析方法以及经验估计方法，如表7-4所示。由于三种方法各有利弊，企业在实际工作中常根据实际情况联合使用多种方法。

表7-4 物资消耗定额的制定方法

物资消耗定额方法	方法描述
技术计算方法	根据产品图纸、工艺文件要求，计算出物资消耗定额的方法
统计分析方法	通过对已有的同类产品实际物资消耗的统计资料进行分析，确定物资消耗定额的方法
经验估计方法	根据专业人员的经验和已有资料，估计物资消耗定额的方法

（3）物资消耗降低的途径。物资消耗降低，有利于降低企业的生产成本，增加企业产品的竞争优势。企业物资消耗降低的方式主要有节约资源、提高资源综合利用效率、做好废旧物资管理工作等。

阅读资料

孤东采油厂降低物资消耗的有效措施

胜利油田孤东采油厂针对成本紧张的状况，精细划分物资消耗指标，严格进行物资消耗管理，做到精打细算，确保每一分钱都用在刀刃上，真正实现资源管理最优化和经营效益最大化。

一是按照增效程度进行物资材料分类预算。孤东采油厂优化产量和工作量结构、优化要素和价值量结构，确保在降本增效及安全环保民生方面的投入，压缩非生产支出、压缩管理费用，将有限的物资资源投入最需要的增效增产上，逐步实现生产物资材料成本投入结构的持续优化与合理。

二是严格按照物资管理和审批计划，实行分大类限额管理。孤东采油厂对56个大类的物资重新进行了界定和划分，明确生产用料和辅助生产用料种类，严格按照物资种类来管理和审批需求计划。同时规定各三级单位主要生产用料所占比例不能低于70%，并根据各单位实际，明确生产辅助用料限额，严格控制生产辅助用料。

三是严格控制非生产用料消耗，对非生产用料实行定额管理。孤东采油厂根据对各单位的非生产用料消耗和非生产用料使用情况进行详细的统计分析，确定各单位全年消耗数量和月度消耗数量，在日常用料过程中严格执行消耗标准。

四是强化材料费用的总量控制，实行材料费分级管理。孤东采油厂对各单位材料费实行分级管理，对小额费用，实行三级分管领导审批，计划审批小组签认的办法；对大额生产费用（5万元以上、10万元以下），实行三级申请、计划小组签认，报采油厂分管领导审批的办法；对10万元以上的大宗物资，实行各单位提书面申请报告并报采油厂领导审批的管理办法；对生产辅助用料实行限额管理月均消耗办法，凡超过3万元者，一律由采油厂主管领导审批后方可上线。

通过采取有效措施，该厂优化了物资资源的使用，有效地降低了物资消耗，控制了生产成本。

2）物资需求计划

物资需求计划是指企业在计划期内，为保证生产经营正常进行而对物资需求所进行的预先规划。物资需求计划的主要内容包括：确定各类物资需求量，计算计划期的期初库存量和期末物资储备量，进行综合平衡，确定计划期的物资采购量。

（1）确定物资需求量。物资需求量是指企业在计划期内为满足生产经营活动的各方面需要而消耗的物资数量。物资需求量应该按照物资类别及规格分别计算，其直接计算公式为：

$$某种物资的需求量 = 计划产量 \times 物资消耗定额 + 物资合理损耗$$

【例7-1】 某公司要为客户加工一批配件，客户订单数量为5万个，要求超交部分不超过订单数的3%，该公司生产这种产品需要用ABS料，其消耗定额为3.2克/个，物料损耗为0.5%，试问，生产这批产品需要多少千克ABS料？

解： 为了按时按量按质完成生产任务，为弥补生产过程中出现的不合格品数量，公司决定超交部分按订单数量的3%生产，则所需ABS料为：

$[(50\ 000 + 50\ 000 \times 3\%) \times 3.2 + (50\ 000 + 50\ 000 \times 3\%) \times 3.2 \times 0.5\%]/1\ 000$
$= (164\ 800 + 824)/1\ 000 = 165.24(kg)$

（2）计算计划期的期初库存量和期末物资储备量。

$$期初库存量 = 编制计划时实际库存量 + 期初前到货量 - 期初前消耗量$$
$$期末物资储备量 = 期初库存量 + 本期采购量 - 本期需求量$$

（3）确定物资计划期的物资采购量。确定各种物资的需求量和期初库存量、期末物资储备量之后，就要对每种物资进行需求和供给平衡，编制物资平衡表。然后根据物资平衡表提出各类物资的采购量，编制物资供应计划。

$$物资采购量 = 物资的需求量 + 期末物资储备量 - 期初库存量 - 企业内部可利用的其他资源$$

瞬息万变的市场要求企业编制物资计划时应该综合企业内部各部门的信息，编制科学、合理的物资需求计划。计划制订之后，物资部门负责计划落实及监督的工作，通过定期的物资供应例会等形式，对物资需求计划的执行情况进行监督，发现问题及时解决。

3）物资采购管理

物资采购是企业组织生产、经营的首要环节，没有物资采购，就没有企业的正常生产经营活动。如果企业不能保质、适量、适价、及时地采购物资，也将会影响企业再生产的顺利进行，影响企业的经营效益，甚至关系到企业的生存和发展，因此企业应当积极采取措施做好物资采购工作。

（1）物资采购的内容。物资采购是一项特别繁杂的工作，企业必须按照严谨、科学的采购程序进行采购，才能够保证企业生产经营活动的正常进行。尽管根据企业性质的不同，采购的内容及方法也不完全相同，但采购程序一般都包括制订采购计划、选择供应商、签订合同、物资入库验收以及支付货款等环节，如图7-2所示。

（2）物资采购的原则。在进行物资采购时，企业应该遵循以下四个原则。

①遵纪守法原则。在进行物资采购时，采购人员应该遵守国家法律法规和企业的各项规章制度，不能徇私舞弊、贪污受贿等。否则，不仅会给企业带来经济和声誉上的损失，采购人员还有可能会受到法律的制裁。

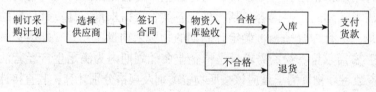

图7-2 物资采购流程

②以需定购原则。物资采购的目的是保证企业生产经营活动的顺利进行，企业应该根据生产需要，适量、保质地采购相关物资，即需要多少物资就采购多少物资，需要什么类型的物资就采购什么类型的物资。采购过少，不能满足生产需要，往往导致生产中断，影响企业的经济效益；采购过多，则导致物资积压，套住周转资金，增加物资存储费用。

③择优选购原则。企业在进行采购时，应该根据企业的生产经营范围、条件和特点，综合比较物资供应质量、价格、售后服务、供货商信誉等，购买"物美价廉"的物资。

④市场动态原则。由于很多物料的价格受季节及供需情况影响，企业在采购物资时，应当注意市场的经济动态，掌握企业所需物资在市场中的变化趋势，选择采购的最佳时机。

4）物资储备定额

物资储备定额既要满足企业生产的正常需要，又要尽可能减少储备量，所以物资储备定额是企业物资管理中一项重要的工作。

（1）物资储备定额的含义。物资储备定额，是指在一定的技术组织条件下，企业为完成一定的生产任务，保证生产正常进行所必需的、经济合理的物资储备数量标准。

（2）物资储备定额的内容。企业的物资储备定额通常包括经常储备定额、保险储备定额和季节储备定额，如图7-3所示。

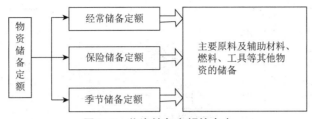

图 7-3 物资储备定额的内容

①经常储备定额,是指企业在前后两批物资供应间隔期中,为保证正常生产需要而建立的物资储备。这个储备数量是周期性变化的,当一批物资进厂时,达到最高储备数量,随着生产的消耗,物资逐渐减少,直到下一批物资进厂前,降到最低储备数量,当下一批物资进厂时,又达到最高储备数量。如此往复循环,周而复始,使企业物资储备数量经常在最大值与最小值之间变动,故又称为周转储备定额。它的制定方法有以期定量法、经济订购批量法等。

②保险储备定额,是指为防止物料供应误期而建立的储备,主要由保险储备天数和平均每日需要量两个因素决定。

③季节储备定额,是指某些企业由于某种物料来源受到季节性影响而建立的储备。它是根据季节储备天数和平均每日需用量来确定的。

(3) 物资储备定额的作用。物资储备定额的作用主要有以下几个。

①物资储备定额是编制物资供应计划和组织采购订货的主要依据。物资供应计划中的储备量,是根据物资储备定额计算的,只有当物资需用量和物资储备量确定之后,企业才能确定物资供应量,从而合理地组织订货和采购。

②物资储备定额是使储备保持在合理水平的重要工具。其能使企业掌握和监督物资库存动态,使企业库存物资经常保持在合理水平的重要手段之一,企业只有了先进合理的物资储备定额,才能满足生产的正常需要,且防止物资的积压和浪费。

③物资储备定额是企业核定流动资金的重要依据。因为物资储备一般在企业流动资金中占有很大的比重,因此,企业制定和贯彻先进合理的物料储备定额,对于节约资金,加速流动资金周转速度,具有重要的作用。

④物资储备定额是确定企业物资仓库面积和仓库所需设备的数量,以及仓库定员的依据。有了先进合理的物资储备定额,企业才能减少仓库的基本建设投资,提高仓库及设备利用率和合理配备人员,以节约开支。

5) 物资仓储管理

(1) 物资仓储管理的含义。在物资相对紧缺的时代,充足的物资储备为企业的正常生产提供了基本的保障,甚至有人认为"物资储备越多越好"。但对于现代企业来说,过多的物资储备使企业承担了巨额的仓储费用,并占用了企业的大量资金,严重降低了企业的竞争力。正像露华浓的前总裁迈克尔·C.伯杰拉克所说,"每个管理上的失误最后都会变成库存",因此,每个现代企业要想生存、发展,都必须做好物资仓储管理工作。

物资仓储管理是指企业对仓库和仓库中储存的物资进行管理,以充分利用仓储资源并提供高效的仓储服务。物资仓储管理要求企业保质、保量、及时、安全地供应生产所需要的各种物资,其主要内容就是负责企业物资的验收、保管保养、物资出库、实物发放、废旧物资回收等方面的工作,如图 7-4 所示。

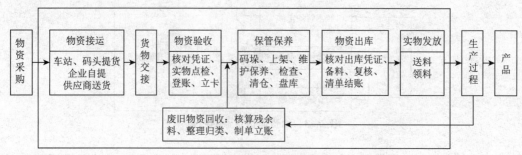

图 7-4 物资的仓储管理作业流程

（2）现代企业的物资仓储管理方式。随着社会经济的发展及计算机技术的进步，企业物资仓储管理的发展经历了以下几种方式。

①充分运用运筹学理论知识，改善、优化仓储管理。运筹学是应用数学和形式科学的跨领域研究，利用数学模型和算法去寻找复杂问题中的最佳或近似最佳解，常用于解决现实中的复杂问题，特别是改善和优化现有系统的效率。其主要研究内容有：规划论（包括线性规划、非线性规划、整数规划及动态规划）、对策论、图论、存储论、排队论、网络分析、决策分析以及随机模拟等。运用运筹学相应理论，能够改善和优化仓储现状，提高仓储管理水平。例如，应用规划论，制订物资分配计划，优化调运方案；应用网络分析确定物资的发货量，改善仓储地点的选址和布局；应用存储论计算物资的最佳库存量及进货时间和批量；等等。

②运用 ABC 分类法对物资存储进行管理。ABC 分类法同帕累托原理比较类似，就是对所要存储的物资按照所有数量及占用成本比例之间的关系进行分类，然后对不同类别的物资进行差异化管理。其中，A 类物资是指存货数量少，但价值却比较高的物资；B 类物资是指存货数量一般，价值也适中的物资；C 类物资是指存货数量多，价值却比较低的物资。通常，从数量上来看，A 类物资约占 10%，B 类物资约占 35%，C 类物资约占 55%，而从价值上来看，A 类物资约占 70%，B 类物资约占 20%，而 C 类物资则不足 10%。

从管理的角度来看，库存类型不同时，企业所采用的控制方式也会有所差异。对于上述三类物资的存储控制，一般可采用以下方法。

a）对于 A 类物资，由于其资金占用量较大，不易多存。因此，要采用定期库存控制法，增加订购次数，尽量缩短订货间隔期，并且做到经常检查存货状况。

b）对于 B 类物资，一般采用定量库存控制法，计算出最佳订货批量及订货点，当库存量降到订货点时进行订购。

c）对于 C 类物资，由于其资金占用量小，可以适量增加订货批量，减少订货次数。

③运用仓库管理系统进行仓储管理。仓库管理系统（warehouse management system，WMS）是通过入库、出库、仓库调拨和虚拟仓库管理等功能，综合批次管理、物料对应、库存盘点、质检管理、虚拟仓库管理和即时库存管理等功能的管理系统。该系统可以有效控制并跟踪仓库业务的物流和成本管理全过程，实现完善的企业仓储信息管理。WMS 将传统的信息录入转变为信息采集，并能够兼容原有的信息录入方式，其中信息采集通过 RFID 技术对物资所对应的条码进行识别来实现。因此，企业采用 WMS 能够使仓储管理更加准确、高效、快捷。

④利用"零库存"的物资储备模式对物资仓储进行管理。"零库存"物资储备模式产生于日本。它并不是说将仓库存储物资数量为零,而是指通过一定的控制策略,将物资在采购、生产、销售和配送等流程中周转,最小化仓库物资的储备量。20世纪80年代末期,"零库存"物资储备模式已广泛应用于日本的制造业,其中,在丰田汽车公司中的应用成效最为突出。当今,这种储备模式在世界范围内得到了广泛推广。例如,我国的海尔、海信、美的等公司都在采用该种物资储备模式,降低存货的存储成本,提高生产效率,进而提高企业效益,增强企业的竞争能力。

零库存物资储备模式因在降低企业生产成本、提高企业效益方面的突出表现,令许多企业心驰神往。然而,零库存物资储备模式并非在任何企业都能够实施。首先,实施零库存物资储备模式不仅需要依靠强硬的管理手段,还要具有"零距离"的供应商,实现供应链的共赢。其次,实施零库存物资储备模式需要企业在行业内具有较高地位,在与供应商的谈判中有较大的话语权,占据优势。最后,企业要具有较强的应变能力,以便在遇到环境突变时,能做出及时调整。

知识链接

企业零库存物资储备模式的风险

零库存模式可以使企业在供应链、物流、资金流等方面获得优势,但过于单一的零库存管理模式有可能会让企业损失具有潜力的供应商和预测外订单。另外,实施零库存的企业首先要获得订单,然后根据订单进行原料采购和组织生产,进而满足客户需求,这常常导致客户订货周期过长。这与传统的拥有大量产成品库存的企业相比,企业对市场做出反应的速度较慢,使实施零库存的企业很难快速对市场需求做出反应,使竞争对手有机可乘,客户满意度降低。

6) 物资节约使用管理

资源节约及综合利用是一个全社会关注的重要问题。常用的物资节约方法有改进产品设计、采用先进工艺、选用新材料和代用材料、回收和利用废旧物资、加强物资运输和保管工作以及综合利用物资,如表7-5所示。

表7-5 物资节约方法

方　　法	方法描述
改进产品设计	产品设计是物资节约的首要环节,在保证产品质量及满足客户需求的前提下,企业进行产品设计时必须认真贯彻节约资源原则,努力设计耗能低、效率高的产品,如新能源汽车就有利于节能减排
采用先进工艺	工艺性消耗是物资消耗的重要部分,采用先进的工艺,可以减少原材料的工艺性消耗,提高原材料的利用率,还可以提高产品质量及生产效率
选用新材料和代用材料	在保证产品质量的前提下,选用经济合理的新材料和代用材料,有利于节约物资
回收和利用废旧物资	企业在生产过程中必然会产生大量的废旧物资,及时回收和利用这些废旧物资,可以变废为宝

续表

方　法	方　法　描　述
加强物资运输和保管工作	物资在运输和保管过程中，可能会因搬运、装卸及保管不当等发生一定的损耗，因此企业应加强物资运输及保管工作，尽可能防止物资损耗
综合利用物资	对生产经营过程中产生的各种副产品或废水、废气、废渣等排放物，企业应利用科技手段及时进行处理和利用，化害为利，综合利用

❖ **任务实训**

1. 实训目的

通过实例分析，加深对企业物资管理的认识。

2. 实训内容及步骤

（1）将全班同学划分为若干任务团队，各团队推选小组长负责此次实训活动。在实训伊始，团队成员阅读以下案例（案例《JY矿业集团的煤矿物资管理》，详见二维码）。

（2）各团队根据案例材料回答以下问题：JY矿业集团的煤矿物资管理存在哪些问题？其问题产生的原因是什么？该集团应该采取哪些措施以提高物资管理水平？

（3）各团队在负责人的组织下完成案例讨论，得出结论并形成文字材料。

（4）各团队提交案例分析材料，交由授课老师评阅。

（5）授课老师对各团队案例分析结论进行点评，完成本次实训。

案例分析
JY矿业集团的煤矿物资管理

3. 实训成果

实训小作业——JY矿业集团的煤矿物资管理案例分析。

任务7.2　掌握设备管理

❖ **任务引入**

"工欲善其事，必先利其器。"设备是企业生产活动不可或缺的基本要素，是保障生产顺利进行的物质技术基础。搞好设备管理，对于保证企业正常运营，推动企业技术改革，提高企业产品质量、提升企业经济效益和企业的市场竞争力具有重要意义。

问题：设备具有哪些特性？设备管理与企业一般物资管理有何不同？

❖ **相关知识**

1. 认识设备与设备管理

1）设备的概念与分类

设备是企业固定资产的重要组成部分。它是企业为了组织生产，所投入的用来影响或改变劳动对象的机械、装置和设施等各种相关劳动手段的总称，如机器、测试仪、反应罐、计算机、复印机、车辆、船舶、工业设施等。

设备的种类繁多，型号规格各异。为了管理便利，企业常对设备进行分类管理。按照不同的划分标准，设备可以分为多种类型，如表7-6所示。

表7-6 设备的分类

分类依据	类别	类别描述
按照设备的用途分类	生产工艺设备	直接用于工业生产过程的各种设备，如炼油厂的反应罐、机械厂的机床等
	辅助生产设备	服务于生产过程的设备，如运输设备、动力设备等
	教学、科研设备	在教学和科学研究中所要使用的辅助设备，如测试仪、计算机、多媒体、实验设备等
	施工用设备	在土木工程施工中所使用的各种设备，如铲车、搅拌机、吊车等
	第三产业用设备	在通信、餐饮、医疗等行业中所使用的设备，如信号塔、餐具、手术刀、核磁共振仪器等
	管理设备	在行政管理工作中所需要使用的设备，如复印机、扫描仪、摄像机、监控设备等
	其他设备	上述设备中未包含的其他设备
按设备所起作用的程度分类	关键设备	在生产中用于关键工序的设备，这类设备一旦出现问题，生产和安全将会受到严重影响，甚至造成巨大的经济损失
	主要设备	在生产中具有主要作用的设备，这类设备对生产与安全的影响比关键设备稍小一些
	一般设备	在生产中数量比较多、价格便宜、维修方便或有备用的设备。这类设备一般对生产和安全的影响不大
按设备的所属关系分类	自有设备	企业自己所购买的设备，属于企业的固定资产，包括租出的设备
	租入设备	为了满足企业生产或其他需要，从外单位租入的设备，如冷藏车租赁、挖掘机租赁、仓库租赁、船舶租赁等

2) 设备管理的含义

设备管理是企业管理的重要内容，是指对设备运行的全过程进行管理，涵盖设备的整个生命周期，主要包括设备的购置管理、组织安装与调试，设备的运行、维护和维修，设备的适时改造、更新和报废等内容。

3) 现代企业设备管理的主要方法

(1) 设备综合管理。人们基于设备维修预防的思想，结合系统理论和行为科学的观点，形成了设备综合管理的概念。设备综合管理是对设备进行全面管理的一种重要方式，是设备管理领域的一场革命。其在传播推广过程中，结合各国的实际情况和生产维修的经验，形成了众多设备综合管理的模式。其中，以在日本形成的全面生产维修制度最为著名。

全面生产维修制度（TPM），也可称为全员生产维修制度，是日本前设备管理协会（中岛清一等人）于1970年正式提出的一种设备维修制度。这是一种要求企业全体职工参加，讲求设备系统管理和追求设备综合效率的新型设备管理和维修制度。

全面生产维修制度与原来的生产维修体制相比，主要突出一个"全"字，该"全"字有三个方面的含义，即设备的全系统、设备的全效率和全员参加。全系统是指生产维修的各个侧面均包括在内，如预防维修、维修预防、必要的事后维修和改善维修，如图7-5所示。全效率是指设备寿命周期费用评价和设备综合效率。全员参加是指这一维修体制的群众性特征，从公司经理到相关科室，直至全体操作工人都要参加。企业只有做到全系统、全效率和全员参加，才有可能成功实施全面生产维修制度。

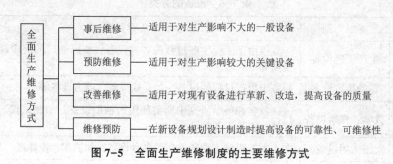

图7-5　全面生产维修制度的主要维修方式

（2）企业资产管理系统。随着计算机及网络技术的发展，智能设备维护技术也随之出现。企业资产管理系统（enterprise asset management，EAM）就是通过技术系统实现设备管理，由管理系统和技术系统组成的一个复合型信息化系统。它主要包括检修管理、故障及项目管理、紧急工单管理、点检管理、固定资产管理、工单管理、备件材料管理、预防性维护管理、安全管理、采购管理、报表管理、数据采集管理等基本功能模块，以及工作流管理、决策分析等可选模块。其管理思想主要包括三个方面：追求资产的优化和资产投资回报的最大化，控制设备资产管理的整个流程，实现设备资源与技术资源、人力资源、资金资源、物资资源的优化配置。

EAM以资产模型、设备台账（设备台账是记录设备资产状况，反映企业各种类型设备的拥有量、设备分布及其变动情况的账簿）为基础，强化成本核算的管理思想，以工单的创建、审批、执行、关闭为主线，合理、优化地安排相关的人、财、物资源，将传统的被动检修转变为积极主动的预防性维修，与实时的数据采集系统集成，可以实现预防性维护。通过跟踪记录企业全过程的维护历史活动，将维修人员的个人知识转化为企业范围的智力资本。集成的工业流程与业务流程配置功能，使得用户可以方便地进行系统的授权管理和应用的客户化改造工作。

知识链接

设备管理在企业生产管理中的地位

设备是提高生产效率，提高产品质量与服务质量，提高经济效益的重要工具。设备管理在企业生产管理中占有十分重要的地位。

1. 设备管理是企业生产顺利进行的前提

设备是保证企业生产顺利进行的物质技术基础。企业的生产效率不仅与企业管理水平和工人技术水平相关，而且取决于生产过程中所使用的工具和设备的完善程度。如果设备保养及维修不及时，短期内可能造成企业生产效率下降，长此以往，就可能引起事故或设备的提前报废，造成停产。

2. 设备管理是企业安全生产和环境保护的保证

设备管理关系到企业生产的安全性及对环境的保护，设备的不合理使用及维护，不仅可能造成机器设备的损害，甚至有可能造成人身事故。

企业应当提高对设备管理工作重要性的认识。企业应当正确使用和精心维护设备，消灭隐患于萌芽状态，保证设备的安全运行，为保证企业产品质量和安全生产、提高企业经济效益提供保障。

另外，设备的管理对环境改善也有一定的影响。例如，有些企业的粉尘、噪声、排污等常常是企业设备落后、维护不及时、管理不善造成的。因此，企业应该注重设备的管理工作，做好环境保护工作。

3. 设备管理是保证产品质量的基础工作

设备是影响产品质量的主要因素之一，高质量的产品要靠高质量的设备生产得到。随着现代工业化时代的发展，企业生产越来越以可靠的、高精度的设备作为主要的生产资源。

2. 设备的购置

根据设备综合管理的理念，设备管理应该贯穿设备的全寿命周期，就是从设备的规划到设备报废的整个过程的管理。设备的前期管理是指新设备从企业外部经过选择、购买、运输、安装、调试进入企业的过程的管理。在设备的前期管理中，首要问题是设备的购置问题，企业设备选型不当往往会造成严重的资源浪费。我们应当正确选购设备，为设备后期管理打下良好的基础。在设备的选择过程中，企业应该遵循以下几个原则。

（1）先进性：选择设备是为生产选择最佳技术装备，设备只有具有一定的先进性，才能适应现代化生产的要求，生产出高质量的产品，提高企业的竞争力和生产效率。反之，不仅造成企业资源浪费，更有可能导致人身伤害。

（2）生产性：设备要具有较高的生产效率，同时产出的产品质量也处于较高水平。

（3）可靠性：设备的精度、准确度、安全度高。例如，某大型注塑机械生产厂充分考虑了设备的可靠性，引进了日本的数控加工设备。该设备由于性能优良，可靠性强，在正确的操作和设备维护下，几年时间内未出现故障，创造的价值很高。

（4）可维修性：设备维修的难易程度。如果设备维修困难，会给企业带来很大麻烦并造成经济损失；如果设备维修简单或者尽管维修困难但企业可以自行维修，不但可以节约维修费用，而且能够有效地提高效益。

（5）耐受性：设备物质寿命的期限及耐磨损、耐腐蚀的程度。

（6）适应性：设备可以适应不同的工作条件和环境。

（7）经济性：在设备选购时，经济分析是不可缺少的环节，企业应当考虑"需要与是否值得"的关系。不少企业花大价钱购买的设备利用率极低，而设备的维护费用又很高，因此导致经济上的严重浪费。

（8）环保性：企业在选择设备时应该注意是否有噪声污染，是否排放有害物质等，防止对环境造成污染。

因此，在选购设备时，企业应当充分考虑多个方面对设备进行综合评价和对比分析，只是关注设备价格或者对设备选择的某个指标设定较大权重，都有可能购买到不合格的设备。

3. 设备的使用

设备在使用过程中，总会发生磨损、劣化等情况。当磨损、劣化达到一定程度时，设备的精度、性能和工作效率就会受到影响。企业正确合理地使用和维护设备，才可以保持设备的技术状态，延缓设备磨损、劣化进程，保持设备良好的性能和精度。企业应该遵循以下几个原则对设备进行合理使用。

（1）合理安排生产任务。根据各种设备的性能和技术要求及适用的工作范围，合理安排生产任务，切勿"大机小用"，否则不仅浪费能源，而且还难以达到工件的工艺精度要求。同时，还要防止"精机粗作"，影响精密机床的寿命。此外，还要严禁"超负荷、超范围、超性能"安排使用，否则，不但会缩短设备的寿命，甚至还会造成设备损坏和人身事故。

（2）选配合格的操作人员。对操作人员进行岗前培训，考核合格后，让其凭证操作。本着"谁使用、谁管理、谁负责"的原则，推行"定人、定机、定岗"的"三定"原则。

（3）建立健全设备管理规章制度。规定操作人员岗位责任制，设立设备检查员，设定设备使用规程、设备维护规程等管理规章制度。

（4）创建良好的工作条件和环境。根据设备的特殊要求，选择适宜的工作场地，创造良好的工作环境，如控制温度、通风、防潮、防腐等。

（5）定期对设备进行保养和检查。目前，企业对设备的保养采用较多的是"三级保养制度"，即以操作者为主，对设备进行以保为主、保修并重的强制性维修制度。"三级保养制度"主要包括日常维护保养、一级保养、二级保养。三级保养制度是依靠群众，充分发挥群众的积极性，实行群管群修，专群结合，搞好设备维护保养的有效办法。

另外，在设备运行管理过程中，企业还需要对设备的运行情况、工作精度、磨损或腐蚀程度进行检查和校验。通过检查，全面掌握设备技术状况的变化、设备劣化程度、磨损情况及存在的故障。及时查明设备故障，有利于提高维修质量和缩短维修时间，及时消除设备隐患，防患于未然。

4. 设备的维修

设备的维修是指通过修复或更换磨损零件，调整设备精度、排除故障、恢复设备原有功能的一系列技术活动。其目的是恢复设备的精度和功能，提高效率，延长设备的使用寿命，保持设备的生产能力。

（1）设备维修计划。设备维修计划是指导企业在计划期内对机器设备进行维护保养和检查修理的计划。它是企业生产经营计划的重要组成部分，一般由企业设备管理部门负责编制。设备维修计划按其计划维修的类别可分为设备大修计划、设备中修计划、设备小修计划、设备项修计划、设备定期精度检查和调整计划、设备预防性检查计划等；按计划期的不同可分为年度、季度、月度维修计划。

在设备维修计划中，要具体规定企业在计划期内有哪些设备需要进行维修，以及维修的类别、内容、时间、工时、停修天数和维修所需的材料、备品配件、费用等。

（2）设备维修的模式。设备维修主要有以下三种模式。

①修复性维修。修复性维修，顾名思义，就是在设备发生故障后才进行的维修。与之同义的还有事后维修、故障后维修、排除故障维修等。这种模式是在20世纪50年代前占主导

的维修模式,其特点是设备坏了才修,不坏不修理。对于结构简单、修理方便、修理时间较短、对生产影响小的非重点设备,一般采用事后维修的方式。但由于现代设备的技术水平高、作业连续性强,对于重点设备,事后维修可能造成设备停机、生产中断等问题,从而带来巨额的经济损失。这类对生产影响较大的重点设备不适合采用事后维修的模式。

②预防性维修。预防性维修是一种主动维修的模式,是指在设备未发生故障的情况下,提前对设备进行维修,是包括监控、清洗、润滑、修正、校准以及子系统和零件的更换等一系列活动的集合。企业一般通过定期检查的方式对设备进行预防维修,其目的在于提高设备的可靠性,在故障处于萌芽状态时将其控制,采取"预防为主""防患于未然"的措施,以减少停工损失和维修费用。

③改进性维修。改进性维修是指为了消除设备的先天性缺陷或频发故障,对设备的局部结构或零件的设计加以改进,结合修理进行改装以提高其可靠性和维修性的措施。改进性维修在预防性维修或修复性维修时进行,目的是改进设备的性能、可靠性、维修性等。

(3) 设备维修效果的评价。设备维修计划的制订以及执行效果需要有一定的评价指标体系进行考核。目前,我国不同行业的设备维修效果评价方法有所不同。一般从维修计划的完成率、返修率、维修停歇时间、维修费用以及设备综合完好率等方面进行考核。

同忻煤矿自主维修进口设备提效率

2020年,晋能控股煤业集团同忻煤矿公司自主维修改造进口设备45台,进行科技创新、技术革新109项,申请国家专利6项,促进了企业降本增效。

由于进口设备维修费用高、维修周期长,为降低生产经营成本,该公司组织专业技术人员成立维修团队,尝试性地开展自主维修,并攻克了一系列技术难题。他们自主修复的进口美国久益输送机TTT液力耦合器已平稳运行了500多个小时;维修了澳大利亚大型支架搬运车,节约资金5万余元……

此外,针对一些进口设备设计上和实际应用中存在的问题,维修团队先后对艾可夫采煤机电控系统、西门子过滤系统控制系统、美国SR6520型破碎机截齿护套等进口设备进行国产化改造,有效降低了生产成本,提升了生产效率。

5. 设备的技术改造与更新

无论什么设备都有一定的工作寿命,设备使用过程中总会不断地出现磨损和老化的问题,如图7-6所示,一般设备处于劣化故障期后,设备故障率高,维护费用相应也高,当设备维护费用高于该设备的产出价值时,这台设备也就应该被淘汰了。因此,企业应该有计划、有重点地对现有设备进行技术改造和更新。

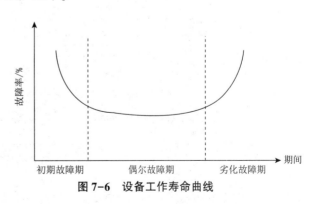

图7-6 设备工作寿命曲线

1）设备改造

设备改造是指应用新技术和先进经验对设备进行局部革新、改造，从而改善设备性能，提高生产效率和设备的现代化水平。设备改造一般包括设备改装和设备技术改造两种形式。企业在进行设备技术改造时，必须充分考虑设备改造的必要性、技术的可能性和经济的合理性。

2）设备更新

设备更新是指企业利用技术先进、经济合理的新设备来替换在物质上不能继续使用或在经济上不宜继续使用的旧设备。其目的是提高企业技术装备水平和产品质量，降低能耗，增强企业在国内、外市场的竞争能力。设备更新决策往往是企业成败的关键，在设备更新的具体实践中，企业必须遵循三个原则：第一是适时，即要选择适当的时间和机会；第二是适应，即要选择适宜的技术和装备；第三是适度，即要综合考虑各种因素。其中，设备更新要适度，最为关键。

6. 设备的备件管理

科学合理地储备备件、及时地为设备维修提供优质备件，是设备维修必不可少的物质基础，可以有效缩短计划维修时间，节省维修费用，提高设备的可靠性、经济性和易维修性，保证企业正常生产。备件的种类繁多，按照不同的划分标准，可以分为多种类型，如图7-7所示。备件管理主要包括备件的技术管理、计划管理、库房管理、经济管理等内容。

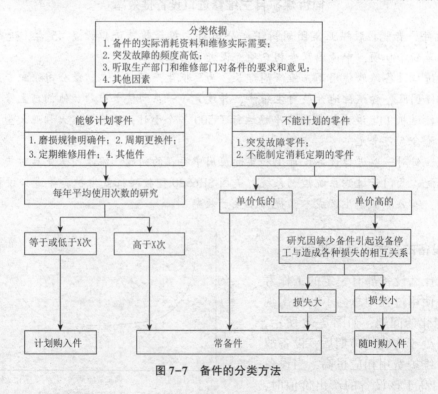

图7-7　备件的分类方法

❖ 任务实训

1. 实训的目的

通过问卷调查,了解当地生产型企业的设备管理状况。

2. 实训内容及步骤

(1) 以班级为单位实施此次调查。根据任务需要,对班级成员进行分工。
(2) 确定调查样本,设计和制订调研方案。
(3) 设计调查问卷,同学们按既定方案完成实地调查。
(4) 课代表组织同学们对调查所获得资料进行整理、统计和分析。
(5) 根据分析结果撰写调研报告,提交给授课老师批阅。

3. 实训成果

调查报告——《当地生产型企业设备管理状况调查报告》。

思考题

一、单选题

1. 下列事项不属于物资管理的是（　　）。
   A. 企业根据生产订单制订原材料供应计划　　B. 企业为扩大生产规模进行的征地
   C. 企业对生产所需物资进行采购　　　　　　D. 企业仓储管理
2. 下列不属于物资采购原则的是（　　）。
   A. 遵纪守法原则　　B. 以需定购原则　　C. 价格为先原则　　D. 市场动态原则
3. （　　）是20世纪50年代前占主导的维修模式,其特点是设备坏了才修,不坏不修理。
   A. 修复性维修　　B. 预防性维修　　C. 改进性维修　　D. 生产性维修
4. 设备更新所需遵循的原则中,最为关键的是（　　）。
   A. 适时　　　　　B. 适应　　　　　C. 适度　　　　　D. 适量
5. 下列有关设备分类的说法正确的是（　　）。
   A. 关键设备一旦出现问题,生产和安全将会受到严重影响,甚至造成巨大的经济损失
   B. 主要设备对生产与安全的影响比关键设备稍大一些
   C. 一般设备是指在生产中数量比较少、价格较贵的设备
   D. 主要设备一般对生产和安全的影响不大

二、多选题

1. 企业物质消耗降低的途径包括（　　）。
   A. 提高仓储效率　　　　　　　　　　　B. 节约资源
   C. 提高资源的综合利用效率　　　　　　D. 做好废旧物资管理
   E. 提高物流效率

2. 物资储备定额的作用包括（　　）。
   A. 编制物资供应计划的主要依据　　　B. 采购订货的主要依据
   C. 保留合理储备的重要工具　　　　　D. 企业核定流动资金的重要依据
   E. 确定企业物资仓库面积和仓库所需设备的数量，以及仓库定员的依据
3. 全面生产维修制度与原来的生产维修体制相比，主要突出一个"全"字，该"全"字的含义包括（　　）。
   A. 设备的全系统　　　　　　　　　　B. 设备的全面检查
   C. 全员参加　　　　　　　　　　　　D. 设备的全效率
   E. 全生命周期
4. 下列属于选择设备需要遵循的原则的是（　　）。
   A. 生产性　　　B. 先进性　　　C. 操作上简便　　　D. 经济性
   E. 适用性
5. 设备合理适用的原则包括（　　）。
   A. 合理安排生产任务　　　　　　　　B. 选配合格的操作人员
   C. 建立健全设备管理规章制度　　　　D. 定期对设备进行保养和检查
   E. 创建良好的工作条件和环境

三、名词解释

1. 物资管理　　2. 物资消耗定额　　3. 物资需求计划　　4. 物资仓储管理
5. 设备管理

四、简答及论述题

1. 降低物资消耗的途径主要有哪些？
2. 物资采购的原则主要有哪些？
3. 物资仓储管理的含义是什么？
4. 试论述全面生产维修制度。
5. 试论述设备合理使用的原则。

案例讨论

上海石化烯烃部"三建三抓"促全员设备管理上台阶

上海石化烯烃部 3 号烯烃联合装置以精细管理为目标，深入推进全员设备管理。结合生产运行实际，装置通过区域承包管理制、一月一区专项治理，形成了"建制度抓考核、建网络抓过程、建目标抓成效"的全员设备管理特色，设备现场管理水平得到明显提升。

该装置在推进全员设备管理工作中，按照总体规划、分步实施的原则，打出了一套"组合拳"，即通过一月一区专项整治的攻坚战、区域巡逻检查常改的持久战，循序渐进地在全体员工中根植"我的设备我管理、我的设备我维护"的自主理念。

一月一区专项整治着重对装置现场一些明显的问题进行集中整治，如开关箱的更换、压力表的校验、设备消漏、保温补缺、废旧管线拆除及除锈油漆保养、仪表箱的更换及清洗、现场及周边环境清理等。作为日常维护整改的区域巡检制，以持续改进为目标，形成了领导干部和生产运作组捆绑式参与现场区域承包管理中，日班主要负责人协调联系和把关的工作

方式。

　　为了更好地达到管理目标，装置设立专门的区域巡检台账，要求每个区域的责任人和定点班组，对责任承包区域每月开展一次区域卫生工作和设备保养工作方面的知识讲座，做到活动有记录、月度有考核、整改有反馈、奖励有兑现，真正实现全方位全覆盖，逐步形成专管成线，群管成网的设备管理体系。

　　通过开展全员设备管理，3号烯烃联合装置面貌有了很大的改善，成了样板区、示范区，并在上海石化设备线得到了推广，使装置的设备管理水平迈上了新的台阶。

问题讨论

1. 上海石化烯烃部的全员设备管理有哪些值得借鉴的地方？
2. 结合本案例，请谈谈企业该如何实施全员设备管理。

项目8 市场营销管理

学习目标

【知识目标】

(1) 理解市场营销的核心理念。
(2) 熟悉现代营销系统。
(3) 掌握目标市场营销策略。
(4) 掌握市场营销组合策略。
(5) 熟悉常见的品牌策略。

【技能目标】

(1) 能够掌握消费者购买行为的分析方法。
(2) 能够为企业制定目标市场营销策略提供策略建议。
(3) 能够为企业制定市场营销组合策略提供策略建议。
(4) 能够对企业的品牌策略提供客观评价。

【素质目标】

(1) 诚信经营,依法开展市场营销活动。
(2) 树立以满足消费者需求为核心的现代营销理念。
(3) 培养现代营销意识,建立战略品牌思维模式。

❖ 项目情境导入

小米手机在上市初期,牢牢抓住消费者求廉的消费心理,采取渗透定价策略,以物美价廉为卖点吸引顾客,打造出"高性价比"的品牌形象,并采取饥饿营销策略,使得当时的小米手机一机难求。

小米通过渗透定价策略迅速占领市场,凭借较高的销售量实现规模经济效益,有效降低了产品的单位成本。同时,低价也在市场上形成了一定的行业壁垒,微利阻止了竞争者的进入,大大增强了自身的产品竞争力。

小米在后来的行业发展中沿用了渗透定价策略,从最初的简单机型到后面的各款手机,其价格在当时的智能手机市场都属于中低水平。国内大多数消费者青睐低价高配的智能手机,小米高性价比的品牌特性,使消费者对它产生了品牌忠诚,大大提高了小米手机的市场占有率。小米手机的价格水平居于中低价位,符合其高性价比的初衷,小米坚持让更多人感受到科技进步带来的快乐与极致体验。小米手机"高性价比"的鲜明形象,深受大批对价格敏感的消费者的喜爱。

问题:在什么情况下企业适合采取市场渗透定价策略?小米手机的市场渗透定价对于其今后的品牌延伸策略产生了哪些影响?

❖ 项目分析

市场营销贯穿于企业经营活动的全过程,是企业与消费者之间实现价值交换的手段。市场营销的本质是满足消费者的需求,这也是企业得以生存的基础,营销活动的成功与否对企业来说可谓性命攸关。因此,很多企业都将市场营销作为经营活动的核心。

那么,什么是市场营销?其本质到底是什么?如何分析购买者的行为?如何开展目标市场营销?如何实施市场营销组合策略?如何进行品牌管理?本项目将对以上问题分别进行解答。

任务 8.1 初识市场营销

❖ 任务引入

在当今的商品社会中,市场营销是企业经营活动中不可或缺的重要组成部分,它直接面对消费者并识别消费者的需求和欲望,确定企业所能提供最佳服务的目标市场,并且提供适当的产品、服务等来满足这些目标市场的需求。市场营销的本质是满足消费者的需求和欲望,一切的营销活动都要以此为中心来展开。但令人遗憾的是,大多数人甚至是一些从事营销工作的人员,也会将市场营销简单地理解为推销或者销售,事实上这些活动只不过是市场营销的一部分功能。

问题:你是如何理解市场营销含义的?开展市场营销活动要做好哪些分析工作?

❖ 相关知识

根据现代营销之父、美国西北大学教授菲利普·科特勒的定义,市场营销是指个人和集体通过创造产品和价值,并同他人进行交换,以获得其所欲之物的一种社会管理过程。

1. 市场营销的观念

微课堂
营销观念的
变迁

市场营销观念产生于 20 世纪 50 年代中期。当时的背景是,第二次世界大战结束之后,欧美各国的军工工业很快转向民用工业,导致工业品和消费品的生产相对过剩,造成市场竞争日趋激烈。在这一竞争过程中,许多企业开始意识到传统的销售观念已不再适应市场的发展,它们开始注意消费者的需求和欲望,并研究其购买行为,这一观念上的转变是市场营销理论的一次重大变革。

市场营销观念认为,实现企业营销目标的关键在于满足消费者的需求和欲望。通俗的解释即为,消费者需要什么,企业就生产什么。这种观念抛弃了以企业为中心的指导思想,代之而起的是以消费者为中心的指导思想。市场营销观念以消费者的需求为中心,协调所有影响消费者的活动,并通过这种满足消费者的行为而获取利润,无疑较前几种营销观念更具积极意义。

2. 现代营销系统

现代营销系统的参与者主要包括供应商、企业、竞争者、中间商和消费者等，如图 8-1 所示。企业要开展营销活动，首先必须有可供

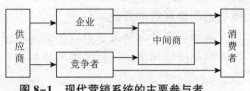

图 8-1 现代营销系统的主要参与者

出售的产品。因此，企业需要从供应商那里获取原材料、设备，要根据目标消费者的需求设计和生产产品，再通过中间商销售给最终消费者，在这个过程中企业还要同竞争者展开全方位的竞争，以赢得市场。当然，如果企业采取贴牌生产或是采取完全直销的模式，则上述组织系统可以进一步简化。

现代营销系统中的所有参与者都会受到环境因素的影响，这些因素主要包括人口、经济、政治、文化、技术、法律等。企业的成功不仅取决于自身的行为，还取决于整个系统对最终消费者需要的满足程度。在这个系统中，各个参与者都在进行动态的博弈。

3. 购买行为分析

市场营销的核心是满足消费者的需求，而要满足消费者的需求，就必须研究市场上的购买者。研究消费者的需求和购买行为，有助于企业开展更具针对性的营销活动。在市场营销研究领域，根据消费目的的不同可将市场进一步划分为消费者市场和组织市场。其中个人消费者市场是指个人或家庭为满足生活需要而购买商品或服务的市场也简称为消费者市场；而组织市场是指非个人消费者的团体（包括生产企业、服务企业、商业企业、政府机构、民间团体及各种非营利组织），为了从事经营活动或向社会提供服务而购买产品或服务的市场。消费者市场和组织市场在购买行为方面有很大的不同，下面分别进行介绍。

1) 消费者市场购买行为分析

（1）消费者市场购买行为的特点。消费者市场由最终的消费者构成，其购买产品或服务的目的，是为了满足个人或家庭的生活消费需要，而非用于再生产或是其他经营行为。与组织市场的购买行为相比较，消费者市场的购买行为具有以下几个特点。

①消费者市场购买行为具有多样性。消费者人数众多，需求差异大。由于存在着民族、地域、年龄、性别、收入、职业、社会阶层、受教育程度以及所处的社会文化环境等方面的差异，消费者的需求呈现多样化的特点，因此他们的购买行为也各不相同。②从交易的规模和方式来看，消费者市场的购买者人数多，但市场比较分散，虽然交易较为频繁，但交易的规模较小。③消费者的购买行为容易受到各种因素的诱导，如企业的广告、亲朋好友的推荐等，因而消费者往往会产生一些非理性的消费行为。

（2）消费者购买行为的影响因素。消费者的购买行为深受社会文化、社会阶层、参照群体和家庭等因素的影响，下面分别进行简要的介绍。

①社会文化因素对消费者购买行为的影响。社会文化是指人类在社会发展过程中所创造的一切物质财富和精神财富的总和。社会文化对消费者的购买行为具有强烈而又广泛的影响。社会文化通常可以分为两个层次：一个层次是全体社会成员共有的基本文化，即主文化；另一个层次是社会中某些群体所有的独特价值观和行为模式，即亚文化（subculture，又称为副文化、次文化）。目前，国内外营销学者普遍接受的是按民族、宗教、地理、性

别、年龄等人口统计特点来划分亚文化的分类方法。处于不同亚文化群的消费者由于受特殊文化的影响，因而具有不同的消费需求和购买行为。

②社会阶层对消费者购买行为的影响。社会阶层（social stratum）是由具有相同或类似社会地位的社会成员组成的相对持久的群体。社会阶层是一种普遍存在的社会现象，不论是发达国家还是发展中国家，均存在不同的社会阶层。同一阶层中的人，因社会地位、经济状况、价值取向、生活背景和受教育程度相近，其生活习惯、消费水平、兴趣和爱好也较为接近，因而对某些商品有着共同的偏好。

③参照群体对消费者购买行为的影响。参照群体（reference group）是指个体在做出购买或消费决策时，用以参照、比较的个人或群体。参照群体有成员群体（又称直接群体）和间接群体这两种基本类型。

成员群体是指参照群体具有与被影响的对象相同身份的群体。例如，对于亲人，我们也是他的亲人；对于同学，我们也是他的同学。成员群体又可分为主要群体和次要群体，主要群体是指对个体较大影响的群体，如家庭、同事、朋友等；次要群体是指对个体影响较小的群体，如同乡会、校友会、职业协会等。

间接群体是指个体与被参照的对象并不具有相同身份的群体，因此又被称为象征群体。间接群体又可分为仰慕群体和斥拒群体两类。仰慕群体（aspiration group）是指热切地希望加入，并追求心理上认同（psychological identification）的群体。例如，明星对其粉丝而言，便是仰慕群体。斥拒群体（dissociative group）是指个体会与其保存距离，但其行为仍然会影响着个体的群体。例如，对于流氓地痞，我们会刻意地回避和排斥与其相同的行为，如不与他们近距离接触，不愿意出入他们常去的场所等。

参照群体对我们的消费行为有着直接的影响，研究表明，群体的结合越紧密，群体间的社交越有效，个体对群体越尊重，参照群体对个体购买行为的影响也会越大。

④家庭对消费者购买行为的影响。家庭（family）是指两个或两个以上的个体由于婚姻、血缘或收养关系而共同生活的社会单位。构成家庭的最重要的因素是"婚姻"和"血缘关系"。家庭又是一个消费单位和购买决策单位。在不同家庭中，家庭成员参与购买决策的程度不同；在同一家庭中，家庭成员又会因为所购产品的不同而有着不同的购买参与和重视程度。

在日常生活中，每个家庭都要做出众多的购买决策。在这些购买决策中，有的极为重要，如买什么样的住房，买什么品牌的汽车等，这往往是由一家之主做出决策，或是需要由家庭成员来共同决策。而另一些家庭购买决策则相对次要，如去哪家小吃店吃早餐，买什么品牌的洗衣粉等，这往往是由家庭主妇做出决策。

到底哪些因素会影响到家庭的购买决策方式？这是营销研究人员较为关注的问题。奎尔斯（Qualls）的研究识别了三种主要的影响因素：家庭成员对家庭的财务贡献、决策对特定家庭成员的重要性、夫妻性别角色取向。一般而言，对家庭的财务贡献越大的家庭成员在家庭购买决策中的权力也会越大。同样，如果某一决策对特定家庭成员越重要，那么这位家庭成员对该决策的影响也就越大。性别角色取向，是指家庭成员会在多大程度上按照传统的男、女性别角色来分工。研究表明，受传统影响更少、更具现代意识的家庭，在购买决策中夫妻双方将拥有更平等的权利。

除上述三种主要影响因素外，通常认为影响家庭购买决策方式的因素还包文化和亚文化、角色专门化、卷入程度、产品特点和家庭成员的个人特征等。

（3）消费者购买决策的过程。消费者的购买行为过程由一系列相互关联的活动所组成，这一过程在实际购买前就已经开始，一直延续到实际购买之后。消费者的购买决策，通常包括问题确认、搜寻信息、方案评估、制定购买决策、实际购买行为和购后行为这六个阶段，如图8-2所示。

图8-2　消费者购买决策的过程

消费者购买决策的第一个阶段是问题确认，问题的确认来自消费者感受到的未满足的需求。如果这种需求比较强烈，消费者就开始搜寻相关信息以解决问题。消费者搜寻信息的途径有两个，一个是从记忆里提取信息（内部搜寻），另一个是从外部搜寻相关信息（外部搜寻）。在搜集到充分的信息之后，会有多种购买方案供消费者选择，此时消费者要对各方案进行评估。在评估了各方案之后，消费者就可根据评估结果来制定购买决策，并实际进行购买。消费者在购买产品之后，通常会将所购的产品与市场上的同类产品进行比较，并参考参照群体的意见，最后得出满意或不满意的购买后评价。

2）组织市场购买行为分析

组织市场与消费者市场是两个不同的概念。组织购买商品不是为了自身享用，而是用于再生产或维持组织运营，以便更好地服务于组织客户。因此，组织市场需求也被称为派生需求。与消费者市场相比，组织市场更加庞大和复杂，在交易的数额、持续时间、参与人员、决策行为、采购流程、影响因素上都具有不同的特征。

（1）组织市场的特征。与消费者市场相比，组织市场在市场结构、市场需求和购买决策方面都有很大的不同。组织市场的特征主要是客户数量较少、交易规模较大、市场需求是派生需求、需求波动性大、需求价格弹性小、购买者是专业的采购人员、购买的参与者众多、购买流程较为规范、交易双方关系密切而稳定、购买模式较为特殊等。

（2）组织购买品。组织购买品就是组织为了实现组织目标，满足组织各类活动的需求及维持组织持续和长久发展而购买的产品的总称。组织购买品与最终消费品相比，除了购买对象和购买目的不同之外，还具有价格昂贵、技术复杂、定制化设计的特点，所以对这类产品的分类也不同于一般的消费品。按组织购买品的用途和性质的不同，将其分为投产型产品和基础型产品两类。

投产型产品（entering goods）是指经过加工之后最终能构成销售产品的一部分的产品。对于制造业来说，投产型产品包括初级原材料、二级加工材料和零部件三类。

基础型产品（foundation goods）是帮助组织进行制造生产、再销售或服务活动的基本设施和装备。基础型产品又可进一步细分为设施、附加装备、辅助型产品等。

（3）组织购买决策的类型。组织购买决策的分类方法较多，常见的是按照购买的简繁程度将组织购买决策分为直接再购买决策、修正性再购买决策和新任务购买决策这三种类型。

①直接再购买是指组织对经常需要的产品所进行的例行性的购买。因此直接再购买决策很容易做出，一般也不需要高层管理者参与决策。

②修正性再购买是指组织对产品的规格、价格、交货条件等要素进行修正，并重新选择更合适的供应商。这种购买决策的重要性和复杂性有所增加，需要由高层管理人员来做出。

③新任务购买是指组织根据新的需求所采取的首次购买行为。新任务购买决策是三种购买决策中最复杂、最具风险性的一种，因为其既无先例可循也无恰当的标准可供参考。所以，在制定这类购买决策时不仅要由高管来做出，而且在决策过程中还需组织多个部门来共同参与。

（4）影响组织购买行为的因素。影响组织购买行为的主要因素分为四个大类，分别是环境因素、组织因素、人际因素和个人因素。下面分别进行介绍。

①环境因素主要是指影响组织购买者进行购买决策的所有外部因素，包括政治因素、经济因素、技术因素、法律因素和社会文化因素。但是对于组织购买行为而言，影响最大的还是经济因素和技术因素。

②组织因素主要是指企业内部的运营机制，主要包括组织的目标和采购组织的地位这两个方面。组织的目标会影响到组织采购团队的工作方式和行为。这是因为在组织购买活动中，购买决策必须紧紧与组织的目标相适应。供应商只有把握了组织购买者的目标重点，才能更好地为其提供服务。采购组织的地位决定了其在购买过程中决策权的大小，这是供应商必须弄清楚的。若采购组织的地位较低，缺乏采购自主权，供应商营销人员仍然花费大量精力对其开展营销活动，显然无法获得良好的营销效果。

③人际因素主要是指组织内部不同成员以及成员之间关系对购买决策的影响。因此，为开展有的放矢的营销活动，营销人员一定要弄清楚组织购买的决策者和影响者到底都是谁。

④个人因素。虽然说组织购买决策往往是群体决策的结果，但终归还是人在做决定，所以每一个决策人的个人因素也会影响到组织的购买行为。这里的个人因素主要包括动机、感知、个性和购买风格。而这四个方面又受到其他不同因素的影响，如决策者职务、年龄、受教育水平、性格特点、职业规划等决定了他们的个性和决策动机。因此，营销人员需要通过信息搜寻了解到不同决策者的行为特点和偏好，制定针对不同决策者的营销策略。

（5）组织购买决策的过程。组织的购买决策不是一个简单的二选一或多选一的瞬间活动，而是包括信息搜集、制定方案、选择方案等多个环节。总的来说，组织购买决策和执行主要包括以下 8 个步骤。即识别需求、对需求进行概括描述、详细说明所需产品的规格要求、搜寻供应商信息、分析和评估供应商情况、选择供应商、选择并执行订购程序、交易评估和信息反馈，见图 8-3。

组织购买决策过程实际上就是企业做出最优的购买决策的复杂过程。了解上述过程，可以帮助开展组织市场营销的企业深入了解组织市场如何制定购买决策及其所采取的购买行为。

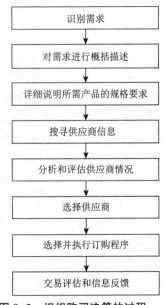

图 8-3　组织购买决策的过程

❖ 任务实训

1. 实训目的

通过实训，加深对营销观念的理解。

2. 实训内容及步骤

（1）以小组为单位成立任务实训团队，由小组负责人完成任务分配。
（2）各团队选取当地 10 家左右的企业作为调查对象，并拟定访谈提纲。
（3）联系被调查企业，通过电话访谈了解被调查企业在经营活动中所奉行的营销观念。
（4）各团队将访谈信息进行汇总，由团队负责人牵头完成调查报告的撰写。
（5）各团队提交实训作业到班级学习群，由课代表组织同学们在线讨论。

3. 实训成果

调研报告——《企业营销观念调研报告》。

任务 8.2　掌握目标市场营销策略

❖ 任务引入

目标市场营销是指企业识别不同的购买者群体，有选择地确认一个或几个消费者群体作为自己的目标市场，发挥自身的资源优势，满足其全部或部分的需求。之所以要进行目标市场营销，是因为任何一家企业的资源和能力都是有限的，不可能满足所有的市场需求。企业应在对市场进行有效细分的基础上，结合自身的实际情况，扬长避短，选择自己最为擅长的细分市场作为目标市场，并制定适合企业的市场定位策略。

问题：企业该如何开展有效的目标营销策略？

❖ 相关知识

1. 市场细分

1）市场细分的概念

市场细分是由美国学者温德尔·史密斯（Wendell R. Smith）于 1956 年提出的一个重要的营销概念。市场细分的含义是指根据消费者在需求特点、购买心理、购买行为等方面的明显差异，将某一产品的整体市场划分为若干个"子市场"或"分市场"的市场分类过程。这种按照一定标准将整个市场划分开来的活动又被称为市场分割，而市场分割的结果是形成了若干个"子市场"，这些"子市场"即营销专业术语中的细分市场。有效的市场细分应遵循可区分性、可进入性、差异性和效益性的原则。

2）市场细分的依据

（1）消费者市场细分的依据。消费者市场细分的依据分为两大类别：一类细分的依据是消费者的特征或属性，如地理特征、人口特征、心理特征和行为特征等。另一类细分的依据是消费者追求的利益、使用产品的时间或对品牌的反应。

> 小案例

资生堂细分"岁月"

20世纪80年代以前，资生堂实施的是无差异营销策略，面对日益崛起的个性化需求，20世纪80年代中期，资生堂市场占有率不断下降。1987年，公司经过认真反省以后，决定由原来的无差异营销转向差异化营销。即根据不同的消费者需要将市场细分，推出不同的品牌。自1989年以来，资生堂提出"体贴不同岁月的脸"的口号，将其化妆品分解为适合不同年龄层次和性别的不同品牌，并为不同年龄层次的顾客设立专卖店。

资生堂根据女性消费者的年龄进行细分，针对不同年龄段的顾客提供不同品牌的系列产品。例如为十几岁少女提供的是RECIENTE系列，为二十岁左右的年轻女性提供的是艾杜纱（ettusais）系列，为四五十岁的中年妇女提供的是怡丽丝尔（ELIXIR）系列，为五十岁以上的妇女提供的则是用防止肌肤老化的悦薇（Rivital）系列。

由于市场细分准确，营销策略得当，使得资生堂的产品在每个细分市场上均获得了成功。

（2）组织市场的细分依据。组织市场和消费者市场有很大的差异性，因此市场细分的依据与后者有很大的不同，对组织市场进行细分要遵照独特的标准。根据波罗玛（Bonoma）和夏皮罗（Shapiro）的观点，组织市场细分的依据主要是客户情况、经营特点、采购方式等。

2. 目标市场选择

目标市场（target market）是指企业在市场细分的基础上，以为满足现实需要或潜在需要的消费者和用户作为经营对象，依据企业自身的经营条件而选定或开拓的特定需要的市场。简而言之，目标市场是指在市场细分的基础上，企业要进入的最佳细分市场。

1）目标市场选择模式

企业在对不同细分市场评估后，就必须对进入哪些市场和为多少个细分市场服务做出决策。一般来说，可采用的目标市场模式有五种，如图8-4所示。

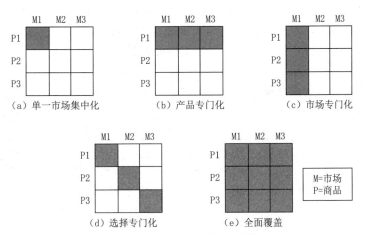

图8-4 目标市场选择模式示意图

（1）单一市场集中化。单一市场集中化，又称产品-市场集中化，企业选择一个细分市场，集中力量为之服务。较小的企业通常以这种形式填补市场的某一部分。集中营销使企业深刻了解该细分市场的需求特点，采用针对的产品、价格、渠道和促销策略，从而获得强有力的市场地位和良好的声誉，但同时也隐含较大的经营风险。对某些特定的细分市场，一旦消费者在该细分市场上的消费意愿下降或其他竞争者进入该细分市场，企业将面临产品销量下降以及市场被竞争对手抢占的风险。

（2）产品专门化。产品专门化是指企业集中生产一种产品，并向所有消费者销售这种产品。例如，显微镜生产商向大学实验室、政府实验室和工商企业实验室销售显微镜。企业准备向不同的消费者群体销售不同种类的显微镜，而不去生产实验室可能需要的其他仪器。企业通过这种战略，在某种产品方面树立起很高的声誉。如果产品——这里是指显微镜，被一种全新的显微技术代替，就会发生危机。

（3）市场专门化。市场专门化是指企业集中满足某一特定消费群体的各种需求。企业专门为某个消费群体服务并争取树立良好的信誉。企业还可以向这类消费群体推出新产品，成为有效的新产品销售渠道。但如果这种消费群体的支付能力下降，企业就会出现效益下滑的危机。例如，企业可为大学实验室提供一系列产品，包括显微镜、示波器、本生灯、化学烧瓶等。企业专门为这个消费者群体服务，而获得良好的声誉，并成为这个消费者群体所需各种新产品的销售代理商。但如果大学实验室突然经费预算削减，它们就会减少从这个市场专门化企业购买仪器的数量，这就会产生危机。

（4）选择专门化。选择专门化是指企业选择若干彼此之间相互独立，但对企业有一定吸引力的细分市场作为目标市场。这种策略能分散企业经营风险，即使其中某个细分市场失去了吸引力，企业还能在其他细分市场盈利。

（5）全面覆盖。全面覆盖是指企业力图用各种产品满足所有消费者群体的需求，即以所有的细分市场作为目标市场。一般来说，只有实力较强的大企业才可能采取这种营销策略。

2）目标市场选择策略

（1）无差异市场策略。无差异市场策略是指面对细分化的市场，企业看重各子市场之间在需求方面的共性而不注重它们的个性，不是把一个或若干个子市场作为目标市场，而是把各子市场重新集合成一个整体市场，并把它作为自己的目标市场。企业向整体市场提供标准化的产品，采取单一的营销组合，并通过强有力的促销吸引尽可能多的购买者，这样不仅可以增强消费者对产品的印象，也会使管理工作变得简单而有效率。

这种策略的优点是产品单一，容易保证质量，能大批量生产，降低生产和销售成本。缺点是但如果同类企业也采用这种策略时，必然会形成激烈的竞争。

（2）差异化市场策略。差异化市场策略是指面对已经细分的市场，企业选择两个或者两个以上的子市场作为市场目标，分别对每个子市场提供针对性的产品或服务以及相应的销售措施。企业根据子市场的特点，分别制定产品策略、价格策略、渠道策略以及促销策略并予以实施。

小案例

宝洁公司的差异化营销策略

宝洁公司是实行差异化营销的典型，它的洗衣粉就有11个品牌，中国妇孺皆知的有强力去污但价格较高的"碧浪"、去污力强但价格适中的"汰渍"、突出物廉价美的"熊猫";洗发水则有6个品牌,有品位代表的"沙宣"、潮流一族的"海飞丝"、优雅的"潘婷"、新一代的"飘柔"。此外,它还有8个品牌的香皂,4个品牌的洗涤液,4个品牌的牙膏,3个品牌的清洁剂,3个品牌的卫生纸,等等。

(3) 集中性市场营销。集中性市场营销是指企业选择一个细分市场,并对之进行密集的营销活动,这种方式特别适合于企业资源有限的情况。根据这种战略,企业将放弃一个市场中的小份额,而去争取一个或几个亚市场中的大份额。

这种策略的优点是目标市场集中,能够深入了解市场的需求,使产品更加适销对路。有利于树立和提升企业形象,在市场上建立并巩固地位。同时由于实行专业化经营,可以节省成本和营销费用,增加盈利。

3. 市场定位

1) 市场定位的含义

市场定位是指企业根据所选定的目标市场的竞争状况和自身条件,确定企业和产品在目标市场上的特色、形象和位置的过程。

科学而准确的市场定位是建立在对竞争者所经营的商品具有何种特色,消费者对该商品各种属性重视程度等进行全面分析的基础上的。为此,企业需掌握以下几种信息:①目标市场上的竞争者提供何种商品给消费者?②消费者真正的需求是什么?③目标市场上的新消费者是谁?企业根据所掌握的信息,结合本企业的条件,适应消费者一定的要求和偏好,在目标消费者的心目中为本企业的营销商品创造一定的特色,赋予一定的形象,从而建立一种竞争优势,以便在该细分市场吸引更多的消费者。

2) 市场定位的策略

在营销实践中,可供选择的市场定位策略有多种,但企业最常采用的定位策略主要有以下四种。

(1) 避强定位策略。避强定位策略是指企业力图避免与实力强大的竞争者直接发生竞争,而是另辟蹊径,根据自身条件及相对优势,在尚未被竞争者发现或关注的目标市场上突出产品与众不同的特色,以确立相对的竞争优势的市场定位策略。采用避强定位的策略,可使企业避开与实力强劲的竞争者正面交锋,因而风险较小,适用于实力有限的中小企业。例如,吉利汽车在创立之初,致力于提供"中国人坐得起的汽车",因价格低廉,迎合了不少当时囊中羞涩又拥有汽车梦想的中低收入消费者的需求。由于定位准确,吉利汽车最终大获成功。

(2) 迎头定位策略。迎头定位策略是指企业不畏强手,与市场上居于支配地位的竞争者"对着干",力求与之平起平坐甚至是取而代之的市场定位策略。企业采用这种定位策略,必须具备下列条件:①目标市场还有很大的需求潜力。②目标市场未被竞争者完全垄断。③企业具备挤入市场的条件和与竞争者"平分秋色"的营销能力。采用这种定位策略的企业自身实力一般都比较强,如百事可乐与可口可乐,肯德基与麦当劳等。

(3) 补缺定位策略。补缺定位策略是指企业专注于市场上被竞争者忽视的某些细分市场,通过专业化经营而占据有利的市场位置的一种定位策略。实施补缺定位策略成功的关键是实现专业化，包括用户专业化、产品专业化、服务专业化、渠道专业化等。例如，"金利来"进入市场时就采用了用户专业化的策略，在高档男性服饰市场上大获成功。

（4）重新定位策略。重新定位策略是指企业改良原有产品，突出新的产品特色，以改变该产品在消费者心目中的原有形象，使消费者对改良后的产品有一个新的认识的市场定位策略。当企业的经营战略和经营目标发生了变化、市场上的竞争加剧以及消费者的偏好发生了改变时，就应考虑重新定位策略。重新定位策略是以退为进的策略，目的是使新的定位策略更加有效。

总之，定位策略是企业在选择目标市场的基础上，研制开发并推出适合目标市场需求的产品，并为产品树立特定的市场形象，进而在目标消费者心目中形成特定的偏好，以保障企业营销战略的最终实现。

❖ 任务实训

1. 实训的目的

通过案例分析，加深对企业市场定位策略的理解。

2. 实训内容及步骤

（1）将全班同学划分为若干任务团队，各团队推选一名小组长负责此次实训活动。在实训伊始，团队成员阅读如下案例（案例"香奈儿5号的市场定位策略"，详见二维码）。

案例分析
香奈儿5号的市场定位策略

（2）各团队根据案例材料回答如下问题：CHANEL No.5 的市场定位策略是什么？CHANEL No.5 因何成名？为何能在激烈的市场竞争中独领风骚？
（3）各团队在小组长的主持下讨论该案例。
（4）各团队经充分讨论后完成案例分析，并提交案例分析文字材料给授课老师。
（5）授课老师对各团队的案例分析进行点评，并给出评分，记平时成绩一次。

3. 实训成果

实训作业——香奈儿5号的市场定位策略案例分析。

任务 8.3　掌握市场营销组合策略

❖ 任务引入

在云计算、物联网、社交网络等新生事物的影响下，人与人之间、人与机器之间以及机器与机器之间产生的数据信息正在以前所未有的态势增长，人类社会步入大数据时代。数据从简单的处理对象开始转变为一种基础性资源。通过对大数据的挖掘与分析，企业能够发掘用户消费偏好，以便进行精准营销，并能够充分发现潜在用户，扩大营销范围，增强营销效果。运用大数据营销，还可以有效帮助企业进行市场预测，及时发现市场机会、加快业务决策。

问题：在当今的网络化、数据化的时代，传统的 4P 营销组合策略还依然适用吗？为什么？

❖ 相关知识

市场营销组合，是指企业综合运用各种可控的营销策略和手段，组合成一个系统化的整体，以实现企业的营销战略目标。市场营销组合的理论较多，影响最大、在企业实践中应用最为广泛的是 4P 营销组合理论。4P 营销组合理论是由美国著名营销专家杰罗姆·麦卡锡于 1960 年率先提出的。麦卡锡认为，从企业的角度出发，营销策略应该由产品（product）、价格（price）、渠道（place）和促销（promotion）这四个部分组成。企业应该以 4P 营销组合理论为基础，以满足市场需求为营销的基本目标。

1. 产品策略

产品是企业市场营销组合中的重要因素，是实现商品价值交换的基础。通常产品有狭义和广义之分。狭义的产品一般是指生产者生产出来的，用于满足消费者物质需要的有形实体。它主要由产品的物质属性和实体部分构成。而广义的产品不仅包括产品的物质属性同时也包括产品的非物质属性。产品是市场营销活动的基础，产品策略是市场营销组合策略中最重要的策略。企业在营销活动中，通过向市场提供某些产品或服务用以满足客户的需求，并以此为基础综合运用多种营销策略来开展与竞争者的激烈竞争。

1）产品整体和产品组合的概念

（1）产品整体概念。从现代营销的角度看，产品是一个整体的概念。营销大师菲利普·科特勒将产品分为 5 个层次，即核心产品、形式产品、期望产品、附加产品和潜在产品。国内学者在此基础上将产品简化分为三个层次，分别是核心产品、形式产品和附加产品，下面就对这三个层次分别进行介绍。

产品的第一层次为核心产品，它是产品最基本的层次。它是指消费者购买某种产品时所追求的基本效用或利益，是产品整体概念中最基本、最主要的部分。消费者购买某种产品，并不是为了占有产品本身，而是要获得满足某种特定需要的效用和利益。例如，人们购买电脑并不是为了买到一个电子、塑料和金属元器件的组合物，而是为了通过电脑的信息处理功能，满足消费者"办公、学习、获取信息和娱乐"的需要。

产品的第二层次是形式产品，它是核心产品的载体，是核心产品借以实现的形式。形式产品通常由产品的品质、特征、式样、品牌、商标和包装等组成。消费者通过购买形式产品而获得所需的"核心产品"才是真正的购买目的，但不能因此而否认形式产品对消费者购买行为的重要影响。

产品的第三层次是附加产品，它是购买者在购买产品时，所得到的全部附加服务和利益。通常，对于实体产品来讲，这些附加利益并不包含在产品实体里，而是以一种附加方式或活动来提供，如免费安装、运送、售后服务、质量保证等；对于服务产品来说，则直接表现为增加的其他产品或服务，如在旅馆客房中增设电视机、洗漱用具，为客人免费洗衣等。

（2）产品组合的概念。产品组合是指一家企业生产和销售的全部产品线和产品项目的组合。在这里，产品线是指一组密切相关的同类产品，又称产品大类或产品系列。所谓密切相关是指它们或者功能相似，或者卖给同类消费者，或者通过同样的渠道销售，或者价格相同或者在同一范围内。产品项目指在同一产品线或产品大类中各种不同型号、规格、质量、档次和价格的产品。企业在进行产品组合决策时，应考虑企业资源、市场需求、竞争状况等诸多因素。

2）产品生命周期

产品生命周期是指产品从进入市场开始到被市场所淘汰的整个时间过程，一般经历引入期（也称投入期）、成长期、成熟期和衰退期四个阶段，见图8-5。在产品生命周期的各个阶段，产品的销售量和利润都会发生一定规律性的变化。

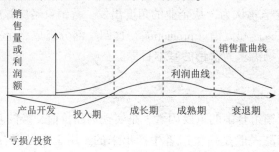

图8-5 产品生命周期图

根据产品生命周期理论，任何一种产品都不会经久不衰，永远获利；在产品生命周期的不同阶段，企业所面临的市场环境也各不相同。因此，企业应准确划分产品的生命周期，并在产品生命周期的不同阶段采取不同的营销策略，以实现产品在整个生命周期中的利润最大化。

（1）引入期的特点及营销策略。引入期，是产品首次投入市场的最初销售阶段，也称投入期或诞生期，该阶段的主要特点：消费者对产品不大了解；销量低、单位生产成本较高、利润少，甚至亏损；产品的质量不太稳定；还没有建立起稳定的营销渠道，分销和促销费用高；一般竞争者很少。

在产品的引入期，企业一方面应尽量完善产品技术性能，尽快形成批量生产能力，另一方面应采取有效的市场营销组合策略，以缩短产品引入期的时间。这一阶段可采取的策略主要有以下四种。

①快速掠取策略。所谓快速掠取策略又称双高策略，是指以高价格和高促销费用推出新产品，以求迅速扩大销售量，加强市场渗透和扩张，短期内收回产品成本的营策略。

②缓慢掠取策略。在这种策略下，企业以高价格和低促销的方式推出新产品。这一策略的促销费用低，而产品制定的价格高，因此企业可以获得较高的利润。采用该策略时应具备下列市场环境：产品总体市场规模有限，市场上大多数消费者已经了解这种产品并愿意支付高价；竞争者的加入有一定的困难，潜在的竞争威胁不大。

③快速渗透策略。这是企业以低价格和高促销的方式推出新产品，以求达到最快速的市场渗透和最高的市场份额的策略。采用该策略时应具备下列市场环境：市场容量足够大；消费者不了解这种新产品；大多数消费者对价格反应敏感；潜在竞争十分激烈；产品成本将随着生产规模的扩大和学习经验的积累而下降，从而支持该策略的实施。

④缓慢渗透策略。采取这种策略的企业以低价格和低促销的方式推出新产品。低价格可以使市场较快地接受该产品；而低促销费用又可以降低营销成本，使企业获取更多的早期利

润。采用该策略时应具备下列市场环境：市场容量大，市场上该产品的知名度较高或者说消费者熟悉这种产品，这种产品的价格弹性大而促销弹性很小，存在某些潜在竞争者。

在选用上述策略时，企业应把产品生命周期作为一个整体来加以选择和调整，而不应该就某一阶段来选择营销策略；并且应努力保持产品生命周期各个阶段营销策略的连续性和一致性。

（2）成长期的特点及营销策略。产品在引入期的销售取得成功后，销售量开始实现较快的增长，产品进入成长期。该阶段的主要特点：产品性能趋于稳定，产品的质量、功能、优点已逐渐为人们所接受，此前的购买者开始重复购买，新的消费者则纷纷涌现，市场逐步扩大；消费者已了解该产品，销售量迅速增长；生产规模扩大，随着销售量的上升，单位产品生产成本和促销费用下降，利润迅速增长；产品的分销渠道已经建立；大批新的竞争者加入，市场上同类产品增多，竞争开始加剧，同类产品供给量增加，价格随之下降。

针对成长期的特点，大力组织生产，扩大市场份额和利润是这一阶段营销的重点。可以采取以下几种策略。①不断提高产品质量和性能，改善产品品质。②努力寻求和开拓新的细分市场，开辟新的分销渠道。③适当改变广告目标。④在适当的时机降低价格。

（3）成熟期的特点及营销策略。产品在经历了成长期的快速增长之后，销售增长率开始下降，产品便进入了生命周期中的成熟期阶段。成熟期的特点：销售量增长缓慢，在达到最高峰之后开始缓慢下降；市场竞争十分激烈，各种品牌的同类产品和仿制品不断出现；企业利润开始下降；绝大多数属于消费者的重复购买，只有少数迟缓购买者进入市场；在大多数情况下，成熟期是产品生命周期中最长的一个阶段。

企业在这个阶段不应满足于保持既得利益和地位，而是要积极进取，营销重点是延长产品的生命周期，巩固市场占有率。可采取的策略包括市场改良、市场营销组合改良等。

①市场改良策略。市场改良策略不是要改变产品本身，而是要发现产品的新用途或改变营销方式，以使产品的销售量得以扩大。产品销售量主要受品牌的使用人数和每个使用者的使用量的影响。因此要扩大产品的销售量，具体可以从两个方面入手：扩大产品的使用人数和寻求刺激消费者增加产品使用率的方法。

②市场营销组合改良策略。市场营销组合改良策略是通过改变市场营销组合因素，来延长产品的成熟期。市场营销组合的改良，是成熟期刺激销售的有效方法，一般可从以下几个方面入手：产品改良。一方面努力改进产品质量，另一方面也可以扩大产品的使用功能，提高产品使用的安全性、方便性，以吸引那些追求安全、方便的消费者；采用价格竞争手段。企业可以通过直接地降低价格、加大价格的数量折扣、提供多种免费服务的项目等方法，以保持老顾客或吸引新消费者；企业可以通过向更多的分销网渗透，或建立一些新的分销网，以扩大产品的市场覆盖面，争取一些新消费者或保持原有的市场份额；企业采取更加灵活的促销方式，积极开展促销活动，有效地利用广告等宣传工具，以保持既有的产品销量，甚至掀起新一轮的消费热潮。

（4）衰退期的特点及营销策略。尽管企业努力延长产品的成熟期，但大多数产品最终还是要进入衰退期。衰退阶段的主要特点：产品销量急剧下降；价格已经难以维持原有水平，利润也迅速下降直至为零甚至出现亏损；消费者的消费习惯发生改变或持币待购；市场竞争转入激烈的价格竞争，很多竞争者退出市场。

在衰退期，企业可以选择的营销策略有如下几种。

①放弃策略。即放弃那些迅速衰落的产品,将企业的资源投入其他有发展前途的产品上来。

②维持策略。在衰退期,由于有些竞争者退出市场,市场留下一些空缺,这时留在市场上的企业仍然有盈利的机会。具体的策略包括:继续沿用过去的营销策略;将企业资源集中于最有利的细分市场,维持老产品的集中营销;等等。

③重新定位。通过产品的重新定位,为产品寻找到新的目标市场和新的用途,使衰退期的产品再次焕发新春,从而延长产品的生命周期,甚至使它成为一个新的产品。这种营销策略成功的关键就是要正确找到产品的新用途。

2. 价格策略

价格是影响消费者购买决策的决定性因素之一,定价是否得当,将直接关系到产品的销量和企业的盈利水平。因此,对企业而言,为产品制定合理的价格是一项极为重要的营销工作。影响企业价格制定的因素很多,包括定价目标、产品成本、市场供求、市场竞争状况和政府的政策等。

1) 定价方法

企业常用的定价方法主要有三类,分别是成本导向定价法、需求导向定价法和竞争导向定价法。下面分别予以介绍。

(1) 成本导向定价法。成本导向定价法是指企业以产品成本为基础,加上预期利润,并结合销售量等有关情况,确定价格水平。这是最基本、最普遍的定价方法。成本导向定价法可以分为成本加成定价法、目标利润定价法和边际贡献定价法。

①成本加成定价法。成本加成定价法就是在产品单位成本的基础上,加上预期的利润作为产品的最终售价。售价与成本之间的差额在这里称之为"加成",实际上就是利润。其公式为:

$$价格 = 平均成本 + 预期利润$$

将上述公式进行变换,可得出成本加成的定价公式:

$$单位产品售价 = 单位产品成本 \times (1 + 成本加成率)$$

这种定价方法的优点是价格能够补偿并满足企业对利润的追求;计算简便,能够简化定价程序;既考虑成本因素,又考虑到适度的利润率,对买卖双方都比较公平;当同行业中所有企业都采用这种定价方法时,不会出现恶意的价格竞争。但是,这种定价方法忽视了市场需求、竞争现状和消费者的心理因素,因而难以适应复杂多变的市场情况。当市场供求基本平衡,同行间竞争不太激烈,且产品的成本较为稳定时,企业采用成本加成定价法是一种较好的选择。

②目标利润定价法。目标利润定价法(收益率定价法)是指企业根据估计的总销售收入(销售额=总成本+目标利润)和估计的产量(预计销售量)来制定价格的方法,其定价公式为:

$$产品价格 = (总成本 + 目标利润) / 预计销售量$$

这种方法计算简便，如果企业能按照制定的价格实现预计的销售量，就能达到预期的利润目标。企业在产品销售比较稳定的情况下，可以采用这种定价方法。但这种定价方法存在着较为严重的缺陷，即企业以估计的价格来确定销量，而价格恰恰反过来是影响销量的重要因素，这有些因果倒置。

③边际贡献定价法。边际贡献定价法也称为边际成本定价法，即仅计算变动成本而不计算固定成本的一种定价方法。其具体做法是在变动成本的基础上加上预期的边际贡献作为产品的定价。这里所谓的边际贡献是指销售收入减去变动成本后的余额，其公式为：

$$边际贡献 = 价格 - 单位可变成本$$

将上式进行变换，可得到单位产品的价格计算公式：

$$价格 = 单位可变成本 + 边际贡献$$

边际贡献定价法的原则是，产品单价高于单位变动成本时，就可以考虑接受。因为不管企业是否生产、生产多少，在一定时期内固定成本都是要发生的，而产品单价高于单位变动成本，这时产品销售收入弥补变动成本后的剩余可以弥补固定成本，以减少企业的亏损（在企业维持生存时）或增加企业的盈利（在企业扩大销售时）。

如果边际贡献不足以弥补固定成本，那么企业将发生亏损。例如，在企业经营不景气，销售困难，生存比获取利润更重要时或者企业生产能力过剩，只有降低售价才能扩大销售时，就可以采用边际贡献定价法。

（2）需求导向定价法。需求导向定价法是一种以市场需求强度和消费者感受为主要依据的定价方法，包括理解价值定价法、反向定价法和需求差异定价法等。

①理解价值定价法。理解价值定价法又称感受价值定价法或认知价值定价法，是指企业根据购买者在主观上对产品所理解的价值，而不是产品的成本费用水平来制定价格的一种方法。商品拍卖是理解价值定价法的一个典型应用，最终的成交价完全是由购买者来决定的。当然，在大多数情况下，采用理解价值定价法的企业不可能都采取拍卖的方式销售商品，他们会通过利用市场营销组合策略中的非价格因素来影响消费者对产品价值的认知，并在此基础上制定产品的价格。企业在运用理解价值定价法时，关键是要能够准确计算出产品所提供的全部市场感受价值，以及这些感受价值对消费者到底会产生多大的影响。

②反向定价法。顾名思义，反向定价法就是根据消费者能够接受的最终销售价格，逆向推算出中间商的批发价和生产商的出厂价。这里的关键是要根据行业的实际情况确定零售商的毛利率和批发商的毛利率，然后利用如下公式进行计算。

$$批发价格 = 零售价格 / (1 + 零售毛利率)$$
$$出厂价格 = 批发价格 / (1 + 批发毛利率)$$

反向定价法的特点是在充分考虑市场需求的情况下，保证了中间商的正常利润，有利于加强与中间商的友好合作，从而促进产品迅速向市场渗透。

③需求差异定价法。需求差异定价法是指企业依据消费者需求的不同特性来确定产品的价格。例如，对同一产品在同一市场上制定两个或两个以上的价格，或使不同产品价格之间的差额大于其成本之间的差额。实施需求差异定价法的主要依据有消费者差异、时间差异、

地点差异和用途差异等。采用这种定价方法，可以最大限度地符合市场的需求，从而促进产品销售，使企业获取更大的利益。

（3）竞争导向定价法。竞争导向定价法是指企业根据市场上同类产品的竞争状况来确定该产品定价的方法。这种定价方法又可进一步细分为随行就市定价法、密封投标定价法和薄利多销定价法。

随行就市定价法是指企业按照行业的平均现行价格水平来定价。此法常用于下列情形：难以估算成本；企业打算与同行和平共处；如果另行定价，难以估计购买者和竞争者的反应。

密封投标定价法。买方发布公告或发出函件，说明采购的商品的品种、数量、规格等要求，邀请卖方在规定的期限内投标。买方在规定的时间开标，选择报价最低，最有利的卖方成交，签订采购合同。

薄利多销定价法。即以减少单位产品销售利润作为代价，争取薄利多销，扩大销售量，获得规模效益，在市场竞争中巩固自己的地位。

2）定价策略

定价策略是指企业根据产品的品质、成本、市场竞争与供求状况以及消费者需求的变化情况而采取的各种定价措施和手段。科学、合理的定价策略是企业实现经营目标的根本保障，企业必须高度重视。下面就介绍一下常见的产品定价策略。

（1）新产品定价策略。新产品定价策略主要有撇脂定价策略、渗透定价策略和满意定价策略三种。

①撇脂定价策略。撇脂定价策略是指在新产品上市之初，将价格定得较高，在短期内获取厚利，以尽快收回投资。这种定价方法就像从牛奶中撇取最上面的一层厚厚的奶油那样，取其精华，故称为撇脂定价法。根据企业投入促销费用的高低，撇脂定价策略又可分为快速撇脂策略和缓慢撇脂策略两种。

a）快速撇脂策略，采用高价格、高促销费用，以求迅速扩大销售量，取得较高的市场占有率。采取这种定价策略的条件是：大多数潜在消费者还不了解这种新产品，而已经了解这种新产品的人急于求购并且愿意高价购买；企业面临潜在竞争者的威胁，企业必须迅速占领市场。

b）缓慢撇脂策略，以高价格、低促销费用的形式开展营销活动，以求得更高的利润。这种策略可以在市场容量有限，市场上大多数的消费者已熟悉该新产品，购买者愿意出高价，潜在竞争者威胁不大的市场环境下使用。

撇脂定价方法适合需求弹性较小的细分市场，其优点：新产品上市，消费者对其无理性认识，利用较高价格可以提高身价，适应消费者求新心理，有助于开拓市场；主动性大，产品进入成熟期后，价格可分阶段逐步下降，有利于吸引新的购买者；价格高，限制需求量过于迅速增加，使其与生产能力相适应。

撇脂定价方法的缺点：不利于扩大市场，并容易招来竞争者。

②渗透定价策略。渗透定价策略是指在新产品投放市场时，价格定得尽可能低一些，其目的是获得最高销售量和最大市场占有率。渗透定价策略又可分为快速渗透策略和缓慢渗透策略两种。

a）快速渗透策略。实行低价格、高促销费用的策略，迅速打入市场，取得尽可能高的市场占有率。在市场容量很大，消费者对这种产品不熟悉，但对价格非常敏感、潜在竞争激烈、企业随着生产规模的扩大可以降低单位生产成本的情况下适合采用这种定价策略。

b）缓慢渗透策略。这种定价策略是以低价格、低促销费用来推出新产品。这种定价策略适用于市场容量很大、消费者熟悉这种产品但对价格反应敏感，并且存在潜在竞争者的市场环境。

对于企业来说，无论采取撇脂定价策略还是渗透定价策略，都需要综合考虑市场需求、竞争、供给、市场潜力、价格弹性、产品特性，企业发展战略等因素。

③满意定价策略。满意定价策略是介于撇脂定价策略和渗透定价策略之间的一种定价策略。撇脂定价策略因为制定较高的价格，容易招致消费者的反感甚至是抵触，从而使企业面临较高的经营风险；而渗透定价策略虽然对消费者有利，但价格偏低，使得企业在新产品上市之初无利可图或收入甚微，可能会给企业带来经营上的困难。而满意定价策略制定介于两者之间的价格，克服过高或过低定价带来的弊端，也是一种可供选择的定价方案。但这种定价策略过于中庸，不适于需求复杂多变和竞争激烈的市场环境。

（2）心理定价策略。心理定价策略是指企业为迎合消费者的消费心理需要而采取的定价策略。常见的有以下几种。

①尾数或整数定价策略。在超市中我们经常可以看到，许多商品的价格都带有尾数，如128.73元等。这种定价是基于消费者的一种微妙的心理感觉，使消费者觉得商家的定价很"实在"，能够精确到"分"，说明商家定价严肃，没有忽悠消费者。另外，诸如0.99元、9.99元的尾数定价会让消费者觉得商品不到1元或10元，从而产生价格低廉的感觉。相反的，有些商品定价化零取整，不带零头，如定价为1 000元而不是999.99元等。虽然花费几乎相等，但上千元的商品和几百元的商品给人的感觉是不一样的。整数定价能给消费者一种心理上的满足感。

②声望定价策略。声望定价是指企业利用消费者的"好货不便宜、便宜无好货"的心理，对在消费者心目中有良好声望的产品制定比较高的价格。此种定价有两个目的：一是提升产品的形象，二是满足部分消费者的心理需求。有些商品由于企业多年的苦心经营，在消费者中有了一定声誉，消费者对它们也产生了信任感，所以即使价格定得比一般商品高一些，消费者还是能够接受的。这种定价策略特别适合于一些名牌产品和奢侈品。如劳斯莱斯汽车、茅台酒、阿玛尼西服等，它们都是采取声望定价的策略。

③招徕定价策略。一些超市和百货商店将某几种产品的价格定得特别低，以招徕消费者前来购买正常价格的产品。采取招徕定价方式时，要注意以下两个方面：一方面是特价产品的确定，这种产品既要对消费者有一定的吸引力，又不能价值过高以致大量低价格销售会给企业造成较大的损失；另一方面是特价产品的数量要充足，保证供应，否则没有购买到特价产品的消费者会有一种被愚弄的感觉，会严重损害企业形象。

（3）折扣与折让定价策略。折扣与折让定价策略是指企业为鼓励消费者及早付清货款、大量购买或增加淡季购买而酌情降低产品价格的定价策略。折扣与折让定价的主要类型有：现金折扣、数量折扣、功能折扣、季节折扣和价格折让。

①现金折扣是指对在约定期限内或是提前付清账款的消费者所给予的一种价格折扣。其目的是加速企业资金周转，减少收账费用和产生坏账的风险。

②数量折扣是指企业给予那些大量购买的客户一定幅度的价格优惠，买方购买数量越

大，优惠力度也越大。企业实施数量折扣的目的是鼓励客户购买更多的产品，因为客户的大量购买能够帮助企业降低生产、销售环节的成本费用。

③功能折扣也叫贸易折扣，是指企业给予批发商或零售商的一些额外价格折扣。企业这样做是为了促使中间商执行诸如推销、储存和服务等营销功能。

④季节折扣是指企业在产品销售淡季给予购买者一定的价格优惠。例如，消费者在冬天买空调以及在夏天买羽绒服都能获得一定的价格折扣。企业实施季节折扣的目的是鼓励中间商和消费者在淡季购买商品，以减少库存，加速资金流通。

⑤价格折让是另一种类型的价格优惠，包括以旧换新折让、促销折让等。以旧换新的折让我们都不陌生，也很好理解。促销折让是指制造商给予参加促销活动的中间商的一种价格优惠。例如，某企业举行大型促销活动，所有商品的终端售价均有优惠，为弥补中间商的损失而对其进货价格进行优惠。

(4) 差别定价策略。差别定价也称歧视定价，是指企业根据不同消费者、不同场所和不同时间对同一种产品采取不同的定价。也就是说对同一种产品的价格因情境的不同在价格上会有所差异，但这种差异并不是反映成本的变化。差别定价的形式主要有：消费者差别定价、产品形式差别定价、地点差别定价、时间差别定价。

消费者差别定价是指企业将同一种产品或服务以不同的价格销售给不同的消费者。例如，城市里的公交车对老年人免费，对学生优惠；学校的体育场对学生实施半价开放；等等。

产品形式差别定价是指企业对不同型号或形式的产品分别制定不同的价格。例如，同种布料做出的服装因款式不同，消费者的接受程度不同，企业所制定的销售价格也不相同。

地点差别定价是指企业对于处于不同地点的产品或服务制定不同的价格，尽管这些不同地点的产品或服务在成本上并无差别。例如，火车的上、中、下卧铺票价不同，体育场的前排座位价格和后排座位价格也不相同。

时间差别定价是指企业根据季节、月、日甚至一天中的不同时段为同一种产品设定不同的价格。例如，高速公路在国家指定的节假日内对过往的私家车实行免费，但超过某一时点之后就会恢复执行原来的收费标准。

3. 渠道策略

营销渠道（marketing channel）是营销组合中的一个重要组成部分，是实现商品从商家交换至消费者的通道。企业营销渠道的选择将直接影响企业的经营决策，在企业营销实践中，需最大限度地发挥渠道策略与产品策略、价格策略及促销策略这四者的协同作用，共同创造强有力的竞争优势。

1) 营销渠道的类型

(1) 按照企业的营销活动是否有中间商参与，可以将营销渠道分为直接营销渠道和间接营销渠道。直接营销渠道（direct marketing channel）是指制造商不通过任何中间商，直接将产品销售给消费者或者用户，即零层渠道。产业市场的产品销售主要采用直接营销渠道。

间接营销渠道是指产品从制造商向消费者或用户转移的过程中，需要经过一个或者一个以上的中间商。生活消费品主要采用间接渠道进行销售。

(2) 按照产品流通环节或层次的多少，可以将营销渠道分为长渠道和短渠道。产品从制造商向消费者或用户转移的过程中,只通过一个中间环节的渠道,一般称为短渠道,通过一个以上中间环节的渠道称为长渠道。

(3) 按照渠道中每个层次的同类中间商数目的多少,可以将营销渠道分为宽渠道和窄渠道。宽渠道是指制造商同时选择两个以上的同类中间商销售其产品,窄渠道是指制造商在某一地区或某一产品分类中只选择一个中间商销售其产品。宽渠道和窄渠道各有优缺点,制造商一般根据其产品特点进行选择。一般而言,生产资料和一部分专业性较强或较贵重的消费品适合采用窄渠道进行销售。

(4) 按照制造商所采用的渠道类型的多少,可以将营销渠道分为单渠道和多渠道。单渠道是指制造商采用同一类型渠道销售企业的产品,渠道较为单一。多渠道是指制造商根据不同层次或地区消费者的情况,选用不同类型的营销渠道销售其产品。

2) 营销渠道设计决策

营销渠道设计决策,就是选择最佳的营销渠道。而所谓最佳的营销渠道,就是销售费用小、效率高,使企业的产品能尽快实现销售,并能取得最佳经济效益的渠道。一般而言,营销渠道设计决策应从三个方面入手,即确定营销渠道的模式、确定中间商的数目、规定渠道成员的权利和义务。

(1) 确定营销渠道的模式。确定营销渠道的模式,也就是确定渠道的长度问题,这是营销渠道决策的一个重要内容,对企业营销成败关系重大。制造商在进行营销渠道长度的设计前,应对产品、市场及企业本身各种因素进行综合分析,以便做出正确的选择。

(2) 确定中间商的数目。确定中间商的数目,也就是确定渠道的宽度,这主要取决于产品本身的特点、市场容量的大小和需求面的宽窄等方面。通常,可以选择独家分销、广泛分销和选择性分销这三种形式。

(3) 规定渠道成员的权利和义务。制造商在确定了营销渠道的长度和宽度之后,还要通过协议进一步规定渠道成员之间的权利和义务,协议主要涉及价格政策、买卖条件、中间商的地区权利和特定的服务(广告宣传、资金帮助、人员培训、交货时间、销售数据统计等)等。

3) 营销渠道方案评估

每一个营销渠道方案都是企业的产品送达目标消费者的可能路线,为了从已经拟定的方案中选择出能够满足企业长期目标的最好方案,企业就必须对各种可供选择的方案进行评估。营销渠道方案的评估标准主要有经济性标准、控制性标准和适应性标准三种。一个营销渠道方案只有在经济性、控制性和适应性等方面都较为优越时,才可能被选择使用。

4) 营销渠道战略

(1) 营销渠道战略的含义。营销渠道战略是指企业为了将产品从生产领域转移到消费者手中而制定的一整套指导性的方针和政策。主要内容包括渠道的拓展方向、分销网络建设和管理、区域市场的管理、营销渠道自控力和辐射力的要求等。渠道战略需要根据市场环境的变化而不断变化,因而企业也需要不断调整现有的渠道战略与之相适应。

(2) 营销渠道战略的选择。营销渠道是由生产者、中间商和消费者共同构成的完整体系。生产者在实现产品向消费者转移的过程中,可以有多条可供选择的通道,这就涉及营销渠道战略选择的问题。

可供选择的市场营销渠道战略方案一般包括以下几种。

①单渠道战略和多渠道战略。单渠道战略是企业仅仅采用一种特定的营销渠道进行产品销售的战略。当企业产品类别关联度比较高时,采用此战略较为适合。单渠道战略的优点是有助于树立企业形象,培养忠诚消费者,提高产品营销效率。缺点是渠道覆盖面窄,适宜销售的产品类别有限。

多渠道战略是指企业采用多种营销渠道共同销售产品的战略。当企业产品类别较多且不同类别的产品有不同的属性和市场,或是产品类别不多,但客户差异情况较大时,采取这种战略较为有利。例如,企业在针对大客户时采用的是直接渠道模式,而对于中小客户则采用中间商模式;对于价值比较高、客户较为集中的产品采取直销的模式,而对于一般的消费品则采取间接销售的渠道模式。使用多渠道战略的优点是有利于增加市场覆盖面,提高渠道效率。缺点是容易引起混乱,从而导致渠道冲突。

②长渠道战略与短渠道战略。从纵向的角度来看,营销渠道有长短之分。其划分的标准很简单,就是看在买方和卖方之间中间环节的层级数量。如果买卖双方之间只有一个中间环节就称之为短渠道,有两个或两个以上中间环节就称之为长渠道。

渠道的长短各有利弊,既不是越长越好,也不是越短越好。判断渠道长短好坏的依据主要是看经济上是否划算,如果增加营销中间环节之后能够带来效益的增加,就是合理的。当然,也要充分考虑其他的一些因素,如是否有利于提高客户服务水平、是否有利于提高渠道效率、是否有利于提高竞争能力等。

在营销实践活动中,企业往往会根据具体情况采取较为灵活的渠道战略,直接渠道和间接渠道、长短渠道共存的情况较为普遍。如大家熟悉的李宁公司,既有网上的直销渠道,又有线下的多级分销渠道。

③密集分销、独家分销和选择性分销战略。根据营销渠道的宽度(渠道宽度指的是渠道的每个层次拥有同种类型的中间商数量的多少)来划分,营销渠道战略可分为密集分销、独家分销和选择性分销这三种类型。

密集分销又叫广泛分销,是指卖方通过众多的中间商销售其产品或服务。密集分销的优点是市场覆盖面广,消费者购买便利;缺点是由于同一层级的经销商数量较多,需要协调的关系增加,提高了渠道管理的难度。消费品中的便利品(卷烟、火柴、肥皂等)和工业用品中的标准件、通用小工具等,比较适合采用这种渠道模式。

独家分销是指企业在一定地区内只选定一家中间商销售其产品或服务。独家分销是最极端的形式,是最窄的分销渠道,通常只对某些技术性强的耐用消费品或名牌货适用。独家分销的优点是便于加强对经销商的管理和监控,从而掌握渠道的控制权,同时也有利于产品品牌形象的塑造及提高对客户服务的水平。缺点是风险较高,如果企业所选择的独家分销商经营不善或发生意外情况,就会给企业带来较大的损失。

选择性分销是介于密集分销和独家分销之间的一种分销形式,即在市场上选择部分中间商来经销本企业的产品。该模式比独家分销渠道要宽,有利于市场开拓,同时比密集分销渠道节省费用,便于管理和控制,加强协作,提高销售水平。

④垂直营销系统战略与水平营销系统战略。垂直营销系统是指由生产者、批发商和零售商所组成的统一联合体。与传统营销渠道中生产者、批发商和零售商相互独立不同,垂直营销系统能够统一渠道行动,有效解决上下游间的渠道冲突,减少重复服务,并以此获取利益。垂直营销系统有三种主要实现形式:(a)公司式是通过产权联系起来的渠道系统;

(b) 契约式是通过订立契约以协调各方关系的渠道一体化系统；(c) 管理式则是在没有产权和契约机制前提下，通过实力来协调渠道关系的渠道系统。

水平营销系统是指由两个或两个以上的企业通过联合的方式来共同开发一个市场。联合可以产生协同效应，从而解决单个企业经营风险过高、资金不足、资源缺乏、技术实力有限等问题。企业间的联合行为可以是暂时性的，也可以是长期的，也可以创立一个专门的公司，因而会出现一种共生现象。

> **问题讨论：**
>
> 现实中，企业营销渠道冲突现象非常普遍，你觉得冲突产生的原因是什么？该如何解决？

4. 促销策略

促销是企业营销活动的重要组成部分，它一般包括广告、人员推销、营业推广和公共关系等具体活动。促销的本质是通过传播实现企业同其目标市场之间的信息沟通，以最终达到促进销售的目的。

1) 促销的含义

促销是指企业将有关产品或服务的信息通过各种方式传递给目标受众，以促进目标受众了解、信赖并采取行动购买本企业的产品，从而达到增加销售的目的。促销实质上是一种沟通活动，即企业（信息提供者或发送者）发出作为刺激消费的各种信息，以影响目标受众（即目标消费者）的态度和行为。常用的促销手段有人员推销、广告、公共关系和营业推广等。当然，企业也可以根据实际情况及市场、产品等因素选择一种或多种促销手段的组合。

2) 促销的类别

促销通常可以分为人员促销和非人员促销两大类。人员促销主要是指人员推销；非人员促销通常指广告、销售促进和公共关系。不同的促销方式特点不同，想要使促销的成效最大化，企业必须在充分了解各种促销方式的优缺点的基础上，结合企业、目标客户及市场竞争的实际情况，合理地选择促销方式。

（1）人员推销。人员推销（personnel selling）是指企业以传递产品信息和宣传企业形象为目的，派出销售人员直接与目标消费者进行面对面交流，介绍产品知识并说服消费者购买本企业产品的促销手段。作为一种人际传播方式，人员推销有较强的灵活性，通过和消费者言语眼神的直接交流，促销人员能及时针对消费者的需求做出反应，解决消费者的疑虑，从而加强情感联络，容易实现长期合作。由于人员推销采取面对面的直接接触的传播方式，与其他促销手段相比，其缺点在于花费的成本较大。另外，优秀的推销人员也很难寻找。

（2）广告。广告（advertising）是指企业根据特定的需要，承担一定的费用，通过不同的媒体（网络、电视、广播、报纸、杂志等）广泛宣传产品的一种促销方式。广告活动应具备信息传播活动的五个要素，即广告的传播者、广告传播的接收者、传播信息的内容、传播媒体、传播的目的。广告能够同时向大量受众传递大容量的信息，效率高、速度快，可以运用较低的成本将信息有效地传递给不同地域的消费者，其情感表达力、公开性、普及性强,是营销活动中运用最为广泛的一种促销手段。朗朗上口的广告词、独树一帜的广告形象、身临其境的广告情景往往很容易吸引消费者的注意力,促使消费者产生购买行为。广告的缺点是效果具有累积性的特点,需多次重复发布或播放,短时间内难以衡量其对销售量的影响,而且成本相对较高。

(3) 销售促进。销售促进(sales promotion),又称营业推广,是企业为刺激需求而采取的,向中间商和消费者提供额外价值或激励的营销活动。销售促进通常表现为折扣出售、免费试用、附带赠送礼物、抽奖活动、销售竞赛等一系列短期诱导形式的促销手段,具有短期性、时效性和不定期性的特点,它在短期内能吸引大量消费者,促进销售量大幅度增长。但是,其缺点在于只能配合其他促销手段使用,不能单独使用,也不能长期使用,否则会造成受众对产品质量的怀疑,引起产品和企业声誉的下降。

(4) 公共关系。公共关系(public relationships,PR)是指企业以非付费的方式,为建立和维护与公众之间的良好关系而采取的一系列传播计划和控制措施,从而达到树立良好企业形象、促进产品销售的目的。企业通过媒体进行宣传,或通过其他大众媒介以非直接付费的方式传递信息,都属于公共关系活动。公共关系活动通过中立的第三方发布消息,信息真实可靠,具有新闻价值,加上传播范围广,有助于提高公众对企业品牌的认知度。此外,公共关系活动花费的成本低廉,是最省钱的促销工具。公共关系活动的缺点是由于大众媒介不受企业控制,可能出现负面的新闻报道,对企业不利甚至会给企业带来灾难性的后果。

促销方式各有优缺点,如表8-1所示。因此在营销实践活动中,很少有企业采用单一的促销方式,而是采用促销组合的方式,以充分发挥各种促销方式的优点。

表8-1 不同促销方式的优缺点

促销手段	付款方式	优点	缺点
人员推销	以工资或薪酬方式向销售人员支付	反馈及时,具有强烈的说服力,可以选择推销对象,能给予详细的产品信息	价格昂贵,信息可能在人员传递过程中改变
广告	向广告发布媒体及广告策划、设计、制作公司等支付费用	目标受众广泛,传递速度快,效率高	成本高,很难得到反馈信息
销售促进	根据推广方式支付费用	短期内能有效改变消费者的购买行为,灵活性强	推广方式容易被竞争者模仿,容易引起消费者对产品质量的怀疑
公共关系	无	可信度和真实性很高	很难与媒体合作

3) 促销组合及促销组合策略

(1) 促销组合。促销组合是指企业将广告、人员推销、公关宣传和营业推广这四种基本促销方式组合成一个策略系统,使企业的所有促销活动互相配合、协调一致,最大限度地发挥整体效果,从而顺利实现企业目标。促销组合体现了现代市场营销理论的整合营销思想。促销组合是一种系统化的整体策略,人员推销、广告、销售促进和公共关系则构成了这一整体策略的四个子系统。每个子系统都包含一些可变因素,即具体的促销手段或工具,某一因素的改变意味着促销组合关系的变化,也就意味着一种新的促销策略。

（2）促销组合策略。促销组合策略是根据企业的产品特点和经营目标的要求，有计划地综合运用各种有效的促销手段所形成的一种整体的促销措施。企业的促销组合，实际上就是对上述促销方式的具体运用。在选择采取哪种或几种促销方式时，要确定合理的促销策略，实现促销手段的最佳结合，必须注意把握影响促销策略的各种因素。

在实践中，如果促销组合所形成的促销组合策略是以人员推销为主，配合公共关系等其他促销方式，这种形成的促销组合策略被称为推式策略。推式策略主要适用于生产资料的促销，即生产者市场的促销活动。

另外，就是在促销组合的过程中所形成的促销组合策略是以广告为主，配合其他的促销方式，这样形成的促销组合策略被称为拉式策略。也就是说用广告拉动最终用户和激发消费者的购买欲望。

在企业促销活动实践中，通常是推拉结合，有推有拉。也就是说，一方面要用广告来拉动最终用户，刺激最终用户产生购买欲望，另一方面要用人员推销的方式向中间商推荐，以使中间商乐于经销或代理自己的商品，形成有效的分销链。当然，在制定促销组合策略时，还要考虑产品的性质，并参照促销预算等有关因素进行组合。

❖ 任务实训

1. 实训目的

通过案例分析，加深对企业促销活动的理解和认识。

2. 实训内容及步骤

（1）将全班同学划分为若干任务团队，各团队推选小组长负责此次实训活动。在实训伊始，团队成员阅读以下案例（案例《F品牌男鞋专卖店的促销》，详见二维码）。

案例分析
F品牌男鞋专卖店的促销

（2）各团队根据案例材料回答以下问题：F品牌男鞋专卖店的促销是否取得了成功？你觉得还有哪些地方需要改进？

（3）各团队将问题答案上传至班级课程学习群，供全体同学讨论。

（4）课代表根据各团队上传的案例分析答案及同学们的讨论结果撰写本次实训结论。

（5）完成本次案例分析，交由授课老师批阅。

3. 实训成果

实训作业——F品牌男鞋专卖店的促销案例分析。

任务8.4　掌握品牌策略

❖ 任务引入

在产品趋于同质化的今天，激烈的市场竞争使越来越多的企业认识到品牌的重要性。品牌是整体产品的重要组成部分，也是一个企业重要的无形资产。知名的品牌不仅可以提高产品的身价和企业的知名度，而且可以获得稳定的市场份额，增强企业的竞争力。

问题：你是如何理解品牌这一概念的？常见的品牌策略有哪些？

❖ 相关知识

1. 品牌的概念与特征

1）品牌的概念

品牌（brand）是销售者给自主拥有的产品规定的商业名称，通常由文字、标记、符号、图案、颜色、设计等要素或这些要素的组合构成，借以辨认某个销售者或某群销售者的产品及服务，并使之与竞争对手的产品和服务区别开来。品牌是一个集合概念，通常包括品牌名称（brand name）、品牌标志（brand mark）和商标（trade mark）等部分。

2）品牌的特征

（1）品牌代表着一定产品的特色和质量特征。在营销活动中，品牌并非符号、标记等的简单组合，而是产品的一个复杂的识别系统。品牌实质上代表着卖者对交付给买者的一系列产品的特征、利益和服务的一贯性的承诺。最佳品牌就是质量的保证。

（2）品牌是企业的一种无形资产。品牌是有价值的，品牌的拥有者凭借其优势品牌能够不断地获取利润，但品牌价值是无形的，其收益具有不确定性。品牌不像企业的其他有形资产直接体现在资产上。它必须通过一定的载体来表现自己，直接载体就是品牌元素，间接载体就是品牌知名度和美誉度。品牌价值特别是知名品牌如"可口可乐""肯德基"等，很多时候已超过企业有形资产的价值。当然，现在对品牌价值的评估还未形成统一的标准，但品牌是企业的一项重要无形资产已是事实。正因为品牌是无形资产，所以其收益具有不确定性，它需要不断地投资并精心地维护。企业若不注意市场的变化及时地调整名牌产品的结构，就可能面临"品牌贬值"的危险。

（3）品牌具有一定的个性。品牌具有一定的个性，可以说任何品牌无一不是文化的象征。例如，一提到百事可乐，我们就会联想到有朝气的、年轻的新一代；而一提到奔驰，我们就会与自信的、富有的、成功的这些词汇联系在一起。我国一些知名品牌中，品牌个性也很突出："金利来"一句"男人的世界"传达了一种阳刚、气质不凡的个性；"娃哈哈"则象征着一种幸福、安康，一种希望。所以，在创造品牌过程中，一定要注意品牌个性的塑造，赋予品牌一定的文化内涵，满足广大消费者对品牌文化品位的需求。

（4）品牌具有专有性。一定的品牌成为知名品牌，特别是品牌商标一经注册成为注册商标后，具有维护专用权利的防御性作用，品牌的拥有者就对该品牌享有专有权，其他企业不得再用。一件产品可以被竞争者模仿，但品牌却是独一无二的，品牌在其经营过程中，通过良好的质量，优质的服务建立起良好的信誉，这种信誉一经消费者认可，很容易形成品牌忠诚，它也强化了品牌的专有性。

2. 品牌与产品、商标、名称

1）品牌与产品

品牌与产品名称是两个完全不同的概念：①产品是工厂里制造的东西，是带有功能性目的的物品，产品名称主要体现的是辨别功能，而产品品牌则是由消费者带来的东西，传递着比产品更丰富的内容，如产品的功能、价值、个性与文化等；②产品可以有品牌，也可以无品牌，但如今厂家越来越重视品牌创造，因为一件产品可以被竞争者模仿，但品牌独一无二，产品很快会被淘汰，成功的品牌却能经久不衰；③一种品牌可以只用于一种产品，也可以用于多种产品，进而产生品牌延伸；④所有的品牌都是产品，但是并非所有的产品都是品牌。

2）品牌与商标

商标是指品牌或品牌中的一部分，包括产品文字名称、图案记号或两者相结合的一种设计，向有关部门注册登记后，经批准享有其专用权的标志。在我国，国家市场监督管理总局商标局主管全国商标注册和管理工作，商标一经商标局核准即为注册商标，商标注册人享有商标专用权，受法律保护。但在习惯上，我们对一切商标不论其注册与否，统称为商标，而另有"注册商标"和"非注册商标"之分。在西方国家，商标是一个专门的法律术语，是一项重要的工业产权和知识产权。企业的商标可以在多个国家注册并受相应国家法律的保护。

商标与品牌都是无形资产。两者区别在于：①商标是区别不同产品的一个标记，是一个法律术语，具有专门的使用权，具有排他性，而品牌是一个商业用语；②品牌比商标更具内涵，品牌代表一定的文化与价值，有一定个性；③所有的商标都是品牌，但并非所有的品牌都是商标。

3）品牌与名牌

与品牌相关的一个概念是名牌，名牌并无准确的概念，但名牌一定是具有一定知名度、信誉度和美誉度，有高市场占有率和高利润率的品牌。名牌是产品在消费者中的影响度、形象知名度，名牌产品代表着企业的形象，是高质、独特、领先和文化等要素的结晶。

企业要在市场中取胜，必须有自己的著名品牌，名牌策略已是成功企业的法宝之一。名牌是有时效性的，昨日的名牌今日未必是名牌。企业实施名牌战略，必须提高服务质量，加强促销宣传，讲求规模效益，并借助法律的保护巩固产品的市场名牌地位，增强企业的整体竞争实力。

3. 品牌定位

品牌定位的实质是确定产品与服务的特色，突出自身的个性，能与竞争者的同类产品和服务加以区别。品牌定位是营销战略中品牌战略的重要组成部分。品牌建设是企业一种长远的、永续的规划，而品牌定位就是从更长远的角度来实现企业长久占领市场的目标。品牌定位的运作应从以下几个方面考虑。

第一，品牌定位要强调品牌的核心价值。品牌的典故、功能、个性、风格都可能成为品牌定位的依据，但是，通常一个品牌理论上只能有一种真正意义上的定位。所以，在进行品牌定位时，应该在企业最擅长的领域找到品牌的价值核心，并加以强调。

第二，品牌定位要有清晰的概念。概念清晰准确，就能振奋人心，先声夺人，受众在清晰的概念中，知道自己应该选择什么品牌。同是饮料，可口可乐给人的概念是老可乐，百事可乐则是新一代选择，七喜又强调是非可乐，三者给人的概念迥然不同，非常易于消费者识别和选择。

第三，品牌定位要有鲜明的定位口号。简洁、明了、富有感染力的定位口号，既表达了品牌的基调和特征,又反映了品牌与目标顾客群体的关系,很容易在消费者心目中占据位置。同时,定位口号也便于品牌的推广,能迅速传播开来,辅助品牌形象的提升,如海尔的"真诚到永远"、小天鹅的"全心全意小天鹅"、雅芳的"比女人更了解女人"等定位口号已深入人心,人们一提起这些口号,就会联想到它们的品牌。

4. 常见的品牌策略

品牌策略(brand tactics)是增强企业产品市场竞争力的重要策略之一,选择正确的品牌策略是搞好市场营销、提高企业经济效益的一项重要策略。常见的品牌策略主要包括品牌有无策略、品牌归属策略、品牌统分策略、品牌延伸策略、多品牌策略、更换品牌策略、合作品牌策略、新品牌策略,下面分别进行介绍。

(1)品牌有无策略。品牌有无策略是指企业决定是否要使用品牌,即是否要给产品起名字、建立一个牌子和设计标志的活动。一般有两种选择:品牌化策略和非品牌化策略。

①品牌化策略又称品牌使用策略。根据对品牌功能的分析可以看出,在市场经济条件下,一般产品都应使用品牌,品牌化趋势是未来社会的发展趋势。历史上,许多产品不用品牌,生产者和中间商把产品直接从桶、箱子和容器内取出来销售,无需供应商的任何辨认凭证。今天,品牌化迅猛发展,像大豆、水果、蔬菜、大米和肉制品等过去从不使用品牌的商品,现在也被放在有特色的包装袋内,冠以品牌出售,这是因为使用品牌有以下好处:便于企业订单处理和存货管理;有助于企业进行市场细分;有助于吸引更多的品牌忠诚者;注册商标可使企业的产品得到法律保护,防止竞争者模仿;有助于树立良好的产品和企业形象。

②非品牌化策略也称不使用品牌策略。对单个企业而言,是否要使用品牌还必须考虑产品的实际情况,因为在获得品牌带来的上述好处的同时,建立、维持、保护品牌也要付出巨大成本,如包装费、广告费、标签费和法律保护费等。企业实行非品牌化策略,可以节省费用,降低价格,扩大销售。一般来说,下列情况可以不使用品牌。

a)商品本身同质性很高、在加工过程中无法形成一定特色的商品,主要是一些未经加工的原料产品、农产品,如电力、原油、木材、玉米、棉花等。

b)生产简单、选择性不大、消费者在购买时只看重产品的式样和价格而忽视品牌的商品,主要是一些小商品,如火柴、纸张、针线等。

c)企业临时性或一次性生产经营的商品。

企业一旦决定建立品牌,就不仅仅是为产品设计一个图案或取一个名称,而必须通过各种手段使消费者达到对品牌识别的层次,否则这个品牌的存在也是没有意义的。

(2)品牌归属策略。品牌归属策略,又称为品牌使用者策略,即品牌的所有权是归制造商还是中间商,或者两者共同拥有的问题。一般来说,企业有3种可供选择的策略。

①制造商品牌,即制造商对其产品自命的品牌,这种品牌也叫作企业品牌或生产者品牌。我国知名品牌大都为制造商品牌,如华为、联想和格力等。

②中间商品牌,即制造商将其产品大批量卖给中间商,中间商再用自己的品牌将商品销售出去,这种品牌也叫作中间商品牌或渠道品牌、经销商品牌、私人品牌。

③混合品牌,即制造商的有些产品使用自己的品牌,有些产品使用中间商品牌。

一般情况下,品牌是制造商的产品标记,制造商决定产品的设计、质量和特色等。享有盛誉的制造商还将其商标租借给其他中小制造商,收取一定的特许使用费。但近年来,经销商的品牌日益增多。一些大型的零售商开发出他们自己的品牌，它们通常以较低成本购买有过剩生产的制造商的产品，然后以自己的品牌销售，以自己品牌的优势获取较高利润。西方国家许多享有盛誉的百货公司、超级市场、服装商店等都使用自己的品牌，有些著名商家（如美国的沃尔玛）经销的 90%商品都用自己的品牌。同时强有力的批发商中也有许多使用自己的品牌，以增强对价格、供货时间等方面的控制能力。

在现代市场经济条件下，制造商品牌和经销商品牌之间展开了激烈的竞争，也就是所谓品牌战，实质是制造商与经销商之间实力的较量。在这种对抗中，中间商有营销网络，有成本优势，以其有利条件向制造商品牌发出挑战，使得以前占统治地位的制造商品牌地位下降，制造商品牌昔日的优势正在削弱。

一般来说，在制造商具有良好的市场声誉，拥有较大市场份额的条件下，应多使用制造商品牌，无力经营自己品牌的经销商只能接受制造商品牌。相反，当经销商品牌在某一市场领域中拥有良好的品牌信誉及庞大的、完善的销售体系时，利用经销商品牌也是有利的。因此进行品牌选择时，要结合具体情况，充分考虑制造商与经销商的实力对比，以求客观地做出决策。

（3）品牌统分策略。企业决定所有的产品使用一个或几个品牌，还是不同产品分别使用不同的品牌，这就是品牌统分策略。大致有 4 种策略模式：个别品牌策略、统一品牌策略、分类品牌策略、个别品牌名称与企业名称并用策略。

①个别品牌策略也称为品牌多样化策略，即企业决定每个产品分别使用不同的品牌，一个企业的不同产品采用不同的品牌进入市场。采用个别品牌名称，为每种产品寻求不同的市场定位，有利于增加销售额和对抗竞争对手，还可以分散风险，使企业的整个声誉不致因某种产品表现不佳而受到影响。如"宝洁"公司在中国生产的洗衣粉使用了"汰渍""碧浪"；肥皂使用了"舒服佳"；牙膏使用"佳洁士"；洗发用品分别采用"海飞丝""飘柔""潘婷"等。

个别品牌策略的主要优点是：便于区分高、中、低档各类型产品，以适应市场上不同顾客的需要；某一产品的失败不致影响其他产品，可提高企业整体在市场竞争中的安全感。

个别品牌策略的最大缺点是：加大产品的促销费用，使企业有限的资源分散，在竞争中处于不利地位；每个品牌都需花费大量的设计及命名、注册与续展、宣传和推广费用，会增加企业的营销成本；此外，企业品牌过多，也不利于企业创立名牌。

②统一品牌策略也称家族品牌策略，是指企业的所有产品都使用同一品牌，各种产品都以统一的品牌进入市场。如美国通用电气公司的所有产品都用 GE 作为品牌名称。现有声誉、形象好的企业采用这种品牌策略不仅可以利用原产品在市场上好的影响力，带动新产品上市，大量节省推广费用，而且可以强化顾客对该品牌的印象。而现有声誉、形象一般或较差的企业不宜采用这种策略。一种品牌代表着一定品质的商品，品质相差悬殊的商品亦不宜采用此策略，否则会造成低档产品对高档产品的不利影响，造成品牌品质市场形象模糊，不利于树立鲜明的市场形象。

这种品牌策略的主要优点是：企业可以运用多种媒体集中宣传一个品牌，充分利用其品牌效应，使其相关产品畅销。同时，还有助于新产品快速进入目标市场，而不必为建立新品牌的认识和偏好花费大量的广告费。但是，采用统一品牌的各种产品应注意具有相同的质量水平，否则会影响品牌信誉，特别是有损于较高质量产品的信誉。

③分类品牌策略是指企业生产经营的各类产品采用不同的品牌进入市场。如西尔斯公司的器具类产品用"肯摩尔"、妇女服装类产品用"瑞溪"、家用设备类产品用"家艺",这就很好地解决了公司生产经营品种截然不同的产品的品牌问题。企业使用这种策略,一般是为了区分不同大类的产品,一个产品大类下的产品再使用共同的家族品牌,以便在不同大类产品领域中树立各自的品牌形象。

④个别品牌名称与企业名称并用策略是企业对不同类别的产品分别采取不同的品牌名称,且在各种产品的品牌名称前还冠以企业的名称或公司的商号。海尔集团就推出了海尔"大力神"冷柜、海尔"小神童"洗衣机。江中制药厂的江中健胃消食片、江中草珊瑚、江中博洛克、江中痔康片。

采用这种品牌策略的出发点是企图兼有以上两种策略的优点,既可以使新产品合法化,能够享受企业的声誉,节省广告费用,又可以使各品牌保持自己的特点和相对独立性。企业的声誉很好时,有助于迅速推广产品。缺点是任一产品的失败或事故均可严重影响公司的品牌信誉。

(4) 品牌延伸策略。

①品牌延伸策略的意义。品牌延伸(brand extension),是指一个现有的品牌名称使用到一个新类别的产品上。品牌延伸策略,亦称品牌扩展策略或品牌拓展策略,是指企业利用已具有市场影响力的成功品牌来推出改良产品或新产品的一种策略。例如,以雀巢咖啡成名的"雀巢"商标,被扩展使用到奶粉、巧克力、饼干等产品上。品牌延伸并非只借用表面上的品牌名称,而是对整个品牌资产的策略性使用。

随着全球经济一体化进程的加速,市场竞争愈加激烈,厂商之间的同类产品在性能、质量、价格等方面强调差异化变得越来越困难。厂商的有形营销威力大大减弱,品牌资源的独占性使得品牌成为厂商之间竞争力较量的一个重要筹码。于是,使用新品牌或延伸旧品牌成了企业推出新产品时必须面对的品牌决策。品牌延伸是实现品牌无形资产转移、发展的有效途径。品牌也受生命周期的约束,存在导入期、成长期、成熟期和衰退期。品牌作为无形资产是企业的战略性资源,如何充分发挥企业的品牌资源潜能并延续其生命周期便成为企业的一项重大的战略决策。品牌延伸一方面在新产品上实现了品牌资产的转移,另一方面又以新产品形象延续了品牌寿命,因而成为企业的现实选择。

②品牌延伸策略的优点和缺点。采用品牌延伸策略具有的显著优点是利用无形资产可以获得更大的收益。一个受人注意的好品牌能使产品立刻被消费者认知、认同、接受、信任,它可以加快新产品的定位,保证新产品投资决策的快捷准确;有益于降低新产品的市场导入费用,减少新产品的市场风险。如果品牌扩展成功,还可以进一步扩大原品牌的影响和企业声誉,强化品牌效应,增加品牌这一无形资产的经济价值,增强核心品牌的形象,能够提高整体品牌组合的投资效益。

但是,实施品牌延伸策略,特别要注意品牌扩展使用到的产品的相关性和质量的稳定性。当某一类产品在市场上取得领导地位后,这一品牌就成为强势品牌,它在消费者心目中就有了特殊的形象定位,甚至成为该类产品的代名词。如果企业把强势品牌延伸到和原市场不相容或者毫不相干的产品上时,这类不当的品牌延伸,不但没有什么成效,而且还会影响原有强势品牌在消费者心目中的特定心理定位。如果企业将强势品牌名冠于别的产品上,如果不同产品在质量、档次上相差悬殊,这就使原强势品牌产品和延伸品牌产品产生冲击,不仅损害了延伸品牌产品，还会株连原强势品牌，损害原有品牌形象。因此，企业运用品牌延伸策略时，一定要根据具体条件谨慎行事。如果延伸不当，则会冒一定的风险。

（5）多品牌策略。多品牌策略是指企业在同一类别产品上同时使用两个或两个以上相互竞争的品牌。这种策略由宝洁公司首创。一个企业建立品牌组合，实施多品牌战略，往往也是为了减少风险，增加盈利机会，并且这种品牌组合的各个品牌形象相互之间是既有差别又有联系的，组合的概念蕴含着整体大于个别的意义。

①企业采用多种品牌策略的意义。

a）发展多种不同的品牌，有助于企业培植市场，使企业深入多个不同的细分市场，有机会最大限度地覆盖市场。没有哪个品牌单独可以培植一个市场，并能单独占领一个市场，众多市场竞争者共同开垦一个市场，才有助于该市场的快速发育与成熟。以个人计算机市场为例，如果只有苹果一家企业唱独角戏，没有其他计算机厂家跟进，绝对不可能形成今天这样火爆的个人计算机市场。随着市场的成熟，消费者的需要逐渐细分化，一个品牌不可能保持其基本意义不变而同时满足几个目标，多个品牌一同出现是支持一个整体性市场所绝对必需的，这就要求有的企业要创造数个品牌以对应不同的市场细分。

b）多种不同的品牌可吸引更多顾客，提高市场占有率。这是因为，一贯忠诚于某一品牌而不考虑其他品牌的消费者是很少的，大多数消费者都是品牌转换者。发展多种不同的品牌，才能赢得这些品牌转换者。

c）发展多种不同的品牌有助于在企业内部各个产品部门、产品经理之间展开竞争，提高企业生产经营效率。

d）多品牌可以限制竞争对手和有力地回应零售商的挑战。多品牌提供了一种灵活性，有助于限制竞争者的扩展机会，使得竞争者感到在每个细分市场的现有品牌都是进入的障碍。近年来西方零售商自我品牌的崛起向制造商发出了有力的挑战，动摇着制造商在树立和保持品牌优势上的主动和统治地位，多品牌战略有助于制造商遏制中间商和零售商控制某个品牌进而左右自己的能力。在西方，零售系统对品牌多样化的兴趣浓厚，制造商运用多品牌策略提高整体市场份额，以此增加自己与零售商较量的砝码。

e）多品牌可以突出和保护核心品牌。企业的核心品牌肩负着保证整个产品门类的盈利能力的重任，其地位必须得到捍卫，否则，一旦它的魅力下降，产品的单位利润就难以回升，最后该品牌将遭到零售商的拒绝。在价格大战中捍卫核心品牌时，多品牌是不可或缺的。把那些次要品牌作为小股部队，给发动价格战的竞争者以迅速的侧翼打击，有助于使挑衅者首尾难顾，与此同时，核心品牌的领导地位则可毫发无损。当需要保护核心品牌的形象时，多品牌的存在更显得意义重大，核心品牌在没有把握的革新中不能盲目冒风险。例如，为了捍卫品牌资产，迪斯尼企业在其电影制作中使用多个品牌，使得迪斯尼企业可以产生各种类型的电影，从而避免了损伤声望卓著的迪斯尼的形象。

②多品牌策略局限性。

a）随着新品牌的引入，其净市场贡献率将成一种边际递减的趋势。经济学中的边际效用理论告诉我们，随着消费者对一种商品消费的增加，该商品的边际效用呈递减的趋势。同样，对于一个企业来说，随着品牌的增加，新品牌对企业的边际市场贡献率也将呈递减的趋势。这一方面是由于企业的内部资源有限，支持一个新的品牌有时需要缩减原有品牌的预算费用；另一方面，企业在市场上创立新品牌会由于竞争者的反抗而达不到理想的效果，他们会针对企业的新品牌推出类似的竞争品牌,或加大对现有品牌的营销力度。此外,另一个重要的原因是,随着企业在同一产品线上品牌的增多,各品牌之间不可避免地会侵蚀对方的市场。在总市场难以骤然扩张时,很难想象新品牌所吸引的消费者全部都是竞争对手的顾客,或是从未使用过该产品的人,特别是当产品差异化较小,或是同一产品线上不同品牌定位差别不甚显著时,这种品牌间相互蚕食的现象尤为显著。

b)品牌推广成本较大。企业实施多品牌策略,就意味着不能将有限的资源分配给获利能力强的少数品牌,各个品牌都需要一个长期、巨额的宣传预算。对有些企业来说,这是可望而不可即的。

采用多品牌策略的主要风险就是使用的品牌数量过多,以致每种品牌产品只有一个较小的市场份额。解决的办法就是对品牌进行筛选,剔除那些比较疲软的品牌。

(6)更换品牌策略。更换品牌策略,也称品牌重新定位策略,一是在原有品牌的基础上做某些改进更新;二是企业完全废弃原有的品牌,采用全新的品牌。应用更换品牌策略,必须改变以往品牌的形象。

品牌再定位的理由。一种品牌在市场上最初的定位也许是适宜的、成功的,但是到后来企业可能不得不对之重新定位。原因是多方面的,但主要有以下3点:一是原品牌已不能反映企业现有的发展状况;二是为了使品牌适应新的观念、新的时代、新的环境、新的需求;三是公司决定进入新的细分市场,可以给人以不断创新的感受。

在做出品牌再定位决策时,首先应考虑将品牌转移到另一个细分市场所需要的成本,包括产品品质改变费、包装费和广告费。一般来说,再定位的跨度越大,所需成本越高。其次要考虑品牌定位于新位置后可能产生的收益。收益大小是由以下因素决定的:某一目标市场的消费者人数;消费者的平均购买率;在同一细分市场竞争者的数量和实力,以及在该细分市场中为品牌再定位所要付出的代价。"七喜"品牌的重新定位是一个成功的典型范例。"七喜"饮料是许多软饮料中的一种,调查结果表明,"七喜"主要购买者是老年人,他们对饮料的要求是刺激性小和有柠檬味。"七喜"公司使了一个高招,进行了一次出色的活动,标榜自己是生产非可乐饮料的,从而获得了非可乐饮料市场的领先地位。

(7)合作品牌策略。合作品牌,也称为双重品牌,是两个或更多的品牌在一个产品上联合起来使用,每个品牌都期望另一个品牌能强化品牌整体的形象或购买意愿。如英特尔(Intel)公司和世界主要计算机厂家进行合作,在计算机产品上使用"Intel Inside"的标识。

(8)新品牌策略。为新产品设计新品牌的策略称为新品牌策略。当企业在新产品类别中推出一个产品时,它可能发现原有的品牌名不适合于它,或是对新产品来说有更好更合适的品牌名称,此时企业需要设计新品牌。例如,春兰集团以生产空调著名,当它决定开发摩托车时,采用春兰这个女性化的名称就不太合适,于是采用了新的品牌"春兰豹"。又如,原来生产保健品的养生堂开发饮用水时,使用了更好的品牌名称"农夫山泉"。

❖ 任务实训

1. 实训目的

通过实训进一步掌握品牌策略。

2. 实训内容及步骤

（1）将全班同学划分为若干任务团队，各团队推选小组长负责此次实训活动。在实训伊始，团队成员阅读以下要求：分析某企业的品牌策略，包括品牌设计、品牌塑造与品牌维护、品牌策略选择等。

（2）授课教师讲解实训要点和注意事项。

（3）各团队收集案例材料。

（4）各团队认真分析案例，撰写分析报告。

（5）各团队制作PPT演示文件并在课堂上汇报，授课教师进行点评。

3. 实训成果

实训小作业——某企业品牌策略分析。

思考题

一、单选题

1. 市场营销的本质是（   ）。
   A. 企业的销售增长　　　　　　　B. 市场占有率的提高
   C. 满足消费者的需求　　　　　　D. 企业利润最大化

2. 根据产品整体理论，（   ）是指消费者购买某种产品时所追求的基本效用或利益，是产品整体概念中最基本、最主要的部分。
   A. 附加产品　　B. 形式产品　　C. 潜在产品　　D. 核心产品

3. 产品生命周期的最后一个阶段是（   ）。
   A. 引入期　　　B. 成长期　　　C. 成熟期　　　D. 衰退期

4. （   ）是指在新产品上市之初，将价格定得较高，在短期内获取厚利，以尽快收回投资。
   A. 渗透定价策略　　B. 撇脂定价策略　　C. 满意定价策略　　D. 心理定价策略

5. 折扣出售、免费试用、附带赠送礼物属于促销策略中的（   ）。
   A. 人员推销　　B. 广告　　　　C. 公共关系　　D. 销售促进

二、多选题

1. 现代营销系统的主要参与者包括（   ）。
   A. 企业　　　　B. 供应商　　　C. 市场中介　　D. 消费者
   E. 管制机构

2. 组织市场的特征主要是（   ）。
   A. 客户数量较少　　　　　　　　B. 交易规模较大
   C. 需求价格弹性大　　　　　　　D. 购买的参与者众多
   E. 购买流程较为规范

3. 目标市场的选择模式包括（   ）。
   A. 单一市场集中化　　　　　　　B. 产品专门化

    C. 市场专门化   D. 选择性专门化

    E. 完全覆盖市场

4. 传统的 4P 营销组合策略是指（　　）策略。

    A. 价格   B. 渠道   C. 产品   D. 促销

    E. 公共关系

5. 有效市场细分的原则有（　　）。

    A. 可区分性   B. 可测量性   C. 可进入性   D. 可营利性

    E. 可定位性

三、名词解释

1. 市场定位　　2. 市场细分　　3. 目标市场选择　　4. 市场营销组合
5. 品牌延伸

四、简答及论述题

1. 影响消费者购买行为的主要因素有哪些？
2. 市场定位的策略主要有哪些？
3. 常见的品牌策略主要有哪些？
4. 试论述产品成熟期的特点及营销策略。
5. 试论述营销渠道策略的选择。

案例讨论

安踏集团的世界级品牌之路

随着互联网时代的到来，移动端的普及和顾客个性化需求的增长，给传统零售方式带来了很大的冲击，而首当其冲的当属传统零售中的传统行业。如何寻求在新零售模式下的可持续发展，品牌战略将成为传统企业赋能的突破口。

安踏集团——中国领先的体育用品公司，是晋江体育运动服装企业的龙头企业的代表，在多年的商场沉浮中逐步形成了自身的多品牌发展战略，并且有效利用中国拥有的巨大市场和销售网络，以及全面覆盖采购、设计研发、生产、营销和分销的供应链，根据中国市场特点进行国际高端品牌转型与创新，立足中国市场，参与国际竞争，实现了公司的高质量发展。安踏集团的世界级多品牌战略历经挑战和磨练，取得了最显著的成效。

安踏始创于1991年，集团董事局主席兼CEO丁世忠在1994年将厂名和产品品牌统一为"安踏"，取"安心创业，踏实做人"之意，因为他发现只有做品牌才是长久的路。1999年，安踏公司一年的利润就有几百万元，2000年丁世忠投入了几乎所有的资金，借助悉尼奥运会在中央电视台做"安踏"的品牌广告，借着奥运会的国际影响力，安踏红遍大江南北。2000年销售额突破3亿元，此后小作坊在10年间发展成为10亿元规模的品牌公司。安踏首创的"体育明星+央视广告"的品牌营销模式被广泛模仿，CCTV5的广告时段涌入了众多晋江体育品牌，成为"晋江现象"。

2009年，安踏收购FILA并开启了全球化高端品牌并购之路，2019年，安踏成功收购亚玛芬体育，将这一发展战略推向高潮。经过一系列并购，安踏集团目前旗下拥有安踏、FILA、迪桑特、可隆、斯潘迪、小笑牛等多个国际品牌。在此过程中，安踏经历了诸多探索与创新，例如，对被并购品牌进行重塑，战略的调整，文化的融合，等等。从 2009 年到 2019 年，FILA 的市值从 40 多亿港元增长到近 2 000 亿港元，可以说并购 FILA 的这一举措为安踏的市值增长做出巨大贡献。

2015 年，安踏看到多元化的消费趋势，决定再次转型，确立集团"单聚焦、多品牌、全渠道"战略。2018 年，安踏重点围绕品牌升级、零售升级、管理模式升级、组织人才和文化升级，进入"创业新十年"。在宏观环境充满不确定性的 2019 年，安踏完成了对集团业务架构的改革，从而组建了专业运动（安踏、斯潘迪）、时尚运动（FILA、KINGKOW）和户外运动（DESCENTE、KOLON）三大品牌事业群，并加速推进"协同孵化，价值零售，国际化"战略。新架构清晰了各业务各品牌的划分，并搭建了"零售、供应链、管理支持"三大共享平台，加强各品牌之间的协同效应，让各品牌互相赋能，取得更大的规模效益。

资料来源：林晓松，沈艺峰，陈闯，等. 高质量增长：安踏集团的世界级多品牌之路 [A]. 大连：中国管理案例共享中心案例库，2020.

问题讨论

1. 安踏集团为什么要实施多品牌战略？
2. 结合本案例，请谈谈中国品牌如何走向世界。

项目9 企业财务管理

学习目标

【知识目标】

(1) 掌握企业财务管理的目标与原则。
(2) 熟悉筹资管理与投资管理。
(3) 熟悉成本费用管理。
(4) 熟悉利润分配管理。
(5) 熟悉企业财务分析指标。

【技能目标】

(1) 能够形成对企业财务管理的清晰认识。
(2) 能够为企业提供筹资和投资建议。
(3) 能够掌握成本费用的管理要求和利润管理的方法。
(4) 能够掌握企业财务分析的方法。

【素质目标】

(1) 遵守企业财务管理法律、法规。
(2) 培养现代企业财务管理意识。
(3) 树立货币的时间价值理念。

❖ 项目情境导入

A公司是一家注册资金为300万元人民币的中小企业。该公司主要是代销通信产品并负责产品安装等售后服务。该公司在竞争激烈的市场中始终保持着较高的盈利水平,这与其成功的财务管理有很大关系。

成本控制是许多中小企业所普遍重视的,但成本的节约应该是一种有取舍、有原则的节约。为了节约人员开支,A公司采取了灵活的用工策略。对于少量的设备安装业务,公司多采用外包的方式;对于一般产品的日常维护工作,公司交付给经过业务培训的销售人员来完成;而针对高端机器的紧急修理工作,则通过鉴定协议由上游厂商来完成。

虽然A公司财务部只有4名会计,但他们的工作却对公司的整体运作起到了强大的支撑作用。A公司推行的是"人人参与财务管理"的模式。A公司在走廊中以板报的形式让财务人员每天按照合同的具体条目更新现金回收状况。它的出现,引起了A公司每个人的关注；业务人员经常来查对，并通过它来跟进自己负责的合同的收款进度；主管也可以通过它来估计二级经销商回款情况。在 A 公司，应收账款在收回前被看成一项市场费用。如果还没有收到货款，销售工作就不能算已经完成，当然 A 公司也不会给相应的销售人员支付佣金。"人人参与财务管理"的模式，极大地调动了销售人员的积极性，杜绝了销售人员只管签订合同而不管实际收款的情况。

A 公司规模虽然不大，却注重吸收先进技术，运用管理软件进行库存管理。A 公司对每个月的销量都会进行细致统计，并建立安全库存管理模式，一旦存货低于警戒线便立即补货。这样在保证存货供应的同时，又大大降低了存货所占用的资金。

问题：结合本案例，请谈谈你对企业财务管理的基本认识。

❖ 项目分析

财务管理是企业内部管理的中枢，也实现企业和外部交往的桥梁。它不仅可以帮助企业筹集资金，获取投资收益，降低企业的运营成本，提高资金流的营运效益，还可以帮助企业发现在经营中存在的问题。因此，现代企业都极为重视财务管理工作。

那么，什么是企业财务管理？它的管理目标和原则是什么？如何实施企业筹资和投资管理？如何开展成本费用管理和利润分配管理？如何进行企业财务分析？本项目将对以上问题进行解答。

任务 9.1　初识企业财务管理

❖ 任务引入

有不少人将财务与会计的概念混为一谈，认为两者没有什么区别，甚至一些企业领导也这么认为。他们在为企业招聘财务管理人员时根本不去区分应聘者是财务专业还是会计专业背景，因而导致一些招聘来的会计人才无法胜任财务管理岗位的工作。

问题：为什么有不少人会混淆会计和财务的概念？两者到底有哪些不同？

❖ 相关知识

1. 企业财务管理的含义

企业财务是指企业在生产经营过程中客观存在的资金运动及其所体现的经济利益关系。企业财务管理是企业根据相应的法律、法规，利用价值形式对企业生产经营过程进行的管理，是组织财务活动、处理财务关系的一项综合性管理工作。

延伸阅读

企业的财务活动

企业的财务活动是指企业为满足生产经营需要而进行的资金筹集、投放、使用、收回及分配等一系列的活动。企业财务活动一般包括以下四个方面。

1) 筹资活动

只有在必要的资金支撑下，企业的创立和经营活动才能得以开展。企业筹集资金的常用方式有以下两种：①筹集股权资金，包括吸收直接投资、发行股票、企业内部留存收益等方式；②筹集债务资金，包括银行借款、发行债券、融资租赁等方式。

2) 投资活动

企业投资分为广义投资和狭义投资两种方式。广义投资又可分为对内投资和对外投资。对内投资指的是企业将资金投放于企业内部的过程，如购置流动资产、固定资产、无形资产等投资行为；对外投资是指企业将资金投放于企业外部的过程，如购买其他企业的股票、债券或对其他企业进行的直接投资。狭义投资则仅指对外的投资。广义投资与狭义投资的共同之处在于都需要企业支付资金，都以获取投资报酬为目的。当投资变现时，企业则会产生资金的收入。

3) 资金营运活动

企业在日常生产经营活动过程中，会发生一系列的资金收付行为。首先，企业需要从外部采购材料或商品，用于生产和销售活动，另外，企业还需要支付工资以及其他营业费用；其次，企业将商品或产品售出从而取得收入，回收资金；最后，在资金不能满足经营需要时，企业则需要筹集所需资金。营运资金是指为满足企业日常经营活动的需要而垫支的资金。因企业日常经营而引起的财务活动也称为资金营运活动。

4) 分配活动

企业通过投资和资金营运活动在取得相应的收入的同时实现了资金的增值。在补偿了成本、缴纳税金后，企业还应依据有关法律对剩余利润进行分配。进行分配时要注意两种资金分配报酬的不同之处：权益资金的报酬分配是按照税后利润来进行的，负债资金的报酬分配是按照税前利润来进行的。从广义上讲，分配是一种对企业各种收入进行分割和分派的行为活动；从狭义上讲，分配则仅指对企业净利润的分配。

上述财务活动存在着相互联系、相互依存的关系。一个完整的企业财务活动正是由上述四个方面的活动所构成的。

2. 企业财务管理的目标与原则

1) 企业财务管理的目标

财务管理目标是企业财务管理活动所期望获得的预期成果，也是对财务管理活动进行评价的基本标准。财务管理的目标主要有利润最大化目标、股东收益最大化目标和企业价值最大化目标。

（1）利润最大化目标。企业只有取得一定的利润，才能正常经营下去，进而谋求更大的收益。因此，利润最大化是企业财务管理的重要目标之一。

企业以利润最大化为目标主要有以下优点：①有利于促使企业开源节流，研发新技术和产品，降低产品和服务等的成本，不断优化资源配置结构，从而使企业占领更大的市场，获得更多的利润；②有利于企业更加直观地了解自身的发展获利情况，明确自身的市场定位。

但是，将利润最大化作为目标也有以下缺点：①忽略了利润实现的时间和资金时间价值。在不同历史时期和阶段，货币的价值是不等的，如中华人民共和国成立初期的1元与现在的1元的价值就是不同的。②忽略了行业问题。在市场经济中，不同行业的情况不同，相同价值的利润对于不同行业的意义是不同的。例如，高新技术产业与纺织工业的利润就不能简单比较。③容易导致企业决策的短期化。因为利润是非常直观的指标，所以企业在实际运营过程中，一般以月、季度或者年来计算利润，容易着力于短期利润，而忽略长期发展。

（2）股东收益最大化目标。股东收益最大化指的是企业通过财务上的合理经营，为股东带来最多的财富。企业以股东收益最大化为目标主要有以下优点：①概念清晰，股东收益最大化可以用股票市价来表现；②考虑了资金的时间价值；③科学地考虑了风险因素，因为风险的高低会对股票价格产生重要影响；④股东收益最大化在一定程度上能够克服企业在追求利润上的短期行为，因为不仅目前的利润会影响股票价格，预期未来的利润对企业股票价格也会产生重要影响；⑤股东收益最大化目标比较容易量化，便于考核和奖惩。

但是，以股东收益最大化为目标也有以下缺点：①它只适用于上市公司，对非上市公司很难适用。②股东收益最大化要求金融市场是有效的。由于股票的分散和信息的不对称，经理人员为实现自身利益的最大化，有可能以损失股东的利益为代价做出逆向选择。③容易忽视其他相关者的利益。企业与员工、合作商等的关系非常紧密，忽视其他相关者的利益，不利于企业的长远发展。

（3）企业价值最大化目标。企业价值最大化是指通过企业财务上的合理经营，采用最优的财务政策，充分考虑资金的时间价值和风险与报酬的关系，在保证企业长期稳定发展的基础上，使企业总价值达到最大。其基本思想是将企业长期稳定发展摆在首位，强调在企业价值增长中满足各方利益关系。

企业以价值最大化为目标的优点是：①以企业价值最大化为目标有利于企业决策的长期化，避免短期化倾向；②将价值作为指标更加稳定，用价值替代价格作为依据会减少很多外界的干扰，对企业价值的评估会更加有效。企业以价值最大化为目标的主要缺点是：价值很难准确界定，缺乏清晰的衡量标准。

2）企业财务管理的原则

（1）收益与风险均衡原则。风险与收益相伴，要取得收益，不可避免地就要面对一定的风险。对企业而言，如何达到收益与风险的均衡是企业必须面对的问题，这就要求企业对每项具体的财务活动都要进行收益性和安全性的分析，按照风险和收益适当均衡的原则，趋利避害，力争做到以较低的风险获取较高的收益。

（2）利益关系协调原则。企业在组织实施财务管理过程中，应做好债权人和债务人、所有者和经营者、企业和个人、投资者和受资者之间的各种利益关系的协调与兼顾工作。

（3）货币的时间价值原则。企业在资金筹集、运用和分配时应用货币的时间价值原则能够有效地提高财务管理水平，也是搞好融资、投资、分配决策的有效保证。运用货币的时间价值观念需要企业将投资项目未来的成本和收益通过现值来表示，如果未来收益的现值大于成本现值，并且未来风险投资的收益高于无风险投资的收益，则该项目可以实施，反之则不可实施。

阅读资料
资金的时间价值

（4）战略管理原则。企业的财务战略管理是指为了实现财务目标而进行的长远规划和控制的过程，主要包括以下四个环节：制定战略目标、确定战略规划、实施战略部署和业绩评价。这就要求企业应从财务目标的角度出发，在对经济周期、经济政策、税收政策、同行业竞争者等财务环境进行充分分析研究的基础上，结合企业的实际情况制定长远规划，掌握企业的发展方向，并能积极开展具体的运营活动。

(5) 财务收支平衡原则。在财务管理工作中，收支平衡是企业必须遵循的原则。如果企业收不抵支，则可能会导致资金链的中断或停滞。如果一定时期的收支总额是平衡的，但是收支不同步，出现先支出后收入的情况，也可能会影响资金的顺利周转。企业要做到收支平衡，一方面要做到增收节支，另一方面要积极运用短期投资和筹资行为来调剂资金。企业一旦发现资金有所短缺，则应通过办理借款、发行短期债券等方式进行融资；当企业资金充裕时，可以选择合适的项目进行短期投资。

3) 企业财务管理的基本环节

财务管理环节是指财务管理的一般工作步骤和程序。财务管理的环节是否严密、科学和完善，将直接关系到企业管理工作的成功与否。实践表明，一个健全的财务管理系统至少应包括以下五个基本环节：财务预测、财务决策、财务预算、财务控制和财务分析。这五个环节相互配合，联系紧密，最终形成财务管理循环。

(1) 财务预测。财务预测是指企业根据财务活动的现有资料，结合企业的经营目标，对企业未来一段时间内的财务活动和财务成果所进行的科学预计和测算。财务预测是为企业财务决策、财务预算、财务控制和财务分析提供较为可靠的依据。财务预测涉及企业的整个经营过程，预测的对象不仅仅是资金需求量和成本费用，还包括销售收入、利润总额和分配等。财务预测工作一般应遵循以下步骤：①明确预测对象和目的；②收集和整理相关资料；③确定预测方法，建立预测模型；④确定并提供预测结果。

📖 知识延伸

财务预测的方法

财务预测的方法主要有定性预测法和定量预测法两种。定性预测法是一种以精通业务的专职人员做出的预测意见为基础，通过某种方式进行综合，从而进行预测的方法。定性预测法常见的形式有专家会议法、德尔菲调查法、访问法、现场观察法、座谈等。定量预测法是一种以历史资料和现时资料为基础建立数学模型，从而进行预测的方法。定量预测法常见的形式包括时间序列预测法（包括算术平均法、加权平均法、移动平均法、指数平滑法、最小二乘法等）、相关因素预测法（包括一元线性回归法、多元线性回归法等）、概率分析预测法（主要指马尔可夫预测法）等。以上两种预测方法互为补充，企业进行预测时将两种方法结合使用会达到更好的预测效果。

(2) 财务决策。财务决策是指在财务目标的总体要求下，财务人员运用专门的决策方法从众多备选方案中选出最佳方案的过程。现代企业财务管理系统以财务决策为核心，财务决策对企业未来的发展方向起决定作用，也关系到企业的兴衰存亡。财务决策主要包括以下内容：筹资决策、投资决策、股利决策和其他决策。筹资决策着重解决如何以最低成本获得企业所需资金，维系合理的资本结构的问题，包括确定筹资对象、数量、方式、时间结构比例关系等。投资决策着重解决如何选择改进投资对象、投资数量、投资时间、投资方式和投资结构的问题。股利决策着重解决如何合理分配股利的问题。其他决策涉及对企业兼并与收购、企业破产与重整等的决策。

财务决策一般应遵循以下工作步骤：①确定决策目标；②提出备选方案；③选择最优方案。常见的财务决策方法有两种：经验判断法和定量分析法。前者的判断依据是决策者的经验，主要包括淘汰法、排队法和归类法。后者以决策理论中的定量方法确定、分析、评判、选择方案，主要包括数学分析法、数学规划法、概率决策法、效用决策法、优选对比法。

（3）财务预算。财务预算是指运用先进的技术手段和方法，对预算目标进行综合平衡，最终编制主要计划指标的过程。财务预算必须以财务决策确立的方案和财务预测提供的信息作为基础，是对财务预测和财务决策所确定的经营目标进一步的系统化、具体化，也是控制、分析财务收支的基本依据。同样地，财务预算也涉及企业财务活动的整个过程，主要包括现金预算、利润预算、财务状况预算。现金预算的对象是企业特定时期内现金流转时间及金额数量，包括对于营业活动、投资活动和筹资活动的现金流量的预算。利润预算的对象是企业特定时期内的营业利润、利润总额和税后利润。财务预算的对象是企业一定时期内资产、负债和所有者权益的规模及分布情况。财务预算一般应遵循以下工作步骤：①分析财务环境，确定预算指标；②协调财务能力；③选择预算方法，编制财务预算。编制财务预算主要有固定预算与弹性预算、增量预算与零基预算、定期预算和滚动预算等方法。

（4）财务控制。财务控制是财务管理机构及人员以财务制度或预算指标为依据，采用特定的技术手段和方法，对各项财务收支进行日常的计算、审核和调节，将其控制在制度和预算规定的范围之内，发现偏差，及时进行纠正，以保证企业财务目标实现的过程。财务控制主要包括对于筹资、投资、货币资金收支、成本费用、利润、财务风险等方面的控制。财务控制一般应遵循以下工作步骤：①分解指标，落实责任；②计算误差，实时调控；③考核业绩，奖优罚劣。财务控制方法主要有防护性控制、前馈性控制和反馈性控制。

（5）财务分析。财务分析是以会计核算资料为依据，对企业财务活动的过程和结果进行分析研究，评价预算完成情况，分析影响预算执行的因素及变化趋势的过程。通过财务分析，企业可以掌握各项财务预算和财务指标的完成情况，检查国家有关方针、政策及财经制度、法规的执行情况，以不断改善财务预测和财务预算工作，提高财务管理水平。财务分析主要包括偿债能力分析、营运能力分析、获利能力分析、发展能力分析和财务综合分析等内容。财务分析一般应遵循以下步骤：①收集资料，掌握信息；②计算对比，做出评价；③分析原因，明确责任；④提出措施，改进工作。财务分析方法主要有：因素分析法（差额分析法、连环替代法）、趋势分析法（定基分析、环比分析、绝对值分析）和比率分析法（构成比率、效率比率、相关比率）。

❖ 任务实训

1. 实训目的

通过实例分析，加深对企业财务管理理念的认识。

2. 实训内容及步骤

（1）将全班同学划分为若干任务团队，各团队推选小组长负责此次实训活动。在实训伊始，团队成员阅读以下案例（案例《五个一分钱与一个五分钱》，详见二维码）。

（2）各团队根据案例材料讨论以下问题：如何理解"五个周转着的一分钱

案例分析
五个一分钱与一个五分钱

的价值大于一个闲置着的五分钱"？这句话反映了财务管理中的什么理念？

（3）各团队在负责人的组织下完成案例讨论，得出结论并形成文字材料。

（4）各团队提交案例分析材料，交由授课老师评阅。

（5）授课老师对各团队案例分析结论进行点评，完成本次实训。

3. 实训成果

实训小作业——"五个一分钱与一个五分钱"案例分析。

任务9.2　熟悉企业筹资与投资管理

❖ 任务引入

某高校企管专业的小张、小王和小康三位同学计划创办一家小型家政公司，经预算需要启动资金大概30万元，而他们三人仅有15万元。小张提议向家人、亲戚、朋友借一点，小王觉得还是多找几位合伙人投资比较好，小康认为还是利用好政府的大学生创业扶植政策争取获得低息贷款更好。

问题：企业的融资渠道有哪些？你更认同哪一种筹资方式？

❖ 相关知识

1. 企业筹资管理

1）企业筹资的含义与类型

企业筹资是指企业为了满足投资和用资的需要，通过一定的渠道，采取适当的方式，获取资金的一种行为。资金向来被称为企业的"血液"，资金不合理的使用和缺乏都会对企业的生存与发展造成不利的影响。企业自主经营要求企业享有筹资的自主权，企业要生产与发展就需要充分利用社会的资金潜力。横向经济联合将会引起资金的横向流动，社会闲散资金逐步成为企业筹资的可靠来源。企业在进行资金筹集时，首先要对筹资的具体动机有所了解，依据筹资的基本要求，对筹资的渠道与方式进行合理选择。

微课堂
企业筹资管理

从不同角度来划分，筹资主要可分为以下几种类型：内部筹资与外部筹资、直接筹资与间接筹资等。下面分别进行介绍。

（1）内部筹资与外部筹资。按照资本来源的不同，筹资可分为内部筹资和外部筹资两种类型。一般而言，对这两种筹资方式，企业应以内部筹资为先。

①内部筹资。内部筹资是一种企业从内部获取资金来源的方式，而具体的筹资数量则由企业具体的利润分配制度决定。

②外部筹资。外部筹资是在企业内部筹资无法满足总的筹资要求的条件下，企业向外部筹集资金的方式。而企业进行外部筹资时，一般都需要支付一定的费用。例如，发行股票债权时，都需要支付费用。

（2）直接筹资与间接筹资。按照是否借助银行等金融机构，筹资可分为直接筹资和间接筹资两种类型。

①直接筹资。直接筹资指的是企业不经过银行等金融机构，直接向资本所有者融资的一种方式。直接筹资的方式主要有吸收直接投资、发行股票、发行债券和商业信用等。

②间接筹资。间接筹资则借助了银行等金融机构。在间接筹资的过程中，银行等金融机构发挥的是中介的作用。间接筹资的主要方式有银行借款和融资租赁等。

2）企业筹资的动机

企业筹资的基本目的是维持与发展企业。特定的动机驱动企业的具体筹资活动。筹资动机对筹资行为和结果具有直接的影响。筹资动机有些时候是单一的，而有些时候则是多个动机的结合，归纳起来主要有以下四类。

（1）创立性筹资动机。创立性筹资动机，是指企业在设立时，为了具备基本的开设企业的条件而产生的筹集资金的动机。我国相关法律规定，创办企业的一个基本条件就是满足最低资金标准。此时企业筹集的资金主要用于购买设备、租用场地等方面。

（2）扩张筹资动机。扩张筹资动机是企业因扩大生产经营规模或追加对外投资的需要而产生的筹资动机。一般来说，具有良好的企业发展前景、处于成长期的企业通常会产生此种类型的筹资动机。企业通过扩张性筹资动机筹资往往会扩大企业资产的总规模，改变资本结构。

（3）偿债筹资动机。偿债筹资动机是企业为了偿还某些债务而形成的筹资动机，即借新债还旧债。偿债动机一般有两种情形。一是调整性偿债筹资。即企业虽然有能力偿还到期的旧债，但为了对原有的资本结构进行调整，仍然举债，目的是使资本结构更加合理。二是恶化性偿债筹资。即企业现有的支付能力不能偿付到期债务，而被迫举债还债，这种情况表明企业的财务状况已经恶化。企业通过这种筹资动机筹资不能增加企业资产总额和筹资总额，只是会改变企业的债务结构。

（4）混合筹资动机。企业因同时需要长期资金和现金而产生的筹资动机为混合筹资动机。企业通过混合筹资动机进行筹资，既能够扩大企业的资产规模，又能够偿还部分旧债。例如，企业对外进行产权投资时，可通过长期贷款或发行公司债券实现，这样既帮助企业扩大了规模，又改变了企业的资本结构。

3）企业筹资的基本原则

企业筹资是一项重要而复杂的工作，为了有效地筹集企业所需资金，企业必须遵循以下基本原则。

（1）规模适当原则。企业在不同的发展时期对资金的需求量会有所不同，企业财务人员要对生产经营状况进行认真分析研究，采用一定的方法，对资金的需求量进行预测，确定合理的筹资规模。

（2）筹措及时原则。企业财务人员在筹集资金时，对资金时间价值原理和计算方法必须熟知，以便于能够根据具体情况，合理安排筹资时间，适时获取所需资金。

（3）来源合理原则。不同来源的资金，对企业的收益和成本会产生不同影响。因此，企业进行资金来源选择时，要认真研究资金来源渠道和资金市场的情况，合理选择资金来源。

（4）方式经济原则。企业在筹资时，不仅需要确定筹资数量、筹资时间、资金来源，还必须认真研究各种筹资方式。企业筹集资金需要承担一定的风险，也需要付出一定的代价，使用不同的筹资方式，会产生不同的资金成本。为此，企业就需要认真分析和对比各种筹资方式，选择较为经济、可行的筹资方式进行筹资，从而降低成本，减少风险。

4）企业筹资的方式

筹资方式主要包括吸引直接投资、发行股票筹资、留存收益筹资、发行债券筹资、银行借款筹资、商业信用筹资、融资租赁筹资。

(1) 吸收直接投资。吸收直接投资，是指企业按照"共同投资、共同经营、共担风险、共享利润"的原则来吸收国家、法人、个人、外商资金的一种筹资方式。吸收直接投资的种类包括国家投资、法人投资、外商投资和社会公众投资。国家投资是指有权代表国家投资的政府部门或机构，将资本投入企业的行为。法人投资是指法人单位将可支配的资产投入企业的行为。外商投资是指其他国家的投资者将资本投入企业，创办中外合资或合作经营企业的行为。社会公众投资是指社会个人或本企业职工将拥有的资产投入企业的行为。

(2) 发行股票筹资。发行股票筹资，是指企业通过发行股票的方式筹集资金的行为。股票是股票持有人的一种凭证，表示了其对企业拥有的权利。

(3) 留存收益筹资。留存收益筹资，是指企业将之前所获净利润的一部分用于再投资的过程。实质上是股票持有人对企业的再次投资。

(4) 发行债券筹资。发行债券筹资，是指企业通过发行债券来筹集资金的行为。按国家有关规定发行的债券可以在证券市场上自由流通。

(5) 银行借款筹资。银行借款筹资，是指企业通过向银行或其他非银行金融机构借入需要还本付息的款项来进行筹资的行为。

(6) 商业信用筹资。商业信用筹资，是指企业利用商业信用进行融资的行为。其具体形式包括应付账款、应付票据、预收账款等。

(7) 融资租赁筹资。融资租赁筹资，是指转移与资产所有权有关的全部或绝大部分风险和报酬进而租赁筹资的方式。

筹资的各种方式之间，既有联系，又有区别。企业进行筹资时，需要将各种筹资方式进行有机结合，从而满足企业的筹资需要，提高筹资的效果。

> **问题讨论：**
>
> 一家企业自成立以来坚持不上市、不借款、不发行债券，创始人说有多少钱就办多大的事，这样经营更安全。你同意这个观点吗？请说说你的理由。

2. 企业投资管理

1）企业投资的含义与类型

(1) 企业投资的含义。企业投资是指企业将资金投入生产经营过程，期望能够从中获取收益的一种行为。在市场经济条件下，企业作为独立的经济实体，总是通过投资不断扩大其经营规模和经营范围，不断寻找新的收入以及利润来源，并在投资中分散企业的经营风险。因此，投资活动在企业的生产经营活动过程中占有非常重要的地位。

(2) 企业投资的类型。按照不同的标准，企业的投资可以被划分为直接投资与间接投资、短期投资与长期投资、对内投资与对外投资等不同类型。直接投资是将资金投放于生产经营性资产上，以便取得投资利润的投资。在一般的工业企业中，直接投资所占比重较大。

间接投资又称有价证券投资,是将资金投放于股票、证券等金融资产上,以便获取股利或利息收入的投资活动。短期投资又称流动资产投资,是指能够在1年或者1年以内的营业周期里对资本进行回收的投资,主要是针对现金、应收账款、存货、短期有价证券等的投资。长期投资是指在大于1年的营业周期里才能收回资本的投资活动,主要是对厂房、机器设备等固定资产的投资,也包括对无形资产和长期有价证券的投资。对内投资又称内部投资,是指将资金投放于企业内部,用于购置各种生产经营用的资产的投资活动。对外投资是指企业通过多种方式对企业外的其他单位的投资活动。

为了谋取利润,提高企业价值,企业投资显得尤为重要。企业投资活动受到经济、政治、文化、法律、市场、技术等各种因素的影响,是一个复杂的、充满风险的管理过程。

2)投资管理的基本要求

(1)认真进行市场调研,敏锐捕捉投资机会。企业投资活动是从捕捉投资机会,确定投资方向开始的。

(2)搜集和整理资料,认真对投资项目的可行性进行分析。要进行投资项目可行性分析必须以搜集和整理资料为前提,可行性分析也是进行投资决策的关键环节。

(3)进行投资决策,编制资本预算。根据经济学理论知识,当投资项目的边际收益等于边际成本时,其投资收益达到最大,投资规模达到最佳。一旦最佳投资项目被选定后,企业就需要开始编制资本预算,通过对项目财务状况进行评估,对选定投资方案分年度的用款额度和项目各年需要投入的资本总量进行科学预测,以此为依据进行资本筹措,以保证项目顺利进行,早日产生投资收益。

(4)监督资本预算的执行情况,对企业的投资风险进行适当控制。企业在进行投资时,一方面要考虑投资收益,另一方面也要考虑投资风险情况,只有在收益和风险达到最佳平衡状态时,才能够增加企业的价值,实现企业财务管理的目标。

延伸阅读

影响企业投资的因素

1. 现金流量

现金流量是影响企业投资的首要因素。在投资决策分析中,通常把投资方案的全部资金支出称为现金流出量,把项目建成后全部可收回的资金称为现金流入量。

2. 货币的时间价值

等量货币在不同时期的价值具有差异,所以企业在进行投资决策分析时,货币的时间价值是必须考虑的问题。

3. 投资风险及风险价值

所有的投资活动都需要承担一定的风险。而对于有风险的投资活动,企业在进行决策时既要考虑货币的时间价值,分析投资方案中相关因素对决策方案经济效果的影响程度,还需要进一步考虑投资的风险价值。

4. 资金成本

资金成本是指在企业筹集和使用资金过程中的各项支出以及应付的利息和费用。在投资过程中,评价投资项目可行性的最主要的经济指标即为资金成本。

5. 通货膨胀

在投资过程中，有无通货膨胀对企业的投资方案会产生重大影响。在没有通货膨胀的条件下，决策者可以使用货币将对投资项目的投入和产出综合成现金流量进行计量。但在有通货膨胀的情况下，企业的收益会因通货膨胀率的不同而发生变化，另外，在评价投资方案时，企业应该确定通货膨胀对使用贴现率的影响。

3）长期投资管理

长期投资是指投资期限超过一年，不准备随时变现的投资活动。一般可分为内部长期投资和外部长期投资两种。

（1）内部长期投资。内部长期投资是指对企业内部的各种长期经营性资产的投资活动，包括对固定资产、无形资产以及其他资产的投资。在进行固定资产投资决策时，企业需要充分考虑风险因素。

（2）外部长期投资。外部长期投资是指企业为了获取未来收益或满足某些特定用途，以其货币资金、实物资产或无形资产等形式，投资于外部单位的经营活动。

在市场经济条件下，投资的收益与风险并存。因此，企业在进行投资时，必须掌握一定的投资原则，包括收益性原则、安全性原则、合法性原则和合理性原则等。

小案例

软银投资阿里巴巴获利几千倍

2000年，阿里巴巴B轮2 500万美元融资中，软银投资2 000万美元，具有当时马云只用了6分钟英文演讲就打动软银，刚开始软银想要投资3 000万美元，占股30%，马云觉得占股太多，所以最终软银投资2 000万美元，占股20%。

2004年，阿里巴巴C轮8 000万美元融资中，软银投资6 000万美元。所以软银总共投资阿里巴巴8 000万美元，持股比例为28.9%，共7.47亿股，按照2019年4月25日，阿里巴巴股票的收盘价187.88美元/股，软银持有阿里巴巴的股票价值为1 403.46亿美元，对比当初投入的8 000万美元，获利1 754.32倍。这绝对是软银最成功的一笔投资。

4）流动资产管理

（1）流动资产的特点。流动资产是指企业可以在一年或一年以内的营业周期内变现或运用的资产。其价值表现就是流动资金，包括现金、银行存款、短期投资、应收及预付款项、应收票据、存货等。流动资产具备以下三个主要特点：流动性强，周转期短；流动资产在不断周转循环中，具有资金分布并存性和资金运动的继起性；随着资产的周转循环，流动资产不断改变其价值形态。

（2）流动资产管理的原则。

①以市场为中心，服务于生产和流通的市场经济原则；

②加强经济核算，提高经济效益；

③科学化管理，提高流动资产管理水平；

④将"责权利"相结合，建立经营管理责任制。

(3) 流动资产管理的内容。

①现金管理。现金管理包括三个方面的内容：编制现金预算，设定最佳的现金余额，加强现金预算控制和检查。

②短期投资管理。短期投资主要是对国库券、短期融资券、可转让存单、银行承兑汇票、公司股票和债券等进行的投资。

③应收账款管理。应收账款指企业通过对外销售产品、提供劳务产生的收益，被购货单位或接收单位占用尚未收回的资金。应收账款一般具有增加销售量、扩大市场份额、减少库存积压等作用。应收账款管理主要包括加强对信用条件的调查掌握，确定合适的信用方式和信用期间，加强应收账款的催收力度，监督应收账款回笼等内容，必要时可以采用法律手段回收应收账款。

④存货管理。存货是指企业在生产经营过程中为销售或耗用而储备的物资。存货管理要求企业合理协调存货数量、存货时间、存货结构和存货空间之间的关系。

❖ 任务实训

1. 实训的目的

通过实训，学会撰写创业企业的融资规划。

2. 实训内容及步骤

（1）将全班同学划分为若干任务团队，各团队推选一名同学为任务牵头人，具体负责此次的实训活动。各团队以所有成员为发起人，模拟成立新企业。

（2）各团队为拟成立的企业确定经营方向、经营规模，并预算所需的启动资金金额和开办后所需的资产数额（固定资产和流动资产），同时确定融资的渠道以及估算融资的成本。

（3）各团队确定融资的期限以及融资的时期，并规划如何收回投资。

（4）各团队在以上工作的基础上撰写融资规划。

（5）各团队选派代表在班级上汇报，老师现场点评。

3. 实训成果

实训作业——××创业企业融资规划书。

任务9.3　熟悉成本费用管理与利润分配管理

❖ 任务引入

一家新成立的小企业刚运营一年，就因成本费用控制不力和股东在利润分配上无法达成一致而陷入了僵局。该企业是由几名大学毕业生合资创立的，主要业务为短视频创作。企业设立之前他们觉得短视频是当下的风口，投入小回报丰厚，只要短视频的创意好、制作精良，就不愁没钱挣。而当企业真正运作起来，几位合伙人才发现在经营过程中到处都需要花钱，成本一点也不低。他们辛辛苦苦干了一年，才挣了不到10万块钱。面对这不多的盈余，有人主张分掉，有人坚持要留作企业的发展资金，为此吵得不可开交。

问题：企业的成本费用都包括哪些项目？如何做好成本费用管理和利润分配管理工作？

❖ 相关知识

1. 成本费用管理

1）成本费用管理的意义

成本费用管理是指对企业生产经营过程中生产经营费用的发生和产品成本的形成所进行的预测、计划、控制、分析和考核等一系列管理工作。成本费用管理的意义主要体现在以下四个方面。

（1）加强成本费用管理是企业增加产量的必要手段。生产经营过程中物化劳动和活动的耗费体现在成本费用上，所以加强成本费用管理变得尤为重要。在节约了物化劳动和活劳动耗费的前提下，企业便可以用同样的耗费，生产出更多的产品来满足社会需要。

（2）加强成本费用管理是企业增加利润的根本手段。企业生产的最主要目标是提高经济效益，获取最多的利润。在产品的质量、价格相同的前提条件下，成本费用越低，利润就会越多。因此，提高企业利润的根本措施有以下几个：加强成本费用管理，采取各种有效管理措施控制费用开支，降低产品成本。

（3）加强成本费用管理是提高企业竞争能力的重要手段。企业的生存和发展与企业的竞争能力息息相关。加强成本费用管理，是提高企业竞争能力的重要手段。提高产品质量和降低产品的价格是增强企业竞争能力的有效手段。同时在降低产品价格的基础和前提下，企业必须降低成本费用。

（4）加强成本费用管理是全面提高企业工作质量的重要途径。成本费用是企业综合性的经济指标。成本费用直接或间接地反映了企业经营管理中各方面工作的业绩，企业为了加强经济核算，提高管理水平，需加强对成本费用的管理。

2）成本费用的分类

在企业生产经营过程中，成本费用有多种多样的表现形式，科学合理的分类是企业对其加强管理的方式之一。根据成本费用的特点和管理的要求，可以分为以下几种。

（1）按成本费用的经济用途分类。以工业企业为例，成本费用按经济用途可以被分为生产成本和期间费用两大类。生产成本和期间费用，按照企业的特点还可以进一步细分，被划分为若干项目，即成本费用项目。

①生产成本即制造成本，主要是指与企业生产产品直接相关的费用，它一般包括直接材料、直接人工、其他直接支出、制造费用四个成本项目。

a）直接材料，是指企业生产经营过程中实际消耗的原材料、辅助材料、备品配件、外购半成品、燃料、动力、包装物以及其他直接材料。

b）直接人工，是指企业中直接从事产品生产的人员的工资、奖金、津贴和补贴。

c）其他直接支出，是指直接从事产品生产的人员的职工福利费等。

d）制造费用，是指企业各个生产单位（分厂、车间）为组织和管理生产所发生的各种费用。

②期间费用，是指在企业生产经营过程中发生的，与企业的生产活动没有直接联系，属于

某一时期耗费的费用。在工业企业当中，期间费用包括管理费用、财务费用和销售费用三类。

a）管理费用，是指企业行政管理部门为管理和组织企业的生产经营活动而发生的各项费用。

b）财务费用，是指企业为筹集资金而发生的各项费用。

c）销售费用，是指企业在销售产品、自制半成品和提供劳务等过程中发生的各项费用以及专设销售机构的各项经费。

（2）按成本费用与产品产量之间的关系分类。按照成本费用与产品产量之间的关系，可以将其分为变动成本费用、固定成本费用和混合成本费用三类。

变动成本费用是指随着产品产量增减变动而按比例变动的成本费用。固定成本费用是指不随产品产量的变动而变动的成本费用。混合成本费用是指同时具有变动成本费用和固定成本费用的性质的费用。

3）成本费用的管理要求

（1）正确划分各种费用支出的界限，保证成本计算的正确性。一定时期内一定数量的产品成本承担的并非企业在生产经营过程中发生的全部成本费用。对各种费用支出的界限进行分析及划分，对产品成本确定有利，也有利于收入与费用的合理配比。

（2）做好成本费用管理的基础工作。进行成本核算与控制是成本费用管理的前提。主要包括做好各项定额、预算的制定和修订工作，建立和健全各项原始记录，做好计量检测工作，完善内部结算价格等。同时，企业要在此基础上，建立和健全一整套成本费用的管理制度，从而使成本费用管理工作有章可循。

（3）实行全面成本费用管理。成本费用可以综合反映企业整个生产经营过程中的资金耗费情况，只有在实行全面成本费用管理的前提下，企业才能达到降低成本费用、增加企业利润的目的。

2. 企业利润分配管理

1）企业利润的形成

利润是一定期间内企业生产经营的综合成果，是企业纳税的基础，也是财务预测的重要内容。

企业利润总额包括营业利润、投资净收益和营业外收支净额三个部分。在这里，我们以工业企业为例说明其具体内容。

利润总额的计算公式为：

$$利润总额 = 营业利润 + 投资净收益 + 营业外收支净额$$

（1）营业利润。它是营业收入扣除成本、费用和各项流转税及附加税费后的数额。其计算公式为：

$$营业利润 = 产品销售利润 + 其他业务利润 - 管理费用 - 财务费用$$

其中，产品销售利润＝产品销售收入－产品销售成本－产品销售费用－产品销售税金及附加

$$其他业务利润 = 其他业务收入 - 其他业务支出$$

(2) 投资净收益。它是指投资收益扣除投资损失后的数额。其计算公式为：

$$投资净收益 = 投资收益 - 投资损失$$

(3) 营业外收支净额。它是营业外收入减营业外支出的差额。其计算公式为：

$$营业外收支净额 = 营业外收入 - 营业外支出$$

2) 企业利润分配

(1) 利润分配的概念。利润分配有狭义和广义之分。狭义的利润分配是指企业对在一定期间（通常是一年）内实现的税后净利润进行的分配。广义的利润分配则指企业对在一定期间（通常是一年）内实现的税前利润总额进行的分配。利润分配涉及多方面的利益，因此企业在利润分配时要更加谨慎。

(2) 利润分配的内容与顺序。根据《企业会计准则》和《企业财务通则》的规定，利润分配的内容和顺序如下。

①支付被没收的财物损失及各项税收滞纳金和罚款。

②弥补以前年度的亏损，即弥补超过国家规定税前利润抵补期限，应以税后利润弥补的亏损。

③提取法定盈余公积金，按税后利润扣除前两项后的10%提取。法定盈余公积金已达到注册资本的50%时，可不再提取。盈余公积金可用于弥补亏损或用于转增资本金，但转增资本金时，以转增后留存企业的法定盈余公积金不少于注册资本的25%为限。

④向投资者分配利润。企业以前年度未分配的利润，可以并入本年度向投资者分配。

股份制公司在提取法定盈余公积金后，可按照下列顺序分配公司利润。

a) 支付优先股股利。

b) 提取任意盈余公积金。按照公司章程或股东大会决议提取和使用。

c) 支付普通股股利。当无利润时，不得分配股利，但在用盈余公积金弥补亏损以后，经股东大会特别决议，可按照不超过股票面值6%的比率用盈余公积金分配股利。在分配股利后，公司法定盈余公积金不得低于注册资本的25%。

知识链接

股利分配政策

企业采用不同的股利分配政策会产生不同的影响，股利分配政策不仅关系到投资者的切身利益，也会对企业的理财目标产生一定的影响。法律因素、企业因素和股东因素决定了企业股利分配政策的制定。在进行股利分配的实务中，企业一般常用的股利分配政策包括以下几种。

1. 剩余股利政策

当企业的投资机会较好时，企业根据最佳资本结构，对投资所需的权益资本进行测算，先从盈余中预留出这部分资金，然后将剩余的盈余作为股利予以分配。

2. 固定股利或稳定增长股利政策

将每年发放的股利固定在某一水平上，并在较长时期内不发生改变，企业只有在认为未来盈余水平将会显著地、不可逆转地增长时，才会对每年股利的发放额进行提高。

3. 固定股利支付率政策

即由企业确定一个股利占盈余的比例，在较长时期内按此比率分配股利的政策。

4. 低正常股利加额外股利政策

即在一般情况下，企业每年只支付固定的、数额较低的股利；只有在盈余较多的年份，才会向股东发放额外股利的政策。

3）企业利润管理

利润是企业经营成果的综合表现。企业想要抓住生产经营管理的"牛鼻子"，就需要抓住利润管理。企业在进行利润管理时，既要制定目标利润，也要不断寻求利润增加的途径。

（1）目标利润的制定。目标利润是在一定时期内，企业必须实现的利润水平。常用的目标利润确定方法如下。

①基期利润调整法。即在上年实际利润的基础上，依据计划期有关因素的变化及其趋势进行调整计算的方法。其计算公式为：

$$预期目标利润 = 上年实际利润 \times (1 \pm 有关因素影响的调整比率)$$

②量本利分析法。它是利用销量、成本与利润之间的相互关系对计划期各指标变化趋势进行分析研究，进而确定目标利润的一种方法。其基本公式为：

$$目标利润销售量 = \frac{固定成本 + 目标利润}{单位售价 - 单位变动成本}$$

$$目标利润销售额 = \frac{固定成本 + 目标利润}{1 - \frac{单位变动成本}{单位售价}}$$

企业在实际测算时，可依据上述公式制定目标利润，要综合考虑销售数量、单位售价、单位变动成本、固定成本以及产品结构等因素变化对利润的影响。

（2）企业增加利润的主要途径。营业利润是企业利润总额的主体，一般情况下，产品（商品）销售利润占营业利润的绝大部分，因此企业增加利润的主要途径如下。

①提高产品或商品销量。在单位利润不变的情况下，提高销量是增加销售收入和利润总额的有效方法。

②努力降低经营成本。成本与利润反向影响。在收入不变的情况下，降低成本可增加利润；在收入增加的情况下，降低成本可使利润更快地增长；在收入减少的情况下，降低成本，也可对利润的下降产生抑制作用。

③提高产品质量，合理制定价格。企业通过应用现代技术，以合理的价格为市场提供高质量的产品，提高市场销量，增加企业利润。

④优化产品结构。对现有产品结构进行优化，以期提高市场竞争力和产品销售量，增加企业利润。

❖ **任务实训**

1. 实训目的

通过实训,了解当地小微企业在经营过程中的成本费用支出情况,并探讨降低成本费用的措施。

2. 实训内容及步骤

(1) 以小组为单位成立任务实训团队,由团队负责人完成任务分配。
(2) 各团队选取当地 10 家左右的小微企业作为调查对象,并拟定访谈提纲。
(3) 联系被调查企业,通过实地采访被调查企业财务负责人或业主,了解该企业在经营过程中的成本费用支出情况。
(4) 各团队根据调查信息结合本任务所学的知识,由团队负责人牵头完成研究报告的撰写。
(5) 各团队提交实训作业到班级学习群,由课代表组织同学们在线讨论。

3. 实训成果

调查报告——《小微企业成本费用支出情况调查报告》。

任务 9.4 学会企业财务分析

❖ **任务引入**

张教授原是一所中医药大学基础医学院的副院长,同时兼任校附属医院的内科主任,退休后他不甘寂寞,成功应聘为一家二级民营医院的院长。张教授医术不错,也有较为丰富的事业单位中层管理经验,但做营利性医院的"一把手"还是第一次。上班没几天他就遇到了一件尴尬事,下属把财务分析报表送到他的办公室,说是董事长让拿过来的,以供他做经营决策时参考。张教授看了半天也没看太明白,他觉得自己该好好补一补这方面的知识了。

问题:什么是财务分析?为何企业经营者要掌握财务分析方面的知识?

❖ **相关知识**

1. 财务分析的含义

根据评价的范畴、深度和目的的不同,财务分析可以分为狭义和广义两种。

狭义财务分析特指财务报表分析。企业的财务报表主要包括资产负债表、利润表和现金流量表。

(1) 资产负债表是用来反映企业在会计期末的资产、负债和所有者权益的基本情况的,一般在月末和年末编制。资产负债表按照会计等式编制,一般有两种形式:账户式和报告式。我国的资产负债表为账户式。

(2) 利润表也称损益表是用来反映企业在一定期间生产经营成果的财务报表。利润表要求每月编报，并且要计算累计数。

（3）现金流量表中的现金是指企业的库存现金以及可以随时用于支付的存款。现金等价物是指企业持有的期限短、流动性强、易于转换为现金、价值变动风险较小的短期投资。现金流量是指一定时期内企业现金流入和流出的数量。

企业产生现金流的能力的强弱反映了企业的生产经营活动能否正常进行。企业在一定会计期间内的现金和现金等价物流入和流出的信息一般由现金流量表反映，现金流量表使用者能据此了解和评价企业获取现金和现金等价物的能力，并对企业的未来现金流量进行预测。

广义财务分析包括财务报表分析和财务经营分析，即依赖于企业管理活动中提供的各种资料，对企业所用设备、经营情况及效益进行的分析评估。

2. 企业财务分析的方法

企业在运用一定方法的基础上可开展财务分析活动。财务分析的常用方法包括趋势分析法、比率分析法和因素分析法三种。

（1）趋势分析法。趋势分析法又称水平分析法，是通过对比两期或连续数期财务报告中的相同指标，确定其增减变动的方向、数额和幅度，以此说明企业财务状况或经营成果的变动趋势的一种方法。

（2）比率分析法。比率分析法是通过对各种比率指标的计算来确定经济活动变动程度的分析方法。比率指标主要有构成比率、效率比率和相关比率三类。

①构成比率。构成比率又称结构比率，是指企业某个部分占总体的百分比，它反映了部分与整体的关系。企业利用这个指标可以衡量分析某个部分占总体的比例是否合理，从而进行优化。其计算公式为：

$$构成比率 = \frac{某个组成部分数值}{总体数值} \times 100\%$$

②效率比率。效率比率，是指付出与所得的百分比，反映的是投入与产出的关系。企业利用这个指标可以衡量这个财务活动的得失，对经济效益进行评估。例如，用利润除以销售成本计算出的是成本利润率，用利润除以销售收入计算出的是销售利润率等。

③相关比率。相关比率，是指以某个项目和与其相关项目的百分比，反映有关的经济活动之间的关系。例如，将负债总额除以资产总额计算出的是资产负债率，可以用来评判企业的长期偿债能力。

（3）因素分析法。因素分析法是依据分析指标与其影响因素的关系，从数量上确定各因素对分析指标影响方向和影响程度的一种方法。因素分析法包括连环替代法和差额分析法。

①连环替代法。连环替代法，是指将财务分析指标分解为各个可以计量的因素，并根据各个因素之间的依存关系，顺次用各因素的比较值替代基准值，据此计算各因素对分析指标的影响的方法。

【例9-1】 WXR有限公司2017年10月A材料费用的实际数是5 280元，其计划数是4 500元。实际数比计划数增加780元。A材料费用是由产品产量、单位产品材料消耗量和材料单价三个因素组成的。

运用连环替代法，可以计算各因素变动对材料费用总额的影响：

计划指标：100×10×4.5＝4 500（元）　　　　　（1）
第一次替代：110×10×4.5＝4 950（元）　　　　（2）
第二次替代：110×8×4.5＝3 960（元）　　　　　（3）
第三次替代：110×8×6＝5 280（元）　　　　　　（4）
实际指标：
（2）－（1）＝4 950－4 500　　产量增加的影响　　450（元）
（3）－（2）＝3 960－4 950　　材料节约的影响　　－990（元）
（4）－（3）＝5 280－3 960　　价格提高的影响　　1 320（元）
450－990＋1 320　　　　　　　全部因素的影响　　780（元）

②差额分析法。差额分析法，是指通过各个因素的比较值与基准值之间的差额，来计算各个因素对所分析指标的影响的方法。实质上，差额分析法是连环替代法的简化。对例 9-1 运用差额分析法计算如下：

产量增加对材料费用的影响为：（110－100）×10×4.5＝450（元）
材料节约对材料费用的影响为：（8－10）×110×4.5＝－990（元）
价格提高对材料费用的影响为：（6－4.5）×110×8＝1 320（元）
全部因素的影响为：450－990＋1 320＝780（元）

3. 企业财务指标分析

总结和评价企业财务状况与经营成果的分析指标通常包括偿债能力指标、营运能力指标、盈利能力指标和发展能力指标四种。

1）偿债能力分析

偿债能力是指企业偿还到期债务的能力。偿债能力分析包括短期偿债能力分析、长期偿债能力分析以及偿债能力保障程度分析。

（1）短期偿债能力分析。短期偿债能力是指企业以流动资产偿还流动负债的能力。常用指标包括流动比率、速动比率和现金比率三种。

① 流动比率是企业的流动资产与流动负债的比率，是衡量企业偿付即将到期债务能力的指标。其计算公式为：

$$流动比率 = \frac{流动资产}{流动负债} \times 100\%$$

② 速动比率是企业的速动资产与流动负债的比率，是衡量企业运用随时可变现资产偿付到期负债能力的指标。其计算公式为：

$$速动比率 = \frac{速动资产}{流动负债} \times 100\%$$

其中，速动资产 ＝ 流动资产 － 存货 － 预付账款 － 一年内到期的非流动资产 － 其他流动资产。

③ 现金比率是企业的货币资金和短期证券之和与流动负债的比率。其计算公式为：

$$现金比率 = \frac{货币资金 + 以公允价值计量用其变动计入当期损益的金融资产}{流动负债} \times 100\%$$

(2) 长期偿债能力分析（资本结构分析）。长期偿债能力指标主要包括负债比率、所有者权益比率、固定比率、固定资产长期适合率、长期负债对所有者权益比率等。

① 负债比率又称资产负债率，是指企业的负债总额与资产总额的比率。其计算公式为：

$$负债比率 = \frac{负债总额}{资产总额} \times 100\%$$

② 所有者权益比率是指企业的所有者权益总额与资产总额的比率，其计算公式为：

$$所有者权益比率 = \frac{所有者权益总额}{资产总额} \times 100\%$$

对于股份公司来说，所有者权益比率又被称作股东权益比率，公式为：

$$股东权益比率 = \frac{股东权益总额}{资产总额} \times 100\%$$

所有者权益比率与负债比率之和应该等于1。

③ 固定比率是企业的固定资产净值与所有者权益的比率。其计算公式为：

$$固定比率 = \frac{固定资产净值}{所有者权益} \times 100\%$$

④ 固定长期适合率是企业的固定资产净值与所有者权益和长期负债之和的比率。其计算公式为：

$$固定长期适合率 = \frac{固定资产净值}{所有者权益 + 长期负债} \times 100\%$$

⑤ 长期负债对所有者权益比率是对长期债权人提供的资本和企业所有者权益的比例关系进行反映的指标。

(3) 偿债能力保障程度分析。偿债能力保障程度分析主要用于衡量企业对固定利息费用所提供的保障程度。偿债能力保障程度分析指标主要包括收益对利息保障倍数和收益对利息本金保障倍数等。收益对利息保障倍数的计算公式为：

$$收益对利息保障倍数 = \frac{净利润 + 利息费用 + 所得税}{利息费用} \times 100\%$$

收益对利息本金保障倍数是企业一定时期的净现金流量与还本付息金额的比率。其计算公式为：

$$收益对利息本金保障倍数 = \frac{利息总额 + 利息费用 + 折旧费用}{利息费用 + 年度还本额 \times \frac{1}{1 - 所得税税率}}$$

2) 企业营运能力分析

企业营运能力的强弱主要取决于资产与权益的周转速度,周转速度越快,资金使用效率越高,营运能力越强。企业营运能力分析指标主要包括存货周转率、应收账款周转率、营运资金周转率、固定资产周转率、全部资产周转率等。

(1) 存货周转率。存货周转率是指企业一定期间的销货成本与平均存货成本的比例。其计算公式为:

$$存货周转率 = \frac{销货成本}{平均存货成本}$$

存货周转率也可以用存货周转天数表示。存货周转天数是指存货周转一次所需要的天数。其计算公式为:

$$存货周转天数 = \frac{计算期天数}{存货周转次数}$$

(2) 应收账款周转率。应收账款周转率是指企业的赊销收入净额与平均应收账款余额的比率。其计算公式为:

$$应收账款周转率 = \frac{赊销收入净额}{平均应收账款余额}$$

反映应收账款变现速度的另一个指标为应收账款周转天数,计算公式为:

$$应收账款周转天数 = \frac{计算期天数}{应收账款周转次数}$$

(3) 营运资金周转率。营运资金周转率是指企业在一定期间的销售净额与平均营运资金余额的比率。其计算公式为:

$$营运资金周转率 = \frac{销售净额}{平均营运资金余额}$$

其中,$$平均营运资金余额 = \frac{营运资金年初数 + 营运资金年末数}{2}$$

(4) 固定资产周转率。固定资产周转率是指企业在一定期间的销售净额与平均固定资产净值的比率。其计算公式为:

$$固定资产周转率 = \frac{销售净额}{平均固定资产净值}$$

(5) 全部资产周转率。全部资产周转率是指企业在一定期间的销售净额与平均资产总额的比率。其计算公式为：

$$全部资产周转率 = \frac{销售净额}{平均资产总额}$$

3）盈利能力分析

盈利能力是指企业获取利润的能力。评价企业获利能力的财务比率主要有资产报酬率、股东权益报酬率、销售净利率和成本费用净利率。

（1）资产报酬率。资产报酬率，也称资产收益率、资产利润率或投资报酬率，是指企业在一定时期的净利润与资产平均总额的比率。其计算公式为：

$$资产报酬率 = \frac{净利润}{资产平均总额} \times 100\%$$

$$其中，资产平均总额 = \frac{期初资产总额 + 期末资产总额}{2}$$

（2）股东权益报酬率。股东权益报酬率也称净资产报酬率、净值报酬率或所有者权益报酬率，是指一定时期企业的净利润与股东权益平均总额的比率。其计算公式为：

$$股东权益报酬率 = \frac{净利润}{股东权益平均总额} \times 100\%$$

$$其中，股东权益平均总额 = \frac{期初股东权益 + 期末股东权益}{2}$$

（3）销售净利率。销售净利率是指企业净利润与销售收入净额的比率。其计算公式为：

$$销售净利率 = \frac{净利润}{销售收入净额} \times 100\%$$

（4）成本费用净利率。成本费用净利率是企业净利润与成本费用总额的比率。其计算公式为：

$$成本费用净利率 = \frac{净利润}{成本费用总额} \times 100\%$$

4）企业发展能力的财务指标分析

企业的发展能力，也称企业的成长性，是指企业通过自身的生产经营活动，不断扩大积累而形成的发展潜能。企业发展能力分析包括竞争能力分析、企业周期分析和财务比率分析三个方面。其中企业发展能力的财务分析主要考察营业收入增长率、资本保值增值率、资本积累率、总资产增长率、营业利润增长率、技术投入比率、营业收入三年平均增长率和资本三年平均增长率8项指标，限于篇幅，本书不再详细介绍。

❖ 任务实训

1. 实训的目的

通过实训，学会通过财务指标分析判断企业的经营状况。

2. 实训内容及步骤

（1）以小组为单位成立任务实训团队，由小组负责人完成任务分配。
（2）各实训团队搜集某一上市公司公开发布的财务指标信息。
（3）各实训团队根据财务指标信息及宏观环境、上市公司所处的行业环境，对企业的偿债能力、营运能力、盈利能力和发展能力进行分析。
（4）各实训团队根据财务分析结果撰写企业经营状况报告。
（5）完成实训报告的撰写，交由授课老师批阅。

3. 实训成果

实训报告——《基于财务指标分析的某上市公司经营状况报告》。

思考题

一、单选题

1. 财务管理的首要环节是（　　）。
   A. 财务预算　　　　B. 财务决策　　　　C. 财务分析　　　　D. 财务预测
2. （　　）最大化指的是企业通过财务上的合理经营，为股东带来最多的财富。
   A. 股东收益　　　　B. 企业利润　　　　C. 消费者利益　　　D. 企业价值
3. （　　）指的是企业不经过银行等金融机构，直接向资本所有者融资的一种方式。
   A. 外部筹资　　　　B. 直接筹资　　　　C. 间接筹资　　　　D. 内部筹资
4. 流动资产是指企业可以在（　　）的营业周期内变现或运用的资产。
   A. 一个月或一个月以内　　　　　　　B. 一个季度或一个季度以内
   C. 一年或一年以内　　　　　　　　　D. 以上均不正确
5. （　　）是指在企业生产经营过程中发生的，与企业的生产活动没有直接联系，属于某一时期耗费的费用。
   A. 期间费用　　　　B. 管理费用　　　　C. 财务费用　　　　D. 销售费用

二、多选题

1. 企业的财务活动包括（　　）。
   A. 筹资活动　　　　B. 投资活动　　　　C. 资金营运活动　　D. 经营活动
   E. 发行债券和股票活动
2. 以股东收益最大化为财务管理目标的优点包括（　　）。
   A. 有利于促使企业开源节流，研发新技术和产品
   B. 考虑了资金的时间价值

C. 科学地考虑了风险因素

D. 在一定程度上能够克服企业在追求利润上的短期行为

E. 目标比较容易量化，便于考核和奖惩

3. 企业财务管理的原则包括（　　）。

A. 收益与风险均衡原则　　　　B. 货币的时间价值原则

C. 利益关系协调原则　　　　　D. 战略管理原则

E. 财务收支平衡原则

4. 企业筹资是一项重要而复杂的工作，为了有效地筹集企业所需资金，企业必须遵循的基本原则有（　　）。

A. 现金流充足　　　　　　　　B. 规模适当原则

C. 筹措及时原则　　　　　　　D. 来源合理原则

E. 方式经济原则

5. 短期偿债能力指企业以流动资产偿还流动负债的能力。常用指标包括（　　）。

A. 流动比率　　B. 速动比率　　C. 现金比率　　D. 负债比率

E. 盈利比率

三、名词解释

1. 企业财务　　2. 企业财务管理　　3. 财务决策　　4. 流动资产

5. 成本费用管理

四、简答和论述

1. 企业财务管理的目标是什么？

2. 企业筹资的方式有哪些？

3. 流动资产管理的内容有哪些？

4. 企业运营能力分析的指标主要有哪些？

5. 试论述企业财务管理的基本环节。

6. 试论述企业增加利润的主要途径。

案例讨论

H公司的股权风波

H公司是一家从事IT产品开发的企业。由三位志同道合的朋友共同出资100万元，三人平均分配股权比例共同创立。企业发展初期，创始股东都以企业的长远发展为目标，关注企业的持续增长能力，所以，他们注重加大研发力度，不断开发新产品，这些措施有力地提高了企业的竞争力，使企业实现了营业收入的高速增长。在开始的几年间，销售业绩以每年60%的递增速度提升。然而，随着利润的不断快速增长，三位创始股东开始在收益分配上产生了分歧。股东王力、张伟倾向于分红，而股东赵勇则认为应将企业取得的利益用于扩大再生产，以提高企业的持续发展能力，实现长远利益的最大化。由此产生的矛盾不断升级，最终导致坚持企业长期发展的赵勇被迫退出，出让持有的1/3股份而离开企业。

但是，此结果引起了与企业有密切联系的广大供货商和分销商的不满，因为许多人的业务发展壮大都与H公司密切相关，他们深信H公司的持续增长能力将为他们带来更多的机会。于是，他们威胁如果赵勇离开企业，他们将断绝与企业的业务往来。面对这一情况，企业两位股东提出他们可以离开企业，条件是赵勇必须收购他们的股份。赵勇的长远发展战略需要较多投资，这样做将导致企业陷入没有资金维持生产的境地。这时，众多供应商和分销商伸出了援助之手，他们或者主动延长应收账款的期限，或者预付货款，最终使赵勇又重新回到了企业，成为公司的掌门人。

经历了股权风波后，H公司在赵勇的领导下，不断加大投入，实现了企业规模化发展，在同行业中处于领先地位，企业的竞争力和价值不断提升。

问题讨论

1. 赵勇坚持企业长远发展，而其他股东要求更多分红，你认为赵勇的目标是否与股东财富最大化的目标相矛盾？
2. 案例中H公司的所有权和经营权是合二为一的，这对企业的发展有什么利弊？

第3篇

专题篇

导语：科学有效的管理是新创企业生命活力的源泉。本篇为新创企业管理专题篇，包含一个项目，两个学习任务。本篇包括新创企业管理的含义与特点、新创企业的成长管理。通过对本篇的学习，可以使我们加深对新创企业管理的认识，掌握新创企业管理的方法。

学生工作页

第 3 篇　专题篇

项目 10	新创企业管理				
班级		学号		姓名	

能力训练

1. 请画出本篇项目 10 的思维导图。

2. 与成熟企业相比，为何新创企业的管理更具挑战性？

3. 假如大学毕业后你创办了一家农产品网络销售公司，请结合项目 10 所学知识，谈谈你将如何开展新创企业管理工作。

学生评述

完成任务的心得与体会：

教师评价

项目10 新创企业管理

🔷 学习目标

【知识目标】

(1) 掌握新创企业的概念与特点。
(2) 熟悉新创企业管理的特点。
(3) 掌握新创企业的生命周期理论。
(4) 了解新创企业的成长模式。
(5) 熟悉新创企业的战略管理。

【技能目标】

(1) 能够认识新创企业的成长规律。
(2) 能够认清新创企业管理面临的问题。
(3) 能够为新创企业的成长模式选择提供建议。
(4) 能够为新创企业的战略管理提供建议。

【素质目标】

(1) 培养学习新创企业管理的兴趣。
(2) 培养勇于创业的积极进取精神。
(3) 建立科学的新创企业管理思维。

❖ 项目情境导入

梁女士是某杂志社的兼职编辑,工作时间自由,属于sohu(在家办公)一族,月收入尚可,因房子是父母给买的,没有月供压力,她的小日子过得又舒服又滋润。空闲时间多了,梁女士便有些"不安分",总是琢磨着要做点什么。

在朋友的启发之下,梁女士决定在网上创办一家经营时尚女装的企业。梁女士觉得网络创业投资不大,管理相对简单,她很有信心把企业做好。

问题:你觉得梁女士的想法可行吗?在今后的经营管理过程中她将会遇到哪些挑战?

❖ 项目分析

彼得·德鲁克提出:"创业需要与现行管理方式不同的管理,但和现行的管理方式一样,创业也需要有系统、有组织、有目标的管理。"新创企业的管理展现的是一个从无到有、从理念到行为、从简单到复杂的创业活动管理过程。科学有效的管理能把新创企业的潜能最大限度地调动并发挥出来，从而提高企业的竞争力，在不断变化的市场中获得属于自己的生存空间。

那么，什么是新创企业管理？新创企业管理的内容有哪些？如何开展新创企业管理？本项目将对以上问题进行解答。

任务 10.1　认识新创企业管理

❖ 任务引入

小张、小王和小李同为某高校市场营销专业的应届毕业生，三人平时关系很好，也都有创业的意愿，于是在毕业前成立了一家商贸有限责任公司。公司成立伊始，业务刚刚起步，三人尚能从容应对，但随着业务不断扩大，需要解决的管理问题越来越多，他们日渐力不从心。公司几乎每天都会遇到棘手的管理问题，经营不到一年，三人就身心俱疲。

问题：新创企业管理管理有何特点？新创企业管理的内容包含哪些？小张、小王和小李三人该如何解决管理中遇到的问题？

❖ 相关知识

1. 新创企业管理的含义与特点

1）新创企业管理的含义

新创企业是指创业者在不确定的环境中，把握创业机会并有效地整合创业资源所创建的一个新的实体组织。所谓新创企业管理就是指在企业产生的过程以及孵化发展期这些阶段对企业的管理，是对将创业构思付诸实践的具体行为和过程的管理。

2）新创企业管理的特点

新创企业管理是企业管理中相对具有风险的管理活动。企业在其不同发展时期的管理重心、关键职能及表现形态都有所不同，新创企业管理正是体现了企业在初创阶段的管理特点。成熟企业已经进入相对稳定的发展阶段，成长性有限，新创企业则处于超常规发展阶段，具有非常大的发展潜力，产品或服务一旦在市场上获得成功，企业往往能获得突飞猛进的成长。与之相对的是，由于技术、市场与环境的不确定性，新创企业也要面对巨大的风险，具有"易变""不稳定""高死亡率""充满风险"等特点。具体而言，新创企业的管理主要具有以下特点。

（1）新创企业管理是以生存为首要目标的"生存管理"。在激烈的市场竞争背景下，尚处于初创期的新创企业大多缺乏核心竞争力，处于高度的不确定性之中，其先天性的资金短缺、系统创业指导的缺乏、相关政策的限定、人员配备不齐以及制度不完善等问题，极大地制约了新创企业的发展，使其时刻面临着生存与发展的难题，该阶段新创企业的管理以生存为首要目标。

（2）新创企业管理具有较强的灵活性和创新性。新创企业规模小，组织架构简单，创业者充满创业激情和探索精神，创新与冒险意识强，敢于创新，工作效率高，更容易感受到市场的变化，能够做出比大企业更迅速的反应，依托反应速度的优势来抗击大企业的规模竞争。

（3）新创企业管理面临挑战的多样性。相对于成熟企业，新创企业管理面临着更多的挑战，如创业团队需要时间来磨合，管理经验不足，缺乏资源，难以获得市场及合作伙伴的信任，等等。创业者要充满自信，勇于面对挑战，不断克服各种困难，成功度过创业初期这一艰难时刻。

第五批专精特新"小巨人"企业培育启动

近年来，我国大力推进中小企业特别是专精特新"小巨人"企业培育，在中央到地方的一系列政策推动下，专精特新"小巨人"企业每年的增量正在呈指数级增长。工信部数据显示，目前我国已培育 8 997 家专精特新"小巨人"企业、848 家制造业单项冠军企业。

2023 年 2 月 21 日，工信部印发通知，将组织开展第五批专精特新"小巨人"企业培育。工信部将组织专家对各地上报的推荐材料进行评审和实地抽检，并根据审核结果对拟认定的第五批专精特新"小巨人"企业名单进行公示。

资料来源：缴翼飞. 第五批专精特新"小巨人"企业培育启动 全国"小巨人"企业年底预计超 1 万家［N］. 21 世纪经济报道，2023-02-23（001）.

2. 新创企业管理的内容

新创企业管理虽然有其独特性，但和成熟企业的管理一样，需要运用各类策略与方法，对企业中的人、机器、原材料、技术、资产、信息、品牌、销售渠道等进行科学管理，从而实现企业目标，主要涉及组织与人力资源管理、市场营销管理、财务管理以及生产运作管理等方面的内容。作为新创管理，与成熟企业不同的是，新创企业创建后创业者首要面临的问题是如何使新创企业成功地成长起来，因此，新创企业还涉及企业成长管理，具体管理内容如图 10-1 所示。

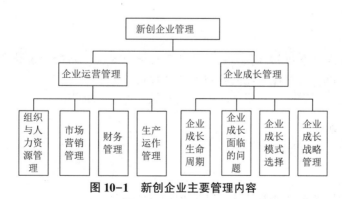

图 10-1　新创企业主要管理内容

3. 新创企业管理面临的挑战

在竞争激烈的商业社会中，新创企业时刻面临着来自市场、资本、竞争者等外部环境变化以及自身融资困难，管理水平较低等发展瓶颈，这对新创企业的管理也带来了一系列的挑战。

1) 创业者个人因素的关键性

新创企业更多地依赖创业者的素质、能力、社会资源等个人因素。创业者的个人因素，在很大程度上决定了创业的成败。创业者事必躬亲，新创企业往往深深地打上创业者个人的印迹。这一印迹在企业未来的发展中，可能成为企业进一步发展的推动力，也可能变为企业进一步发展的阻碍。

微课堂

新创企业管理面临的挑战

2) 抗风险能力低

由于新创企业刚刚成立，规模小、资本少，是市场竞争的弱势群体。一个良好的创业环境能够推动新创企业走向成功，而不利的创业环境则可能会将新创企业推向深渊。新创企业抵御风险的能力相对较低，对复杂的外部环境具有高度的敏感性。另外，由于新创企业信息通道较窄，资源整合能力弱，创业者管理经验不足，并且缺乏一定的业务关系和商业信誉，新创企业的创业项目在市场竞争中往往具有很大的脆弱性，抗风险能力弱，创业过程中遇到梗阻，往往就把企业推向失败的深渊。

3) 资源的稀缺性

经营历史较长的公司具有明显的资源整合优势，而新创企业由于自有资金有限、信誉不高、无固定资产、信用等级普遍较低等原因，利用社会闲散资金的能力弱，加之经营效益差，企业诚信度不高，难以申请银行贷款，导致资金不足。由于新创企业风险大、稳定性差、资金限制，很难吸引高素质的人才。因此新创企业面临着资金、技术、人才等各个方面的约束。只能依靠自有资金不断创造、保障正现金流，有时即使创业者发现了极佳的市场机会，但由于新创企业资源的极度缺乏，也可能痛失市场机会或者营销效果大打折扣。

4) 创业目标的短期性

新创企业从创立开始就充满着诸多不确定的因素，需要根据实际情况随时调整发展方向，因而很难制定出长期的战略目标及战略计划。新创企业在短期内就是以"活下来"，维持生存的目标为主。生存空间的拓展或面向生存的突围，将一直是新创企业管理的首要问题。

> **课堂讨论：**
>
> 有人说与成熟企业相比，新创企业的管理更为复杂，对管理者的素质与能力的要求更高。你同意这个观点吗？请说明你的理由。

❖ 任务实训

1. 实训目的

通过实训，掌握新创企业与成熟企业管理特点的差异。

2. 实训内容及步骤

（1）将全班同学划分为若干实训团队，各团队推选小组长负责此次实训活动。在实训伊始，团队成员阅读以下任务。

通过调查研究，认识新创企业管理的特殊性，从成长性、风险程度、经营导向、管理模式、管理环境、关注焦点、驱动因素等方面描述新创企业管理的特点，并完成与成熟企业管理的对比分析。

（2）各团队成员分工协作完成实地调查和文献收集工作。

（3）各团队对调研资料进行整理、分析。

（4）各团队在研究的基础上撰写实训报告。

（5）各团队根据实训报告材料制作5分钟的演示PPT在课堂分享，各团队间互动评议。

3. 实训成果

实训作业——新创企业与成熟企业的管理特点比较分析。

任务 10.2　新创企业的成长管理

❖ 任务引入

由于受多种不确定因素的影响，创业活动的失败率远高于成功率，创业失败是大概率事件，放眼全球皆是如此。即使创业企业在一开始非常成功，也会在成长的过程中遭遇各种挫折。企业成长如同有生命的机体一样，要经历出生、成长、老化、死亡等阶段，企业持续成长也就意味着这几个成长阶段的顺利延续与递进。因此，认清新创企业的成长规律，把握好新创企业的成长管理具有重要的意义。

问题：你是如何理解企业成长生命周期的？新创企业的成长模式有哪些？如何开展新创企业成长管理？

❖ 相关知识

1. 企业生命周期

1) 企业生命周期理论

企业生命周期是指企业从诞生到死亡的时间过程。迄今为止，国内外学者已提出20余种生命周期阶段模型。不同学者对企业生命周期的阶段数目划分不一样。美国著名的管理学家伊查克·爱迪思于1989年提出了企业生命周期理论，将企业生命周期划分为11个阶段，即孕育期、婴儿期、学步期、青春期、盛年前期、盛年后期、稳定期、贵族期、官僚化前期、官僚期和死亡期。后续有学者分别把企业生命周期确定为三个阶段、四个阶段、五个阶段、七个阶段等。

国内学者在总结国外企业生命周期理论研究的基础上，将企业的生命周期分为创业期、成长期、成熟期、衰退期四个阶段。

2) 企业生命周期各阶段特征与管理策略

（1）创业期。创业期是新创企业所处的阶段，企业的生存能力还比较弱，企业拥有的科技、人力、物力等资源有限，管理制度不够健全，品牌、信誉等无形资产尚未形成，很容易受到已有竞争者的威胁，风险较大。该阶段企业的可塑性较强，主要工作：①通过市场分析，发现细分市场机会，开发具体有特色的产品或服务，满足市场的需求；②设计企业战略、经营计划、财务预算、分工权责以及激励机制等基本制度建设；③注重产品生产和销售，强化市场策略的制定，对销售运作和业务范围进行有效控制。该阶段是企业的起步期，企业首要解决的是生存问题而不是成长问题，只有在市场上站稳脚跟，才能为将来的快速发展创造有利条件。

（2）成长期。相比创业期，在成长期的企业将面临更多发展性问题，主要以成长为导向开展"成长管理"。为了进一步开拓市场和扩大盈利能力，企业在产品或技术上的创新开始增多。这一阶段是企业发展最快的时期，企业经济实力增强，市场占有率提高，员工人数增加，抵御市场风险的力量得以加强。在这一阶段，企业的主要任务：①建立相对完善的规章制度，创业期创业者的话语权较大，现在应该向职业经理人治理阶段转变；②重点强调经营效率，组织结构由创业期的松散结构转变为正规的组织结构；③完善职业化的经营与管理队伍，强化员工培训制度，进行企业规范化管理。

（3）成熟期。成熟期一般是企业生命周期中最为理想的时期，企业成长到该阶段，往往规模较大、市场占有率较高，竞争对手不容易撼动其在市场中的地位。该阶段也将存在一些问题，例如，竞争加剧，消费者对企业的产品或服务感到缺乏特色，市场出现众多同质产品而呈饱和状态等。通常销售额开始稳定，创业者就必须考虑企业未来三五年的出路在哪里。该阶段是企业进入经营更为合理更具获利能力阶段或进入衰退阶段的中间时期，这一阶段，变革创新对于企业未来的成功就显得至关重要了。成熟期的企业主要任务是激发创新精神，注重新产品的研发，引入创新人才，加强人才培训，采用先进管理手段增强企业面对市场竞争的快速应变能力。

（4）衰退期。没有创新的企业无法避免破产倒闭的命运。企业发展到衰退期，一般成本较高，工艺设备落后，销售额持续下滑，效益下降，组织官僚化现象明显，企业创新能力低下，资金链断裂，人才流失，面临被市场淘汰的风险。该阶段企业要走出困境，可以通过收购其他有创新能力的企业来实现企业新的增长，或者研究开发新产品推出新服务来补充现有产品和服务的不足，通过业务重组、流程再造等方式提高企业适应市场需求的应变能力。如若无法让企业重获创新活力，企业不可避免地难逃破产厄运，管理者只能采取申请破产或者被并购的策略了。

2. 企业成长面临的问题

新创企业成长过程中将会遇到呈几何级数递增的复杂问题，往往超过许多创业者的想象。为了充分了解企业成长过程中管理任务的艰巨性，"未雨绸缪"，提前做好准备，不管是创业者还是企业员工都应该对企业成长过程中面临的问题有所了解。企业成长面临的问题可以总结为以下6个方面的问题。

1）战略决策方面

（1）战略规划能力的不足。缺乏战略是制约企业成长的关键因素，生存的压力迫使新创建企业更加注重行动而非战略思考，甚至许多创业者认为新创企业和中小企业没有也不需要战略。

（2）决策能力需要不断提升。企业的经营决策失误往往会导致整个企业经营的失败。

许多新创企业在总体上缺乏长期的经营目标和战略计划，发现某种产品有利可图，便迎风跟上。这种短期行为往往影响企业有限资源的最优配置，在企业成长到一定阶段有了资金积累后，可能出现盲目投资行为。例如，不考虑企业自身实际情况，一味追求大规模效益，不断扩大经营规模，最终导致资金链断裂，难逃破产倒闭的厄运。其实，每个企业都有自己的最适规模，不同的行业特点、市场需求和企业所处的发展阶段，对企业规模的要求是不同的。

2）生产方面

生产方面的问题主要表现在企业对其成长速度、规模不能有效估计和控制。新创企业抓住了一个市场机会，可能就迅速发展，达到一定规模，而企业若对这种情况准备不足，便会出现组织机构、管理体制、销售等跟不上生产的问题。同时，现金支出不断增加，而现金回笼却总是滞后，提高资金断链的风险。例如，美国计算机行业的奥斯伯乐公司曾以寒冷潮湿的库房作为副总裁办公室，创业仅两年，其销售额就超过了1亿美元。但由于管理者对生产规模不能有效估计和控制，导致过多的库存积压、费用激增，使该公司出现了严重亏损，以致最后不得不申请破产，企业倒闭。

3）组织系统方面

（1）管理机制不完善。很多新创企业的发起人创业经验不足，要经历一个"摸着石头过河"的阶段，容易出现管理机制不完善，缺乏现代管理制度，对知识产权保护不力，财务、信息、人力资源管理混乱等问题。

（2）因人设岗。新创企业成立后，由于资金缺乏等原因，重点招募关键岗位，因人设岗。随着企业成长，业务不断扩大，将会出现人员不足、一人多岗、权责不明等问题，这将限制员工创造能力，引起企业组织管理混乱。

4）人员方面

（1）领导者素质的问题。新创企业设立时，人力资源缺乏，常出现因人设岗问题。随着企业不断发展，对领导者的水平和素质要求越来越高。一些创业元老的观念和技能无法适应企业发展的要求，但因为占据决策岗位制约了企业人力资源建设与管理问题。另外，在创业初期没有明确的书面合作协议，对企业成长缺乏规划，进而在扩张过程中出现了利益冲突等方面的问题，在企业发展方向及重大经营决策等方面可能存在严重分歧而引发创业团队裂变问题。

（2）人才引进问题。由于新创企业的待遇和稳定性等问题，很多高素质的人才不愿到新创企业工作。高素质的管理人才和销售人才缺乏是困扰新创企业的重要问题。

5）资金方面

（1）融资难、融资贵的问题。随着新创企业不断成长，企业需要大量资金用于产品延伸开发和市场开拓，但由于新创企业没有什么固定资产，在融资过程中很难获得银行和金融机构的支持，面临融资渠道不畅、融资难、融资贵的问题。

（2）资金管理能力不足。新创企业可能出现管理者管理能力有限，缺乏对企业的长期战略规划，可能出现把短期贷款用于较长时间才能产生效益的投资项目、股份转让给对"事业"毫无怜悯心的风险资本家、盲目扩张等问题，造成现金支出超过收入，最终导致企业资金链断链，甚至破产倒闭的局面。

6）创新能力方面

（1）技术创新能力不足。一些创业者在捞到第一桶金后，在企业利润分配时，先满足股东短期利益，导致企业研发资金不足，从而也更难吸引高素质的创新人才加入企业。

（2）企业管理缺乏创新。新创企业在资本、技术、管理等方面都很难与大企业相抗衡，再加上市场竞争激烈，新创企业要想生存发展，就必须不断创新。这里所谓的创新，不仅包括产品、技术创新，也包括企业价值链各个环节上的管理创新。然而，新创企业刚成立，管理制度还不够完善，同时企业主要以生存为目标，从而造成创业者忙于眼前事务而无暇顾及管理创新。

通过以上对企业成长中面临的问题的分析可以知道，企业成长中的问题可以发生在每个部门、各个环节，为此应针对各个方面的问题有针对性地提出解决方案。

3. 企业成长的模式选择

新创企业的成长有一定的路径依赖，即成长模式。每一个新创企业的成长都会经历企业生命周期阶段，不同阶段企业的经营特点和面临的问题也各不同。企业应结合自身的特点，选择合适的成长模式。

1）创业期成长模式选择

在创业期的企业，新创企业的主要任务是"先生存再求发展"，要重点解决如何在激烈的竞争中占有一席之地，可以采用的成长模式主要有以下几种。

（1）产品创新模式。企业不断提高创新能力，加大新产品研发，推出新产品给消费者，利用现有的顾客关系来借力使力，改变规格档次、花色品种等，推出新一代或是相关的产品给现有的顾客，以扩大现有产品的深度和广度，提高该企业产品的市场占有率。

（2）市场开发模式。新创企业在开业初期要高度注重市场的开发，加强市场和销售的管理。通过寻找目标市场的潜在顾客、新的销售渠道、扩大销售区域范围等方式不断提高企业销售额。通过微信、微博、电视、杂志、抖音或广播等媒体进行广告宣传，不断提高企业的知名度。

（3）市场细分模式。大企业往往对某些"小市场"不屑一顾，这就给新创企业留下了很好的发展契机。新创企业可以关注市场容量太小，大企业进入不划算的市场，现有企业一直忽略的市场等，将这些细分市场作为自己的目标市场。

2）企业成长期成长模式选择

在企业发展到成长期，现金流开始由负转正，产品逐渐得到市场认可，现阶段企业应该关注的主要问题是如何集中资源，在竞争对手还没有来得及反应之前迅速扩大规模，抢占市场，增加业务范围。

（1）低成本扩张模式。以"质"取胜还是以"量"取胜，取决于企业的战略地位。企业低成本扩张并不是说企业靠牺牲产品质量来降低成本，也不等同于企业的低价格促销。在这一阶段，新创企业得到进一步发展，销售额有了明显提升，企业可以尽量降低产品生产成本，以低价格促进销量的进一步增加，企业大量生产，获得规模经济。

（2）产品系列化模式。企业通过银行贷款、发行债券、股份融资等筹资方式，获得更多资金，不断开发新产品，扩大产品种类，扩展产品系列，占据多个细分市场，既可以满足企业扩大市场的需要，又能不给竞争者留下细分空间。

（3）合资扩张模式。合资是两个或两个以上的企业共同投资组建新企业的过程。合资经常和企业之间兼并、资产重组联系在一起，但是合资与企业的兼并是有区别的，也不等同于企业之间的简单合并。合资的目的不仅仅是获得企业的资金，而且是要获得技术、销售渠道、管理能力等方面的资源，以实现企业间资源互补，形成竞争优势。

3）企业成熟期成长模式选择

在成熟期阶段，企业通常有稳定的市场份额，产销两旺，制度健全，企业文化业已形成。这一阶段，企业不应满足于保持既得利益和地位，而要积极进取，重视顾客需求，注意对市场的响应速度，提升顾客满意度和市场美誉度。

（1）多元化经营模式。伴随企业的成长、集团化发展，企业可以采取多元化经营模式。即在产业链上从原料加工到最后产品包装及销售，通过纵向一体化来发展；或者通过生产与企业现有技术或市场相关的新产品实现多元化经营。

（2）国际化模式。随着全球化经济的不断发展，企业要立于不败之地，应当积极参与全球市场的竞争。因此，如何使产品走向国际市场是我国当前企业避开国内产业过度竞争，解决企业间相互资金拖欠，寻求新发展的一个方向。

4）企业衰退期成长模式选择

进入衰退期后，企业现有经营领域的市场吸引力微弱，失去发展活力而趋向衰退，企业市场占有率受到侵蚀，经营活动困难。企业应从当前最紧急的关键问题出发，寻找解决办法。这一阶段企业所能采取的主要是企业变革模式，争取识别更好的市场机会，从原有领域脱身。根据企业的具体情况选择合适的管理方式，通过组织结构转型、重塑企业文化、业务流程再造等方法，提高企业的创新能力，不断创立新业务，不断注入新技能，实现企业转型，塑造一个崭新的企业形象。

4. 企业成长的战略管理

企业成长战略是指企业抓住有利机会，充分发挥自身在产品、市场和技术等方面的竞争优势，以求得企业快速发展的战略。一般而言，可供新创企业选择的战略主要有密集型成长战略、集中化战略、多元化战略、一体化战略和国际化战略。鉴于本书前文已对密集型成长战略、集中化战略、多元化战略、一体化战略这四种战略做过介绍，下面仅介绍国际化战略。

当企业日益壮大，国内市场无法满足企业进一步发展时，企业也将采用国际化战略，寻求跨越国界开展经营活动。目前，企业主要采用出口、技术授权、交钥匙工程、合资企业、独资企业、战略联盟等方式开展国际化经营。

战略方案的选择对企业来说是一个重大决策过程，新创企业成长所处的生命周期阶段、企业规模大小、业务经营范围等都将影响企业战略的选择。企业应做到在内外部环境分析的情况下，结合企业实际来选择合适的战略。同时，在战略实施时，企业也应对战略实施的环境要素进行监测，并不断对战略实施的效果进行跟踪和评价。当发现战略规划存在与环境或企业能力不相适应的情况时，要及时对规划进行调整、修订或补充，甚至改变战略和目标。

案例分析

华为品牌的国际化战略

❖ 任务实训

1. 实训目的

通过实训，学会撰写新创企业市场营销策划方案。

2. 实训内容及步骤

（1）将全班同学划分为若干实训团队，各团队推选小组长负责此次实训活动。在实训伊始，团队成员阅读如下任务。

假定你们团队成员作为发起人已经创建了一家新企业，现在准备研发一款产品或服务，并在市场上进行销售。请结合本项目及之前所学的内容，拟定一份"××新创企业市场营销策划方案"。

（2）各团队成员通过市场调查活动，寻找市场机会。

（3）各团队研究分析评估市场机会，确定细分市场与市场定位。

（4）各团队分析讨论该产品或服务的市场营销策略。

（5）各团队在研究和讨论的基础上撰写市场营销策划方案，并交由授课老师批阅。

3. 实训成果

实训作业——××新创企业市场营销策划方案。

思考题

一、单选题

1. 下面不属于新创企业特点的是（　　）。
　　A. 风险性高　　　B. 发展潜力大　　　C. 稳定性好　　　D. 超常规发展

2. 1989年美国著名管理学家（　　）提出了企业生命周期理论。
　　A. 爱迪思　　　B. 亚当斯　　　C. 熊彼特　　　D. 德鲁克

3. 国内学者在总结国外企业生命周期理论研究的基础上，将企业的生命周期分为（　　）、成长期、成熟期、衰退期四个阶段。
　　A. 孕育期　　　B. 创业期　　　C. 青春期　　　D. 稳定期

4. （　　）一般是企业生命周期中最为理想的时期，企业成长到该阶段，往往规模较大、市场占有率较高，竞争对手不容易撼动其在市场中的地位。
　　A. 创业期　　　B. 成长期　　　C. 成熟期　　　D. 衰退期

5. 以下不属于新创企业创业期成长模式的是（　　）。
　　A. 市场细分模式　　B. 产品创新模式　　C. 市场开发模式　　D. 企业变革模式

二、多选题

1. 新创企业管理面临的挑战包括（　　）。
　　A. 创业者个人因素的关键性　　　　B. 抗风险能力低
　　C. 资金不足　　　　　　　　　　　D. 人员过多
　　E. 创业目标的短期性

2. 以下属于新创企业管理特点的是（　　）。
　　A. 以生存为首要目标　　　　　　　B. 具有较强的灵活性
　　C. 具有较强的创新性　　　　　　　D. 面临挑战的多样性
　　E. 以稳定性为首要目标

3. 新创企业的运营管理包括（　　）。
   A. 市场营销管理　　　　　　　　　　B. 财务管理
   C. 生产运作管理　　　　　　　　　　D. 企业成长战略管理
   E. 组织与人力资源管理
4. 企业成长期可供选择的成长模式有（　　）。
   A. 低成本扩张模式　　　　　　　　　B. 产品系列化模式
   C. 合资扩张模式　　　　　　　　　　D. 市场开发模式
   E. 多元化经营模式
5. 国际化经营的方式包括（　　）。
   A. 出口　　　　B. 技术授权　　　　C. 合资企业　　　　D. 独资企业
   E. 战略联盟

三、名词解释

1. 新创企业　　2. 新创企业管理　　3. 企业生命周期　　4. 成长模式
5. 企业成长战略

四、简答及论述题

1. 新创企业管理的内容包括哪些方面？
2. 新创企业管理面临的挑战主要有哪些？
3. 新创企业创业期的主要工作是什么？
4. 试论述新创企业管理的特点。
5. 试论述企业成熟期成长模式的选择。

案例讨论

水发集团的创业发展之路

从无到有，从小到大，从最初 9 个人到如今 2 5000 名员工，从白手起家到资产超千亿元，从单一水利投融资平台到特大型综合企业集团，商业版图从美丽的胶东半岛到覆盖全国 31 个省区市，拓展境外 8 个国家和地区。水发集团所行的每一步，既激情铿锵，又踏踏实实。

水发集团成立于 2009 年 11 月，是山东省政府批准组建的全省骨干水利工程投融资平台。

2010 年，收购众兴公司、控股天源公司，开启创业发展之路。

2011 年，省水利厅党组任命王振钦为董事长、郭秀生为总经理。进军水利施工、污水处理、水利信息化等领域，公司进入发展"快车道"。

2012 年，开启山东省农村饮水安全平原水库建设序幕，成为公司发展史上第一个重大机遇。以平原水库建设为契机，提出"公益带动经营、经营反哺公益"的思路，推进"水务一体化"市场布局。

2013 年，加快实施"水务一体化"战略，初步完成省内水务市场布局，发展成为山东资产规模最大、产业链条最完整的水利企业。

2014 年，确立"根植水务、聚焦民生、适度多元"的产业战略，建设第一个跨区域调水项目——鲁南大水网工程，开启首个现代农业项目，水发公司资产规模首过百亿元。

2015年，市场布局向省外拓展，进军四川水力发电领域，首次涉足清洁能源产业。更名为山东水务发展集团有限公司，走上集团化发展道路。

2016年，确立"立足山东、布局全国、走向世界"的发展战略，首次走出国门签约尼泊尔水电项目。更名为水发集团有限公司，突破地域和行业限制。

2017年，市场布局继续推进，国内市场拓展到20多个省区市，海外市场拓展到孟加拉国、印尼、尼日利亚等国家。划归省国资委统一监管，成为省属一级企业，迈上更宽广的发展平台。

2018年，对省水利厅、省农业农村厅所属企业实施划转重组，在全省水务、农业领域的地位进一步巩固，提出打造全省农业和环保发展平台的发展思路。

2019年，明确聚焦"生态、环保、民生"领域，打造水务、农业、环保三大省级平台和清洁能源、文化旅游两个产业集群的发展定位。实施改造管理体制、创新运行机制、推进产业整合、加快转型升级等改革举措，开启高质量发展新阶段。集团资产规模超过千亿元。

2020年，系统提出首位度引领战略和星团式管理体系，首次跻身中国企业500强，位列全国水利企业百强首位。

2021年，调整产业定位，集中发展水务、农业、环保、清洁能源四大板块，提出建设具有全球竞争力的世界一流企业新目标。

2021年，拥有1 700亿元资产、25 000余名员工，2022年营业收入780亿元，位列2022中国企业500强第308、山东企业100强第22。业务涵盖水利水务、现代农业、清洁能源等产业，三大主业板块产业规模均位居省内第1、国内前列，是在山东乃至全国具有重要影响力的大型企业集团。水发集团以混合所有制改革为抓手，国有资本投资运营、公司管控机制、市场化经营等方面破解了不少难点。水发经验具有颠覆性创新、系统性集成特征，水发管理模式是中国改革的样本，是新时代改革管理的样本。

思考讨论题：

1. 企业成长的不同生命周期，水发集团分别选择了何种成长战略？
2. 结合本案例，请谈谈新创企业如何进行成长管理。

第4篇

创新篇

导语：快速变化的环境要求企业不断地进行变革和创新。这不仅需要企业要有勇于创新的意识，而且还需要遵循创新的基本规律和原则，做到科学创新。本篇主题为企业创新，由两个学习任务组成，主要介绍企业创新的特征、原则、过程、内容等知识。通过对本章的学习，能够帮助我们深入理解企业创新的内涵，树立坚定的创新意识，并掌握企业创新的方法。

学生工作页
第4篇 创新篇

项目 11	企业创新				
班级		学号		姓名	

能力训练

1. 请画出本篇项目 11 的思维导图。

2. 你是如何理解企业创新概念的？你觉得企业创新的主要阻力有哪些？

3. 你心目中最伟大的创新企业是哪一家？请说明理由并描述该企业的创新历程。

学生评述

完成任务的心得与体会:

教师评价

项目 11　企业创新

🔶 学习目标

【知识目标】

(1) 理解企业创新的含义。
(2) 认识企业创新的意义。
(3) 了解企业创新的特征。
(4) 掌握企业创新的原则与过程。
(5) 熟悉企业创新的内容。

【技能目标】

(1) 能够深入理解企业创新的本质。
(2) 能够客观分析企业创新的价值与风险。
(3) 能够掌握企业创新的思路与方法。
(4) 能够根据企业实际情况为其创新策略提供建议。

【素质目标】

(1) 培养学习企业创新的兴趣。
(2) 培养创新思维与创新意识。
(3) 树立勇于创新的企业管理理念。

❖ 项目情境导入

创新是企业发展的必由之路。20 世纪中叶以来,随着科学技术的飞速发展和科技成果的广泛应用,科学社会化的速度明显加快,以技术创新为核心的技术进步在经济增长中的作用更加突出。过去,我国很多企业走的基本上是一条高投入、低产出,高产值、低效益,主要靠新建、引进、外延扩大再生产的路子。而实际上,真正要使企业发展,可行的出路是将一切先进的东西为我所用,并加以创新发展,同时在管理上下功夫,不断推出适应市场需求的新产品。为此,企业要大力开展创新工作,努力提高企业的经营管理水平。

据世界知识产权组织发布的《2022 年全球创新指数报告》显示,中国在 2022 年全球创新指数排名中跃升至第 11 位,较上一年再上升 1 位,创新能力连续十年稳步提升。

从竞相涌现的科技创新成果,到新产业、新业态、新模式的蓬勃发展,再到中国全球创新指数排名的再度上升,这背后汇聚着中国企业创新力量。

当前中国迈入新的发展阶段，以新发展格局引领经济高质量发展，与此同时，中国企业加快改革创新步伐，大力提升自主创新能力，不断延伸产业链价值链，全方位塑造市场竞争新优势。

问题：企业创新有何重要意义？近年来我国创新能力不断提升的原因是什么？

❖ 项目分析

随着科学技术和经济及社会的不断发展，企业所面临的经营环境越来越动态化和复杂化。在新环境下，企业要求得生存和发展，仅靠传统的经营思维模式是远远不够的。这要求企业在管理实践中必须有创新意识，要在观念、制度、文化、知识、技术等方面不断创新，以此来适应环境的变化。

那么，什么是企业创新？它的意义是什么？企业创新具有哪些特征？创新要遵循什么样的原则？企业创新的内容是什么？本项目将对以上问题进行解答。

任务11.1　认识企业创新

❖ 任务引入

创新理论的创立者熊彼特在《经济发展理论》中指出，创新是指企业家实行对生产要素新的结合。创新包括以下5种情况：创造一种新产品或将原有产品赋予新的功能；采用一种新的生产方法；开辟一个新的市场；获得重要物料的新供给来源；实行一种新的企业组织形式等。后来，彼得·德鲁克将创新概念推广到管理，提出社会创新之说。他认为，创新就是赋予资源以新的创造财富的能力。

问题：你是如何理解创新的概念的？企业为什么要不断创新？

❖ 相关知识

1. 企业创新的意义

企业创新是指企业为适应经营环境的变化，更好地生产经营与市场需求相适应的产品，而充分利用自身资源与社会资源配置，对企业经营管理各个层面所进行的创新与变革。对企业而言，创新是它的活力之源，是其在激烈市场竞争中求生存、求发展的必然选择，更是其立身之本。企业创新的意义主要体现在以下几个方面。

1）企业创新是企业改善市场环境的重要手段

首先，通过产品创新，企业能加速新技术、新材料在产品生产中的应用，提高产品质量，使产品功能更好地满足用户需要，使企业产品的竞争力提高，改变用户对企业产品的看法，从而改善现有市场条件；其次，当企业技术创新成果是适销对路的新产品时，它会给企业带来新的用户，形成新的市场，从而使企业可以在更广泛的市场中进行选择；最后，不断创新并获得成功的企业，一般是首次进入新市场领域，它具有领先者的优势，在很大程度上决定着产品的价格、市场规模等。

2）企业创新是企业提高生产效率的有效途径

通过工艺创新，企业能加速新工艺在企业中的应用，降低产品成本，提高生产效率。由于改进产品或工程设计，开发或推广新工艺、新技术，改进或更新服务，提高工具系统的寿命等途径，可以节约原材料消耗，也可能缩短生产周期或在相等的时间内生产更多产品，用较少劳动力生产更多产品或减少工人劳动时间而生产同样多的产品，因而有效提高了企业的生产效率。

3）企业创新是企业全方位提高企业素质的有效方式

第一，通过技术创新，可以改善研制条件，提高研制能力，提高基本素质（包括要素素质和企业内部结构素质）；第二，通过组织创新和管理创新，可以提高对外适应能力，并通过对外部环境的有效影响，改善企业行为素质（即企业系统内部要素对环境变化的适应性和与外部因素交互作用的特性）。

4）企业创新是提高企业竞争力的根本途径

现代企业要在市场上建立和维持持久的竞争优势，就必须找出本企业比竞争对手做得更好的、最有优势的、关键的价值活动，培育企业独特的、很难被竞争对手模仿的能力，这正是企业的核心能力。而核心能力也有生命周期，要防止企业核心能力的刚性，要不断抛弃过时的、陈旧了的核心能力，不断培育新的核心能力，这一切都离不开创新。

5）企业创新的作用具有联动效应

例如，当通过产品创新使一种新产品成功地进入市场后，随着该产品销售量的增加，该企业其他相关产品的销售量也随之增加。创新的联动效应，已成为企业进行创新的主要原因。

让创新的动能更澎湃

全面建设社会主义现代化国家，实现第二个百年奋斗目标，创新是一个决定性因素。党的二十大报告强调："坚持创新在我国现代化建设全局中的核心地位。"惟创新者进，惟创新者强，惟创新者胜。坚持科技是第一生产力、人才是第一资源、创新是第一动力，深入实施科教兴国战略、人才强国战略、创新驱动发展战略，才能开辟发展新领域新赛道，不断塑造发展新动能新优势。

只有创新才能自强、才能争先。党的十八大以来，以习近平同志为核心的党中央把科技创新摆在国家发展全局的核心位置，坚定不移地走中国特色自主创新道路，我国科技事业发生了历史性、整体性、格局性重大变化，进入创新型国家行列。据世界知识产权组织发布的《2022年全球创新指数报告》显示，中国位列第十一，较2021年再上升1位，连续10年稳步提升。在七大类81项细分指标中，我国在国内市场规模、本国人专利申请、劳动力产值增长等9项指标上排名全球第一；在国内产业多元化、产业集群发展情况等指标上名列前茅，世界领先的五大科技集群我国独占两席。这表明我国的创新与发展呈现出良好的正向关系，创新投入转化为更多更高质量的创新产出。

2. 企业创新的特征

1）企业创新具有高风险性

企业创新的风险性主要来自两个方面。首先是市场需求的风险，当出现全新产品的创新时，市场方向无从确定，也就无法确定需求。比如，计算机刚出现时，有人估计全美只有几十台的需求，这显然同实际情况相差万里。市场不确定性的来源，还可能是不知道如何将潜在需要融入创新产品的设计中去，以及未来产品如何变化以反映用户的需要。当存在创新竞争时，市场的不确定性风险还指创新企业能否在市场竞争中战胜对手。其次是企业创新的技术不确定性所带来的风险。有不少产品构思，按其设计的产品要么无法制造，要么制造成本太高，因此这种构思和产品都没有什么商业价值。

微课堂
企业创新的特征

2) 企业创新具有高回报率

企业创新具有较高的风险性，但反过来，高风险也可能给企业带来较高的收益。只要企业坚持科学创新，创造出优于竞争对手的产品或服务，形成在某一方面独特的优势，就会获得远超投入的较高回报。

3) 企业创新具有复杂性

传统的创新理论认为，创新过程是一种"线性模型"，即是一种"创新链"。在这种线性模型中，知识的流动被描绘得相当简单：基础研究——应用研究——新技术、新产品的开发。这种创新链是线性的、静止的。创新的过程被解释为只要增加上游的基础研究的投入就可以直接增加下游的新技术、新产品的产出。但在实际活动中，创新有许多的起因和知识来源，可以在研究、开发、市场化和扩散等任何阶段发生。创新是诸多因素之间一系列复杂的、综合的相互渗透而共同作用的结果。创新不是一个独立的事件，而是由许多小事件组成的一个螺旋式上升的轨迹，是一个复杂的系统工程。

4) 企业创新具有时效性

企业创新要讲时效，要抓住一个"快"字。因为随着科学技术的不断发展，产品更新换代的速度越来越快，产品的生命周期将变得越来越短，这就对创新在速度上提出了更高的要求。以前企业界常说"大鱼吃小鱼"，就是形容大企业相对小企业具有绝对竞争优势。而如今企业家们提得更多的却是"快鱼吃慢鱼"，即不管大企业还是小企业，谁能率先创新成功，就能先人一步形成竞争优势。

5) 企业创新具有受抵制性

企业创新活动常常受到来自各方面的排斥、压力和抵制。习惯于原有工作方式和思维方式的企业员工往往不欢迎任何变动和变革，尤其是那些利益有可能受创新影响的员工更会极力抵制。所以，企业创新的推动者应该充分考虑这一点，提前做好应对抵制的措施。

知识链接

德鲁克的企业创新五原则

著名管理大师彼得·德鲁克在《创新和企业家精神》一书中对企业创新活动总结了五项必做的原则，成为当今很多企业创新实践的操作准则。

一是有目标、有系统的创新始于对机遇的分析，而对机遇的分析则始于对创新机遇的来源进行彻底思考。

德鲁克始终强调企业创新始于企业家对创新机遇的思考与寻找。这种深度的思考先于具体的实践活动，是对市场变化、技术趋势、用户心态等方面的持续观察和深入的思考。所以从这个角度讲，德鲁克推崇的企业创新都是谋定而后动，绝非临时起意。

二是创新既是理性的又是感性的。德鲁克认为成功的创新者既观察数字，又观察人的行为。他们先分析出要满足某个机遇所必需的创新，然后，他们走进人群，观察顾客和用户，了解他们的期望、价值观和需求。德鲁克强调的是人不是机器，基于数据、趋势、规律形成的理性推理不足以行动。用户的期望、价值观、感受都受感性的支配，需要企业家亲自交流，亲身感受，以配合理性判断，形成综合的结论。

三是创新若要行之有效就必须简单明了，目标明确。它应该一次只做一件事情，否则就会把事情搞糟。这里德鲁克强调了两点，一个是创新的产品、服务要简单，也就是用户要容易理解、易上手。另一个就是创新要专注，一次只做一件事。

无论是多大的企业，在创新这件事上都需要极度专注和聚焦。这一理念广为流传，并被大众所接受。但知易行难，企业创新的实践中最常出现的问题就是不够聚焦、一心多用。一方面有人性的特点，管理者不自觉地会贪大求全，特别是在资源相对充裕的情况下，认为尝试越多、可能性越多。另一方面聚焦不能只是理念，必须落实到实践活动当中，并有效回答一系列问题，如聚焦到什么程度？目标怎么设定？资源如何分配？

四是有效的创新始于细微之处。创新最好能从小规模开始——只需要少量资金、少量人手，而且针对有限的小市场。相比第三点，这里更多强调的是无论是多大的事情，都应该从小规模开始。初期投入资源少、启动方便、试错成本低、易于挑战。德鲁克的这一思想被互联网创业者很好地继承下来，最小规模启动、最小化可行产品已经成为互联网创业的金科玉律。从小做起实际上是一切创业活动的基本特点。在竞争激烈的市场中，一味地小规模发展意味着给竞争对手以机会。因此，在启动期保持小规模的前提下需要快速推进项目进度，一旦模式成功，应该快速壮大规模。这也是大多数创业者面临的主要难题。

五是一项成功创新的最终目标是取得领导地位。德鲁克认为如果某项创新从一开始就不以获得领导地位为目标，那么它就不可能具有足够的创新性，因而也不可能有所建树。这一点依然体现了德鲁克对于谋定的重视。企业创新不同于一般的知识、技术创新，它聚焦于特定的市场和用户需求，而谋求市场领导地位正是企业创新价值的最大体现，也是对企业家战略规划、战术实操能力的最大考验。企业家对创新实践的思考需要从"终局"——占据市场领导地位，从这一最终目标出发，倒推实现路径。

3. 企业创新工作的过程

创新是对旧事物的否定，是对新事物的探索。对旧事物进行否定，创新必定打破原先的制度，破坏原先的秩序，不遵守原先的章程；对新事物进行探索，创新者只能在不断的尝试中去寻找新的秩序、新的方法。企业创新工作大体上可分为以下几个步骤。

（1）寻找机会。企业创新是对原有秩序的破坏。原有秩序之所以要打破，是因为其内部存在着或出现了某种不协调的现象。这些不协调对系统的发展提供了有利的机会或造成了某种不利的威胁。企业创新活动正是从发现和利用旧秩序内部的这些不协调现象开始的，不协调为创新提供了契机。

旧秩序中的不协调既可能存在于系统的内部，也可能产生于对系统有影响的外部。就系统的外部而言，有可能成为企业创新契机的变化主要有以下四种。

第一，新知识、新技术的诞生，从而可能影响企业资源的获取、生产设备和产品的技术水平。

第二，人口的变化。人口的变化包括人口数量的变化和人口结构的变化，人口数量的变化可能影响劳动力市场的供给和产品市场的需求；人口结构的变化是指人口的家庭生命周期、人口的家庭结构、人口的收入状况、受教育结构等的变化，这种变化有时虽然相对缓慢，但对消费结构的影响是深远的。如中国的家庭结构越来越小型化，人口出现老龄化趋势，使得家庭的消费结构出现了重大的变化，也培育出许多知名的品牌和新产业。显然，人口结构的变化，可以为企业的创新带来重大的机遇。

第三，消费观念和偏好的转变。现代消费者购买产品除了追求其基本效用，同时追求更多感情的东西，购买的是一种感觉、一份联想，这必将给许多企业的营销创新带来机遇。

第四，宏观环境的变化。迅速增长的经济背景可能给企业带来不断扩大的市场，而整个国民经济的萧条则可能降低企业产品需求者的购买能力。

就系统的内部来说，引发创新的不协调现象一是生产经营中的瓶颈，可能影响了劳动生产率的提高或劳动积极性的发挥，因而始终困扰着企业的管理人员。这种卡壳环节，既可能是某种材料的质地不够理想，且始终找不到替代品，也可能是某种工艺加工方法的不完善，或是某种分配政策的不合理。二是企业意外的成功或失败。当企业面临意外的内部或外部事件时，它可能成为创新的一种机会来源。意外意味着在该事件中包含有与以前的认识和理解不相同的东西。这些不同的东西可能会为你的创新带来启示。或者说当现有的观点、理论不能揭示客观事物的新发展或者现有方法不能解决人类所面临的新问题时，也就是人们遭到了意外的成功或失败，就需要人们在观点、理论和方法上予以创新。

（2）提出构想。在企业敏锐地观察到了不协调现象以后，还要透过现象研究其原因，并据此分析和预测这种不协调未来的变化趋势，估计它们可能给企业带来的积极或消极后果，并在此基础上，努力利用机会或将威胁转换为机会，并采用头脑风暴、德尔菲法等方法探讨解决问题的途径。

（3）迅速行动。企业所处的环境瞬息万变，在创新的构想提出之后必须立即付诸行动，否则时机一旦错过，所谓的创新也就失去了意义。

（4）不断完善。企业创新的过程是不断尝试、不断失败、不断完善、不断提高的过程。因此，企业在开始创新行动以后，必须坚定不移地继续下去，决不能半途而废。要不断地探索，不断地总结行动中的经验教训，对当初的创新方案不断地修正、完善。要在创新中坚持下去，企业创新者必须有足够的自信心，有较强的忍耐力，能正确面对尝试过程中的失败，善于及时从失败中总结经验教训，不因暂时或局部的受挫而气馁。

❖ 任务实训

1. 实训的目的

通过实例分析，加深对小企业创新的认识。

2. 实训内容及步骤

（1）将全班同学划分为若干任务团队，各团队推选一名小组长负责此次实训活动。

(2) 各团队全体成员阅读以下案例（案例《小企业乐陶仕的创新故事》，详见二维码）。

(3) 各团队根据案例材料讨论以下问题：决定小企业创新成功的关键因素有哪些？本案例给我们的启示是什么？

(4) 各团队经充分讨论后，撰写案例分析作业，并提交给授课老师。

(5) 授课老师批阅作业，给出分数，记为一次平时成绩。

案例分析
小企业乐陶仕的创新故事

3. 实训成果

实训作业——小企业乐陶仕的创新故事案例分析。

任务 11.2　熟悉企业创新的内容

❖ 任务引入

海尔前首席执行官张瑞敏曾把海尔成功的秘诀概括为"第一是创新，第二是创新，第三还是创新"。海尔的创新就是将原有的成功经验统统打破，不断地打破原有的平衡，重塑自我，超越自我。这种创新首先来源于观念创新，没有敢于与旧观念挑战的意识，就无法培养企业的创新精神，也不会有后来海尔的成功。

问题：如何理解"创新首先来源于观念创新"这句话？企业创新还包含哪些方面的内容？

❖ 相关知识

1. 观念创新

创新已成为当今时代的主旋律，而一切创新都来源于人们观念的创新。观念不创新，就很难有技术的创新、制度的创新和管理的创新。观念创新是一切创新的前提，它对企业创新有着极为深远的影响。创新就是打破旧的规则、秩序、平衡，是对现有秩序的破坏，所以，创新就可能会与固有的文化、观念产生很大的冲突。因此，在进行创新之前，首先要解决观念创新问题，否则人们根本接受不了，即使去实施，也不会收到很好的效果。古人云，"不谋全局者，不足谋一域；不谋万事者，不足谋一事。"说的就是"思路决定出路"。而思路的形成离不开观念的创新。因此，观念创新是一切创新的前提和向导。下面就以市场观念为例来进行介绍。

市场观念创新主要是指从满足需要到引导和创造市场需求的经营理念的转变。人们一般认为新产品的开发是企业创造市场需求的主要途径，其实市场创新的更多内容是通过企业的营销活动来进行的。即在新产品的材料、结构、性能不变的前提下，可以通过以下途径来寻求新的用户：寻求产品新用途，开发新的细分市场；重新树立产品形象，寻求新的顾客；转移阵地，寻求新的地域市场；刺激现有顾客增加使用量；赋予产品以一定的心理使用价值，影响人们对某种消费行为的社会评价，从而诱发和强化消费者的购买动机，增加产品的销售量。

2. 制度创新

制度是企业运行方式、管理规范等方面的一系列的原则规定，制度创新是从社会经济角度来分析企业系统中各成员间的正式关系的调整和改革。企业具有完善的企业制度创新机制，才能保证技术创新和管理创新的有效进行。如果旧的落后的企业制度不进行创新，就会成为严重制约企业创新和发展的桎梏。

企业制度创新主要包括产权制度创新、经营制度创新和管理制度创新三个方面的内容。

（1）产权制度是决定企业其他制度的根本性制度，它规定着企业最重要的生产要素的所有者对企业的权利、利益和责任。不同的时期，企业各种要素的相对重要性是不一样的。在主流经济学的分析中，生产资料是企业生产的首要因素，因此，产权制度主要指企业生产资料的所有制。产权制度创新即是要将产权在不同的产权主体之间进行重新组合，以期更好地发挥产权的各项功能，最大限度地提高资源的使用效率。

（2）经营制度是有关经营权的归属及其行使条件、范围、限制等的原则规定。它表明企业的经营方式，确定谁是经营者，谁来组织生产资料的占有权、使用权和处置权的行使，谁来确定企业的生产方向、生产内容、生产形式，谁来保证企业生产资料的完整性及增值，由谁来向企业生产资料的所有者负责以及负什么责任。经营制度的创新方向应该是不断寻求企业生产资料最有效利用的方式。

（3）管理制度是行使经营权、组织企业日常经营的各种具体规则的总称，包括对材料、设备、人员及资金等各种要素的取得和使用的规定。比如，企业的人员招聘和培训制度、管理者选拔和竞聘制度、财务制度、收入分配和奖惩政策、绩效考评制度、员工守则、福利制度、工伤退休政策等。制度安排的首要特征是公平、公正、公开。管理者不能因个人的喜怒哀乐而随意解释和执行。

产权制度、经营制度、管理制度三者之间的关系是错综复杂的。一般来说，一定的产权制度决定相应的经营制度。但是，在产权制度不变的情况下，企业具体的经营方式可以不断进行调整；同样，在经营制度不变的情况下，具体的管理规则和方法可以不断改进。而管理制度的改进一旦发展到一定程度，则会要求企业经营制度做相应的调整；经营制度的不断调整，则必然会引起产权制度的变革。因此，反过来，管理制度的变化反作用于经营制度，经营制度的变化会反作用于产权制度。

企业制度创新的方向是不断调整和优化企业所有者、经营者、劳动者三者之间的关系，使各方面的权利和利益得到充分的体现，使组织的各种成员的作用得到充分的体现。

3. 技术创新

技术创新是企业管理创新的主要内容，企业中出现的大量创新活动是有关技术方面的，在科学技术快速发展的今天，产品的生命周期在日渐缩短，即产品的更新换代速度越来越快，企业要在激烈的市场竞争中处于主动地位，就必须不断地进行技术创新。与企业生产制造有关的技术创新，主要包括要素创新和产品创新这两类。

1）要素创新

要素创新主要包含材料创新、设备创新、生产工艺和操作方法创新、生产过程组织创新这四类。

(1) 材料创新。材料是构成产品的物质基础，材料费用在产品成本中占较大的比重，而且材料的性也在很大程度上影响产品的质量。材料创新的内容包括：开辟新的材料来源，以满足企业开发新产品或扩大再生产的需要；开发和利用量大价廉的普通材料（或寻找普通材料的新用途），以降低生产的成本。随着科学的发展，人们对材料的认识渐趋充分，利用新知识和新技术制造的合成材料不断出现，材料创新的内容也正在逐渐地向合成材料创造这个方向转移，这为企业的材料创新提供了广阔的前景。

(2) 设备创新。设备是现代企业进行生产的物质技术基础。设备创新主要表现在下述几个方面：通过利用新的设备，提高企业生产过程的机械化和自动化的程度；通过将先进的科学技术成果用于改造和革新原有设备，延长其技术寿命，提高效能；有计划地进行设备更新，以更先进、更经济的设备来取代陈旧的、过时的老设备，以保证生产的顺利进行。

(3) 生产工艺和操作方法创新。生产工艺是企业制造产品的总体流程和方法，包括工艺过程、工艺参数和工艺配方等；操作方法是劳动者利用生产设备在具体生产环节对原材料、零部件或半成品加工的方法。生产工艺和操作方法的创新既要求在设备创新的基础上，改变产品制造的工艺、过程和具体方法，也要求在不改变现有物质生产条件的同时，不断研究和改进具体的操作技术，调整工艺顺序和工艺配方，使生产过程更加合理，现有设备得到充分的利用，现有材料得到更充分的加工。

(4) 生产过程组织创新。生产过程组织包括设备、工艺装备、在制品以及劳动在空间上的布置和时间上的组合。空间布置不仅影响工人的劳动生产率；各种生产要素在时空上的组合，不仅影响在制品、设备、工艺装备的占用数量，从而影响生产成本，而且影响产品的生产周期。因此，企业应不断地研究和采用更合理的空间布置和时间组合方式，以提高劳动生产率、缩短生产周期，从而在不断增加要素投入的前提下，提高要素的利用效率。

2）产品创新

产品创新包括新产品的开发和老产品的改造。这种开发和改造是指对产品的结构、性能、材质、技术特征等一方面或几方面进行改造、提高或独创。它既可以是利用新原理、新技术、新结构开发出一种全新型产品，也可以是在原有产品的基础上，部分采用新技术制造出来适合新用途、满足新需要的换代型新产品，还可以是对原有产品的性能、规格、款式、品种进行完善，但在原理、技术水平和结构上并无突破性的改变。

产品创新是企业技术创新的核心内容，它既受制于技术创新的其他方面，又影响其他技术创新效果的发挥：新的产品、产品的新结构，往往要求企业利用新机器设备的新工艺方法；而新设备、新工艺的运用又为产品的创新提供了更优越的物质提条件。

上述几个方面的创新，既是相互区别的，又是相互联系、相互促进的：材料创新不仅会带来产品制造技术的革命，而且会导致产品物质结构的调整；产品的创新不仅是产品功能的增加、完整或更趋完善，而且必然要求产品制造工艺的改革；工艺的创新不仅导致生产方法更加成熟，而且必然要求生产过程中的利用这些新的工艺方法的各种物质生产手段的改进。反过来，设备的创新也会带来加工方法的调整或促进产品功能的更加完善，工艺或产品的创新也会对材料的种类、性能或质地提出更高的要求。总之，上述各类创新虽然侧重点各有不同，但任何一种创新都必然会促进整个生产过程的技术改进，从而必然会带来企业整体技术水平的提高。

4. 组织结构创新

企业组织结构的形成要受到环境因素的影响,因此,在不同的时期,企业的组织结构也要进行不断的创新。近年来,企业组织结构呈现扁平化、分立化和柔性化的趋势就是这一创新的结果。

1) 扁平化

组织结构的扁平化是指组织通过精简管理层次、再造工作流程、增加授权、扩大管理跨度等措施减少组织层次的过程。其目的是提高组织的运作效率,增加组织的灵活性与适应性。

传统的直线型结构、职能型结构、直线职能型结构、事业型结构等都是传统的金字塔式的层次结构。这些结构主要依靠高层主管的权威和由上向下的垂直指挥链来运作,优点是分工明确、可以发挥专业化优势,曾经发挥了极大的作用,给诸多组织带来了成功。然而,随着时间的推移,组织庞大的肌体、繁多的层次结构,严重影响了组织的活力和竞争力,主要表现在:企业的各职能部门尤其是营销、生产、研发、财务、后勤等管理部门往往各自为政、协调困难,信息流程长且传递效率低。内部的官僚作风严重,信息沟通缓慢,对环境变化的反应迟钝,压抑成员的工作积极性和创造力,人员成本消耗过大等。大型组织普遍认识到,要改变被动局面,精简机构,减少结构的中间层次,从根本上改变金字塔式的框架结构,是组织改革的必由之路,这便是组织结构的扁平化。

组织结构扁平化破除了企业内部信息沟通不畅的弊端,是根据企业再造的思想将企业内部业务流程和企业间业务流程进行重新设计与整合。

知识链接

企业再造的概念及其产生的历史背景

企业再造理论的创始人是美国麻省理工学院的教授詹姆斯·钱皮和迈克尔·哈默,他们在合著的《企业再造——工商企业的宣言》一书中,明确提出现代企业要进行一次彻底的革命。在该书中,哈默和钱皮为企业再造下了这样的定义:"为了飞越性地改善成本、质量、服务和速度等重大的现代的企业运营基准,对工作流程进行根本性重新思考并彻底改革。"该书的出版引起了学术界与企业界的广泛关注,甚至被美国媒体誉为"企业改革的圣经"。

企业再造之所以能引起人们如此的关注,这还要从当时特定的历史背景说起。进入20世纪80年代以后,经济环境的变化、科学技术的突飞猛进、社会的发展以及人们行为方式和心理的变化都要求企业做出相应的变化。原先以斯密的分工理论为基础而建立起来的金字塔式的组织结构,越来越不能适应这种变化的企业环境。突出表现在部门之间的衔接与协调方面,由于传统的组织结构过多地强调了组织分工,导致任何一项任务都被诸多的职能部门分解得支离破碎,这大大降低了企业的工作效率。而哈默和钱皮所提出的企业再造理论,"针对企业业务流程的基本问题进行反思,并对它进行彻底的重新设计,以便在成本、质量、服务和速度等当前衡量企业业绩的这些重要尺度上取得显著的进展",理所当然地为众多的企业所接受和推崇。

2) 分立化

企业组织结构的分立化是指企业将其内部一些功能性组织外化的过程，即从原先的企业组织中分离出一些能独立运营、自负盈亏的小企业，从而将其原本与公司总部的上下级关系外部化，形成建立在股权基础上的市场化合作关系。这种情况可以用交易费用理论来解释：即随着企业规模的不断扩大，其内部的管理成本也在不断增加。当这种增加量一旦突破市场交易费用所需的极限时，企业就会表现出一种分立的趋势。但企业的分立不同于企业内部分工，主要是因为以下三点。

（1）企业的分立化是建立在市场基础上的，而非传统的层级关系基础上。

（2）企业的分立化实行的是一种基于产权变革立场上的行为，完全遵循相关法律的规定。

（3）分立出来的企业具有独立的法人资格。

3）柔性化

所谓组织的柔性化，使指组织的各个部门、各个成员都是可以根据组织内外环境的变化而进行灵活调整和变动的。在知识经济时代，外部环境的变化速度加快，企业的竞争日趋激烈，任何一个企业依靠自身的力量很难垄断市场，为了避免恶性竞争，保存自身实力，有效地整合企业外部资源，抓住有限的市场机会，企业新的经营方式和组织方式不断涌现。如虚拟企业、战略联盟和网络化组织等组织形式和概念相继出现。

（1）虚拟企业。虚拟企业是以核心企业为龙头，为实现某种市场机会，将拥有实现该机会所需资源的若干企业集结而成的一种网络化的动态组织。当市场机会不存在时，虚拟企业则自行解体。

（2）战略联盟。战略联盟是指多个具有对等经营实力的企业，为达到共同拥有市场、共同利用资源等战略目标，通过各种协议、契约而形成的优势互长、风险共控的网络组织。

（3）网络化组织。网络化组织是按工作流程构成的一个具有固定连接的业务关系为基础的小单元联合体。它既可以是企业内部的工作单位的联合，也可以扩充到外部联盟企业。

总之，为了适应科学技术和经营环境的急剧变化，企业经营战略与组织必须走向求变和创新，以灵活性、敏捷性为特征，一切要面向市场，以顾客满意为导向。因此，柔性化组织结构模式将引导21世纪企业组织潮流。柔性化组织模式是一个超越组织边界的概念，它是围绕核心企业，融合虚拟企业、战略联盟、网络化组织的基本组织方式，通过对信息流、物流、资金流的控制，将供应商、制造商、分销商、零售商，直到最终用户连成一个整体的、动态的功能网络结构模式，以适应复杂性、动态性、交叉性的经营环境，更好地满足用户需求。

5. 知识创新

知识创新是指通过科学研究，包括基础研究和应用研究，获得新的基础科学和技术科学知识的过程。知识创新的目的是追求新发现、探索新规律、创立新学说、创造新方法、积累新知识。知识创新是技术创新的基础，是新技术和新发明的源泉，是促进科技进步和经济增长的革命性力量。知识创新为人类认识世界、改造世界提供新理论和新方法，为人类文明进步和社会发展提供不竭动力。

伴随着经济全球一体化和知识经济的到来，知识作为当今最重要的资源，正在发挥着越来越重要的作用，并成为推动社会发展的关键因素。当今的企业发展处在知识化、信息化的社会环境中,面临着以知识为基础的更高形态的竞争,其兴衰成败、实力强弱已不再取决于它所拥有的物质、资本,而首先在于知识的拥有和创新能力,取决于是否善于进行知识管理和积极推进管理创新。工业经济时代的管理重点是如何增加生产,加快流通和销售。而在知识经济时代,由于知识代替了劳动、资本和自然资源成为企业发展经营最重要的资源,企业需要对知识有效地识别、获取、开发、分解、使用、存储和共享,并通过对知识的不断创新以提升竞争实力。

6. 文化创新

企业员工的行为受可见和不可见两大类因素的影响。可见的因素包括战略、组织结构、技术、人员、设备、资金、正式的权力、企业指挥命令链、管理制度等;不可见的因素则有态度、非正式交往、人际冲突与矛盾、文化(习惯、道德、观念)等构成。不少管理者往往只重视前者而忽视后者。但是,决定企业命运的往往是这些不可见的因素。这就像一艘行驶在海洋中的大船,看得见的是船体水面上的部分,隐藏在水下的船体是很难看见的,而决定船舶是否会沉没的恰恰是隐藏在水下的那部分。在企业中我们看不到的、却又能影响企业员工行为的因素,事实上就是企业文化。

企业文化是指企业在经营管理的实践中,逐步形成的带有本企业特色的价值观念、经营准则、企业精神、道德规范与发展目标的总和。所有企业都有自己的企业文化,但有强弱之分。强文化是指企业员工认同企业的价值观,并自觉遵守企业的行为规范,这种企业文化对员工们的行为有很大的影响;而弱文化则对企业员工行为的影响有限,并且企业很难用所谓的价值观来指导员工的工作,自然也很难在企业中形成强大的凝聚力。因此,企业应重视企业文化建设,把员工的信念与企业的宗旨和价值观统一起来,形成共同的目标和理想,以此产生强大的向心力和凝聚力,激发企业员工的主观能动性,进而促使企业成员为实现企业的共同目标而努力。

企业文化创新是指为了使企业的发展与环境相匹配,根据本身的性质和特点形成体现企业共同价值观的企业文化,并不断创新和发展的活动过程。其实质是要突破与企业经营管理实际脱节的、固有的企业文化的束缚,形成适合企业当前经营环境的、新的企业文化,以促进企业更好地发展。

小案例

字节跳动企业文化新增"多元兼容",打造全球化团队

成立八周年之际,字节跳动公司近期更新了企业文化(其内部称为"字节范"),新增"多元兼容",旨在打造多元化的全球团队。

"字节范"被认为是字节跳动员工的工作方式和行为共识。最早由字节跳动创始人兼CEO张一鸣,提出于公司成立六周年年会上,共包括五条内容,分别是追求极致、务实敢为、开放谦逊、坦诚清晰、始终创业。

据字节跳动文化官方账号"字节范儿"显示,此次更新,加入第六条核心原则"多元兼容",是因为字节跳动全球产品和业务的高速成长,要求团队和人才建设更加丰富、包容,"随着字节跳动的快速发展,产品和平台覆盖的国家、地区和文化不断增多。用户群体

展现出丰富多元的特征——比如不同性别、年龄、族裔、语言、文化背景等方方面面。同时，产品的一大核心和重点，就是建立丰富包容的社区文化，为多元不同而喝彩"。

企业文化是组织建设的重要一环，与使命、愿景，共同构成企业成长发展的根基。互联网公司因市场体量大、员工数量多，其企业文化尤其受到关注。与字节跳动"字节范"相似的案例，还有阿里巴巴的"新六脉神剑"，腾讯的"瑞雪文化"，以及百度的"简单可依赖"。

"字节范儿"早前公布过的一份数据表明，2018年至2019年，字节跳动全球员工增长超过55%，总数超过5万人。截至2019年年底，字节跳动在全球共有240个办公室和15个研发中心。

2019年3月，在字节跳动公司成立七周年年会上，张一鸣曾透露，2012年在创业起步的公寓里，内部已经开始讨论全球化。字节跳动全球化的正式布局，始于2015年8月。数年间，字节跳动在海外陆续推出了多款有影响力的产品，包括TikTok、Lark、Helo等。2018年，在与清华经管学院院长钱颖一对话时，张一鸣曾定下"小目标"，表示希望三年内实现全球化，即超过一半的用户来自海外。

公开资料显示，截至2019年年底，字节跳动旗下产品全球月活跃用户数超过15亿，业务覆盖150个国家和地区、75个语种，曾在40多个国家和地区排在应用商店总榜前列。

2021年6月17日，字节跳动首次公布了公司核心业绩和运营数据。截至2020年年底，字节跳动旗下产品全球月活跃用户数达到19亿，覆盖全球超过150个国家和地区，支持超过35种语言。

7. 环境创新

企业环境创新不是指企业为适应外界环境变化而调整内部结构或活动，而是指企业通过积极的创新活动去改造环境，去引导环境朝着有利于企业经营的方向变化。例如，通过企业的公关活动，影响社区、政府政策的制定；通过企业的技术创新，引领社会技术进步的方向。就企业来说，市场创新是环境创新的主要内容。

市场创新是指在市场经济条件下作为市场主体的企业创新者，用引入并实现各种新市场要素的商品化和市场化，以开辟新的市场，扩大市场份额，促进企业生存与发展的新市场研究、开发、组织与管理等活动。例如，一些企业把科技创新与市场开发紧密地联系在一起，形成了一个有机的整体，利用高科技来开辟市场，引导市场消费。

❖ 任务实训

1. 实训的目的

通过实训，了解优秀企业鼓励创新的主要措施。

2. 实训内容及步骤

（1）将全班同学划分为若干任务团队，各团队推选一名小组长负责此次实训活动。
（2）各团队参考福布斯中国发布的《2022中国创新力企业50强》榜单，挑选一家为研究对象。

(3) 各团队搜集被研究企业的背景资料，重点搜集该企业鼓励创新的相关信息。

(4) 各团队对搜集的信息进行汇总，归纳出该企业鼓励创新的具体措施，并对这些措施进行评价。

(5) 各团队在以上工作的基础上编写企业创新管理案例，完成此次实训。

3. 实训成果

自编案例——××企业多项措施并鼓励企业创新。

思考题

一、单选题

1. 创新理论的创立者是（　　）。
  A. 熊彼特   B. 韦伯   C. 德鲁克   D. 波特
2. 企业文化通过员工价值观与（　　）价值观的高度统一，通过企业独特的管理制度体系和行为规范的建立，使管理效率得以提高，使企业得以卓越发展。
  A. 政府   B. 股东   C. 金融机构   D. 企业
3. （　　）是从社会经济角度来分析企业系统中各成员间的正式关系的调整和改革。
  A. 技术创新   B. 制度创新   C. 工艺创新   D. 组织创新
4. 在信息社会，产品的生命周期（　　），企业的产品必须不断地超前于消费的需要。
  A. 越来越长   B. 越来越短   C. 没有变化   D. 无规律可循
5. （　　）是决定企业其他制度的根本性制度，它规定企业最重要的生产要素的所有者对企业的权利、利益和责任。
  A. 组织制度   B. 经营制度   C. 产权制度   D. 管理制度

二、多选题

1. 企业制度创新主要包括（　　）等方面的内容。
  A. 产权制度创新   B. 经营制度创新
  C. 管理制度创新   D. 技术制度创新
  E. 人力资源制度创新
2. 在新产品的材料、结构、性能不变的前提下，企业寻求新用户的途径包括（　　）。
  A. 寻求新产品用途   B. 开发新的细分市场
  C. 重新树立产品形象   D. 寻求新的地域市场
  E. 刺激现有顾客增加使用量
3. 企业创新的主要特征有（　　）。
  A. 高风险性   B. 高回报率   C. 复杂性   D. 时效性
  E. 受抵制性
4. 就系统的外部而言，有可能成为创新契机的变化主要有（　　）。
  A. 新知识、新技术的诞生   B. 人口的变化
  C. 消费观念和偏好的转变   D. 宏观环境的变化
  E. 企业生产经营中的瓶颈

5. 近年来,企业组织结构的创新呈现（　　）的趋势。
   A. 垂直化　　　B. 扁平化　　　C. 水平化　　　D. 柔性化
   E. 固定化

三、名词解释
1. 市场观念创新　　2. 经营制度　　3. 组织的柔性化　　4. 虚拟组织
5. 网络化组织

四、简答及论述题
1. 企业创新的意义是什么？
2. 为什么说企业创新具有抵制性？
3. 设备创新的表现主要有哪几个方面？
4. 试论述企业创新的过程。
5. 试论述企业制度创新。

案例讨论

华为围绕客户需求持续创新

任何先进的技术，只有转化为满足客户需求的商品，进而转化为客户的商业成功，才能产生价值。在产品投资决策上，华为也坚持客户需求导向优先于技术导向。在深刻理解客户需求的前提下，对产品和解决方案进行持续创新。

一切有利于更好地满足客户需求，为客户创造更多、更大价值；有利于改造内部运作效率和质量，降低成本；有利于更好地与客户做生意，方便服务客户；有利于提升客户体验，增加客户忠诚度的技术、管理、商业模式的创新都是必需的。这体现在客户更坚定地选择华为，综合体现在市场的卓越表现上。由于内部管理及商业模式的创新与改进，最终都要体现在客户对华为的综合感知和体验上，体现在华为为客户创造的价值上，因此可以认为，华为的创新一直是紧紧围绕客户需求进行的。

客户始终是华为的良师诤友。在运营商领域，是客户逼着华为读懂技术标准，读懂客户的需求。客户像严厉的诤友，逼着华为一天一天地进步，只要哪一天不进步，就可能被淘汰。正是客户处处将华为与西方最著名的公司进行比较，达不到同样的条件就不被选用，逼得华为只有不断地努力、不断地创新，赶上并超过西方水平。没有客户的严厉和苛求，华为就不会感受到生存危机，就不会一天也不停地去创新，就不会有今天的领先地位，华为的产品和解决方案就不会有持续竞争力。

面对未来网络的变化和数字化浪潮，面对客户需求的变化，华为必须围绕客户需求不断创新，为构建万物互联的智能世界而创新。

资料来源：腾讯网。

问题讨论
1. 企业创新的内外部动力都有哪些？
2. 结合本案例，请谈谈客户需求变化对企业创新的影响。

参考文献

[1] 李东进,秦勇. 管理学原理[M]. 3版. 北京:中国发展出版社,2014.
[2] 李东进,秦勇,陈爽[M]. 现代企业管理. 北京:人民邮电出版社,2020.
[3] 舒辉. 企业战略管理[M]. 3版. 北京:人民邮电出版社,2023.
[4] 单凤儒. 企业管理[M]. 4版. 北京:高等教育出版社,2020.
[5] 陈晓坤,蔡成喜. 企业管理学[M]. 北京:北京交通大学出版社,2007.
[6] 陈荣秋,马士华. 生产运作管理[M]. 6版. 北京:机械工业出版社,2022.
[7] 王鹏. 供应链管理[M]. 北京:北京理工大学出版社,2016.
[8] 马士华,林勇. 供应链管理[M]. 北京:机械工业出版社,2020.
[9] 白宝光,苏红梅. 质量管理理论与实务[M]. 北京:清华大学出版社,2022.
[10] 张建伟. 现代企业管理[M]. 3版. 北京:人民邮电出版社,2021.
[11] 葛玉辉. 人力资源管理[M]. 3版. 北京:清华大学出版社,2012.
[12] 李东进,秦勇. 市场营销[M]. 2版. 北京:人民邮电出版社,2021.
[13] 真虹,张捷姝. 物流企业仓储管理与实务[M]. 北京:中国物资出版社,2007.
[14] 王化成,刘亭立. 高级财务管理学[M]. 北京:机械工业出版社,2020.
[15] 韦绪任. 财务管理[M]. 北京:北京理工大学出版社,2018.
[16] 秦勇,陈爽. 创业管理[M]. 北京:人民邮电出版社,2019.
[17] 陈劲,郑刚. 创新管理[M]. 北京:北京大学出版社,2021.
[18] 赖文燕,蔡影妮. 现代企业管理[M]. 南京:南京大学出版社,2019.